PÉTAIN EN VÉRITÉ

DU MÊME AUTEUR

La Vérité sur la tragédie des Romanov, Tallandier, 2012 ; coll. « Texto », 2013.
Mes histoires parallèles, entretien avec Isabelle Veyrat-Masson, Carnet-nord, 2011, prix Saint-Simon.
Autobiographie intellectuelle, avec Gérard Jorland, Perrin, 2011.
1917. Les Hommes de la révolution. Témoignages et documents, Omnibus, 2011.
Nicolas II, Payot, 1990 ; nouvelle édition, 2011.
La Faucille et le Drapeau : le XIXᵉ siècle, Plon, 2011.
Le Retournement de l'histoire, Robert Laffont, 2010.
De Gaulle explique aujourd'hui, Seuil, 2010.
La Chute du mur de Berlin et du communisme expliqués à ma petite-fille Soazig, Seuil, 2009.
Le Ressentiment dans l'histoire, Odile Jacob, 2008.
Ils étaient sept hommes en guerre. Histoire parallèle, Robert Laffont, 2007 ; réédition, Perrin, coll. « Tempus », 2008.
Le XXᵉ siècle expliqué à mon petit-fils Gwendal, Seuil, 2007.
Les Individus face aux crises du XXᵉ siècle : l'histoire anonyme, Odile Jacob, 2005.
Russie, peuples et civilisations, codirection avec Marie-Hélène Mandrillon, La Découverte, 2005.
Cinéma, une vision de l'histoire, éd. du Chêne, 2003.
Livre noir du colonialisme (collectif), Robert Laffont, 2003.
Les Tabous de l'histoire, Nil, 2002 ; Robert Laffont, « Documento », 2013.
Le Choc de l'Islam, Odile Jacob, 2002.
Histoire de France, Odile Jacob, 2001 ; nouvelle édition, 2009.
Nazisme et Communisme. Deux régimes dans le siècle (directeur d'ouvrage), Hachette, 1999.
Histoire des colonisations, Seuil, 1994.
Pétain, Fayard, 1987.
Comment on raconte l'histoire aux enfants, Payot, 1986.
L'Histoire sous surveillance, Folio, 1986.
50 idées qui ébranlèrent le monde. Dictionnaire de la glasnost (avec Youri Afanassiev), Payot, 1989.
L'Occident devant la révolution soviétique : l'histoire et ses mythes, Complexe, 1980 ; nouvelle édition, 1991.
Cinéma et Histoire, Denoël et Gonthier, 1977 ; réédition, Gallimard, coll. « Folio histoire », 1993.
La Grande Guerre, Gallimard, 1968, réed. 1984.
La Révolution de 1917, Aubier, 1967, 2 vol. ; nouvelle édition, Albin Michel, 1997, 1 vol.

Histoire parallèle, émissions sur Arte, 1989-2001.

MARC FERRO

Avec la participation de Serge de Sampigny

PÉTAIN EN VÉRITÉ

TALLANDIER

Dédié à Paul Blondel

SOMMAIRE

Ouverture 9

Chapitre 1. Pourquoi (re)parler de Pétain ?............... 11

Chapitre 2. L'homme de Verdun............................... 25
A-t-il vraiment gagné la bataille de Verdun ?, p. 25
– A-t-il mis fin aux mutineries de 1917 ?, p. 39 – Est-il
le héros de 1918 ?, p. 43.

Chapitre 3. En réserve de la nation 53
A-t-il voulu prendre le pouvoir dans l'entre-deux-
guerres ?, p. 53 – A-t-il été tenté par le fascisme dans
les années 1930 ?, p. 69.

Chapitre 4. La République,
assassinat ou abdication ? 73
A-t-il profité de l'effondrement de la France ?, p. 73
– A-t-il comploté pour devenir chef de l'État ?, p. 94.

Chapitre 5. La Révolution nationale, son enfant........ 107
Était-il d'extrême droite ?, p. 107 – Était-il antisémite ?, p. 131.

Chapitre 6. Collaboration et double jeu.................... 145
A-t-il voulu la collaboration ?, p. 145 – A-t-il mené
un double jeu ?, p. 158 – A-t-il voulu rejoindre les Alliés ?, p. 192 – A-t-il été un bouclier ?, p. 221.

Chapitre 7. La déchéance, la souffrance
et l'honneur 233
Avait-il tous ses esprits ?, p. 233 – A-t-il été bien jugé ?,
p. 240 – Et les Français, que pensent-ils de lui depuis
1940 ?, p. 255.

Chapitre 8. Y a-t-il eu un « pétainisme » ?................ 261
Le régime de Vichy était-il fasciste ?, p. 261 – Pétain
fut-il une parenthèse ?, p. 265.

Chronologie.. 269
Annexes 275
Conditions dans lesquelles est intervenue la demande
d'armistice de juin 1940, p. 275 – Discours de Pétain du
30 octobre 1940, p. 278 – Les protocoles de Paris du
28 mai 1941, p. 280 – Pétain et les Juifs, p. 282 – Discours
de Laval du 22 juin 1942, p. 283 – Doriot à ses militants,
le 8 novembre 1942, p. 285 – Lettre de Pétain à Hitler
le 11 décembre 1943, p. 287 – La plaidoirie de Maître
Isorni, procès Pétain, p. 289 – Sondage Ipsos de 1996
sur les grands hommes français au XXe siècle, p. 292.
Sources et bibliographie................................... 293
Remerciements 298
Index des noms de personnes............................... 299

OUVERTURE

Alors qu'à l'automne 1945 il était incarcéré à la citadelle du Portalet, dans les Pyrénées, le maréchal Pétain reçut la visite de son avocat, maître Jacques Isorni. Le saluant, celui-ci lui dit d'emblée : « Monsieur le Maréchal, j'ai vu Mella. » Le Maréchal pâlit, m'a rapporté Isorni, et l'interrogea brusquement : « Croit-elle que je suis un traître ? »

Mella, la seule personne dont le jugement comptait encore pour lui…

Elle avait été son grand amour avant 1914, un amour partagé mais platonique car la famille de la jeune femme n'avait pas voulu qu'elle épouse un militaire. Il jura de lui rester fidèle.

Néanmoins il continua à vivre avec celle qu'il aimait charnellement, Eugénie, dite Annie ou Nini, énergique, et taillée en athlète. C'était elle la femme aux bottines de la légende, celle avec qui Pétain se trouvait la nuit lorsque Serrigny chercha son chef pour lui annoncer qu'il venait d'être nommé sur le front de Verdun. Il eut l'idée de faire les étages des hôtels et, reconnaissant les bottines de Nini qui se trouvaient à la porte, réveilla le général pour lui faire connaître sa nouvelle affectation.

Au lendemain de la victoire, en 1918, Eugénie n'entendit pas qu'il la lâche pour la jeune Mella devenue veuve. Au cours d'une scène tumultueuse que Pétain raconta à Serrigny, elle alla chercher son revolver dans un tiroir et le braqua sur lui : « Ce sera moi ou une balle dans la peau. »

Le Maréchal aurait alors capitulé sous la menace et il écrivit à sa dulcinée : « Tout est cassé, tout est fini, je vous dois une explication. » Connaissant la vérité, la gracile et pudique Mella lui dit, en souriant : « Philippe, vous êtes un lièvre. »

Leur amour secret et platonique dura néanmoins plus de vingt ans, tandis qu'avec Eugénie les distances s'accrurent même s'il convola avec elle en 1920. À Vichy, s'il se rapprocha d'elle, sa pensée était pour Mella, discrètement venue y résider et, qu'à la promenade, Pétain saluait de loin.

C'est de Mella, d'elle seule, qu'à 89 ans, le vieil homme, condamné à mort avec commutation de peine, attendait le jugement qui seul comptait pour lui : « Croit-elle que je suis un traître ? »

Cet essai permettra au lecteur d'en juger. On y répondra aux questions de Serge de Sampigny.

Chapitre 1

POURQUOI (RE)PARLER DE PÉTAIN ?

Il y a près de trente ans, en 1987, vous avez écrit la biographie de référence sur Pétain. Pourquoi reparler de Pétain aujourd'hui ?

Pétain est toujours vivant car chacun d'entre nous a une opinion sur lui. Aussi bien les personnes d'un certain âge, qui ont vécu l'Occupation, que des jeunes, souvent plus hostiles, mais qui répondent sans hésitation quand on les questionne. A-t-on seulement une opinion sur le maréchal Foch ? Ou même sur Valéry Giscard d'Estaing, qui a régné sept ans et dont l'action sur les mœurs a été réelle ?

La légende rose débute en mars 1916, quand le journal *L'Illustration* lui consacre une page entière pour célébrer sa gloire : Verdun ! La légende noire commence, elle, dès 1941 aux États-Unis, où un livre fort répandu, celui du dramaturge Henri Bernstein (*Portrait d'un défaitiste*) exécute le maréchal Pétain. Il est suivi en 1944 par celui d'André Schwob, *L'Affaire Pétain*, qui émet un doute sur sa responsabilité dans la victoire à Verdun, et soulève l'idée d'un complot de Pétain pour prendre le pouvoir en 1940.

Après la légende rose, la légende noire, et le procès en 1945, Pétain est enterré en 1951, sans fanfare, à Port-Joinville, à l'île d'Yeu.

Les années qui suivent sont pleines des querelles autour de la collaboration, des « excès » de la Résistance[1] et du rôle de Vichy mais, peu à peu, Pétain est comme effacé de l'histoire.

Son nom disparaît des rues. Au Vésinet, par exemple, en banlieue ouest de Paris, une petite rue portait avant-guerre le nom du général Gallieni. Elle est devenue entre 1940 et 1944 « rue du Maréchal-Pétain » avant de se transformer en « rue du Maréchal-Leclerc ». En 1958 Pétain disparaît également du manuel que tous les enfants ont eu en main, *L'Histoire de France* de Lavisse. À Verdun, des membres du syndicat d'initiative et de la municipalité ont même envisagé de rebaptiser la ville Dun-sur-Meuse pour expulser Pétain de la mémoire officielle.

Avec la guerre d'Algérie (1954-1962), la figure du Maréchal refait surface pour la première fois dans les consciences collectives. À Oran, à la veille du conflit, les placards indiquant « Votez Roger de Saivre, c'est voter Pétain ! » n'étaient pas des affiches de provocation communiste comme je l'ai d'abord cru, mais bien celles du candidat qui obtînt 20 % des voix. Surtout, lorsque de Gaulle entreprit la décolonisation de l'Algérie, la population la plus hostile, bientôt créatrice de l'OAS (Organisation armée secrète), s'est définie sous le drapeau de Pétain – même si beaucoup de ses membres avaient appartenu à la France libre.

---

1. 10 822 victimes à montrer P. Novick (p. 318-319), et non 120 000 ou 112 000 comme on l'avait annoncé en 1945.

Un trait significatif : en 1966, ayant réalisé un film sur la Grande Guerre, le ministre des Anciens combattants Jean Sainteny m'a confié la charge d'un musée pour commémorer Verdun. Mais, démissionné par de Gaulle, il fut remplacé par Alexandre Sanguinetti, un ancien militant de l'Action française, partisan de l'Algérie française. Homme de gauche, je me suis dit : « Sanguinetti, jamais ! » Je ne voulais pas travailler avec un ancien « barbouze » d'Algérie – et de lui signifier mon refus. C'est alors à cette rencontre qu'il me prévient : « Vous êtes libre de faire ce que vous voulez. Mais je ne veux pas voir Pétain dans ce musée ! » Sa réaction m'a laissé pantois…

La deuxième mort de Philippe Pétain survient en Mai 68. Comme l'a senti ce maître en dérision, l'écrivain Bernard Frank, le mouvement général des jeunes s'est constitué en opposition aux mots d'ordre qui avaient été ceux du Maréchal : « Ni travail, ni famille, ni patrie ! » Depuis cette date, les controverses autour de ces valeurs renvoient toujours à Pétain. Mai 1968 fut bien sa répudiation, sans pour autant l'expliciter.

Puis ce fut le choc : l'œuvre cinématographique de Marcel Ophüls, *Le Chagrin et la Pitié* (1969), et les ouvrages de deux historiens, l'Allemand Eberhard Jaeckel et l'Américain Robert Paxton, qui, après le Français Henri Michel, démontèrent avec force le mythe d'une collaboration imposée à Pétain, tout autant que celui du « double jeu », une vulgate qui dominait depuis le livre de Robert Aron en 1954 : *Histoire de Vichy*.

Depuis ce tournant des années 1970, le fantôme de Pétain fait couramment irruption dans l'actualité : ce fut le cas lors des procès Leguay (1978), Barbie (1987), Touvier (1994) et Papon (1997-1998), qui ont mis en valeur les noirceurs du régime de Vichy ; ce fut aussi la conséquence de gestes controversés, comme celui du président François Mitterrand faisant déposer des fleurs sur la tombe du Maréchal à plusieurs reprises le 11 novembre. Rappelons au passage, comme son biographe Pierre Péan l'a établi en 1994, que Mitterrand avait eu des responsabilités à Vichy au sein du Commissariat aux prisonniers de guerre et fut pour cela décoré de la francisque en 1943.

Mais qui se souvient de l'opuscule de François Mitterrand *Les Prisonniers de guerre devant la politique* datant du début de 1945, publié par les éditions du Rond-Point, un livre quasiment disparu ? François Mitterrand y glorifiait les prisonniers évadés : « Rawa-Ruska, en mars 1942, est au même titre que Bir-Hakeim le nom d'une victoire française. » Il gardait un vrai silence sur le rôle des Résistants de l'intérieur...

Son passé et ces jugements rendent-ils compte de son refus furieux et catégorique de parler de cet ouvrage à l'émission « Histoire parallèle », en 1995 sur Arte, à laquelle je l'avais convié ? « Mais où l'avez-vous trouvé ce livre ? », m'a-t-il dit.

Le spectre de Pétain rôde toujours. Le Premier ministre Pierre Mauroy en eut bien conscience lorsqu'en 1981, après avoir proposé pour les chômeurs une activité de secours, le défrichement des forêts, le député Vivien s'écria : « Maréchal nous voilà ! », en souvenir des Chantiers de jeunesse.

Dans le champ politique, il a réapparu à travers les organisations politiques de droite plus ou moins héritières du GRECE (Groupement de recherche et d'études pour la civilisation européenne) fondé par Alain de Benoist en 1967. Le Front national puise chez lui une partie de son identité et sa flamme reste toujours quelque part allumée. Qui, dans l'histoire, a laissé une telle empreinte dans la société ?

On ne compte plus les ouvrages, les articles, les documentaires, les films sur le régime de Vichy. Avons-nous encore quelque chose à découvrir sur la personne de Philippe Pétain ?

Il y a trente ans, je n'avais pas réalisé à quel point l'existence de Pétain a oscillé entre l'amertume et la gloire. Rappelons-nous : en 1914, on lui fait savoir qu'il ne deviendra jamais général. À la fin de l'année 1916, Joffre lui explique que le vainqueur de Verdun, ce n'est pas lui, mais Nivelle. En 1918, Foch et Weygand, en signant l'armistice, lui soufflent la victoire qu'il comptait sceller en franchissant le Rhin. En 1935, une campagne de presse (à laquelle il était étranger) cherche à le faire appeler au pouvoir. Mais les élections de 1936, avec la victoire du Front populaire, mettent fin à ses illusions.

Enfin, arrivé au pouvoir en 1940, il voit Laval se substituer à lui pour appliquer une politique qui est aussi la sienne. Certes, sous l'Occupation, les bains de foule le régénèrent et le revivifient. C'est son oxygène. Et pourtant, en 1944, que de tourments supplémentaires n'a-t-il pas subis...

Ce qui me frappe aussi aujourd'hui, c'est qu'à la différence de beaucoup d'hommes d'État, Pétain a toujours eu

15

un regard inquiet sur son comportement. Son vieux compagnon, le colonel Bonhomme, notait sur son carnet, un jour de 1941 : « Ah ! que nous avons été lâches aujourd'hui. » Pétain ne cesse d'être taraudé par cette question… « J'ai trop cédé, beaucoup trop cédé », dit-il à Walter Stucki, le représentant de la Suisse à Vichy. Une autre fois, en 1944, il interroge un de ses convives : « Ai-je été un bon Français ? » Surtout, après novembre 1942, une fois, deux fois, dix fois… il se demande si son devoir n'eût pas été de partir en Afrique du Nord. Puis il se ravise.

En 1941, Pétain a cédé quand il n'aurait pas voulu céder, notamment face à Pucheu, le secrétaire d'État à l'Intérieur, en condamnant les attentats commis contre les Allemands quelques jours plus tôt. Il cède encore en ne ripostant pas à l'occupation de la zone libre en novembre 1942. Il cède aussi en lâchant Weygand, ou en mettant fin au procès de Riom sur pression des Allemands… Il cède encore aux Allemands en tenant des discours hostiles aux résistants de l'intérieur – ce qui ne veut pas dire qu'ils le soutenaient.

Ces concessions, reconnues, quelquefois regrettées, qu'ont-elles pesé dans l'opinion des Français ? Le regard que nous portons sur Pétain n'a en réalité jamais cessé de se modifier. Les générations se succédant, les plus âgés ont pu changer d'opinion – mais dans quel sens ? Alors que les plus jeunes, qui ne disposent pas de la même expérience, sont les plus intransigeants vis-à-vis de son comportement.

Reste que cette interrogation sur soi et sur son action est un trait peu commun chez les dirigeants. Réfugié en

Suisse, Pétain décide en 1945 de se livrer à la frontière française pour défendre son honneur. Voilà une décision courageuse. Il est jugé alors que de Gaulle s'était arrangé pour que le procès ait lieu par contumace.

Les archives vous ont-elles révélé des faits dont les Français n'ont pas eu connaissance ?

J'ai retrouvé au moins deux documents, que j'avais exposés dans mon livre de 1987 et auxquels on n'a pas prêté attention depuis…, or ils me semblent toujours aussi importants. Il s'agit de deux télégrammes qui témoignent de l'isolement dans lequel se trouvait Pétain sous l'Occupation, mais aussi de l'absence de confiance entre les trois principaux personnages de l'État : Pétain, Laval et Darlan.

Le premier est un télégramme adressé par Darlan aux Américains, le 23 avril 1942, peu après le retour de Laval au pouvoir. Je dis bien *le 23 avril 1942*, alors qu'on a toujours répété que son retournement datait de novembre 1942 :

> Si Laval obtenait le dessus, lui, Darlan, commettrait un acte public qui le ferait reconnaître des Américains, dans le cas où Pétain n'aurait plus le contrôle des affaires face à Laval. Darlan s'en irait aux colonies. Stop.

Dès le mois d'avril 1942, contrairement à ce que l'on a toujours cru, Darlan était donc prêt à rejoindre le camp allié, soit sept mois avant le débarquement en Afrique du Nord de novembre 1942. Pétain n'eut jamais connaissance de ce télégramme.

17

Un autre événement rend compte de la guerre permanente qui se jouait entre Laval et Pétain au sommet de l'État. Il s'agit du télégramme ultrasecret 7 606 daté du 3 décembre 1943, adressé par l'Allemand Otto Abetz à son représentant à Vichy :

> Le départ du Maréchal Pétain a maintenant ouvert un champ libre à la vraie France… À l'origine de son départ, il y a la tragédie personnelle d'un vétéran…

Ce texte, qui prit la forme d'un placard, était le fruit d'un complot entre Abetz et Laval pour se débarrasser du Maréchal. Les deux hommes étaient convaincus que Pétain allait rejeter les exigences exorbitantes que le Führer venait d'adresser au gouvernement de Vichy et donner sa démission. Or, il les a acceptées… D'autres documents inédits renouvellent les données de cette histoire[2]…

Autre observation : Pétain, même à la tête de l'État, n'a jamais compris la spécificité du régime nazi. Pour lui, les nazis n'étaient que des Allemands, les ennemis de toujours, une « nation de sauvages ». Il n'a pas réalisé que le nazisme était avant tout une idéologie raciste. Il faut préciser que le mot « race » en 1940 n'avait pas le même sens qu'aujourd'hui. À l'époque, « race » était un mot banal et tout le monde considérait que, si la France avait remporté la guerre de 14-18, c'est parce que, la « race française » était une « race paysanne » qui tenait

---

2. Voir Pétain, Klein-Ferro, ainsi que C. Desprairies et M. Cointet.

mieux dans les tranchées que les Allemands, une « race de citadins ».

Évidemment ce mot avait aussi une connotation biologique, mais seulement pour une minorité informée. Et même cette minorité n'imaginait pas que le programme raciste pouvait aller jusqu'à l'extermination de populations entières, les Juifs en premier.

Pétain n'a donc jamais compris ce qu'entendait faire Hitler. Tout au long de la guerre, il a cru qu'il était possible de discuter avec lui, voire de s'entendre. Or, en octobre 1940, à Montoire, les deux hommes n'eurent pas grand-chose à se dire… Ensuite, Pétain sortit du champ : en 1942-1943, après la défaite de Stalingrad, la France n'était plus au cœur des problématiques de Hitler. Quand Pétain a cru qu'en rencontrant une nouvelle fois le Führer, son passé allait peser, il s'aveugle complètement.

À Vichy, Pétain fut donc persuadé jusqu'au bout, à tort, qu'il était en mesure de négocier et d'influencer la politique du IIIe Reich. Naïvement, le Maréchal pensait qu'entre « anciens combattants », on finit toujours par se comprendre. Il ignorait en outre à quel point Hitler méprisait les militaires !

Cette erreur de jugement a pesé lourd sur le destin de la France.

Depuis les années 1930, les Français ont entendu tout et son contraire sur Pétain. « Le Maréchal est le meilleur des Français » ; « Pétain est un traître » ; « Pétain est une victime » ; « Pétain est le complice de Hitler »… À la sortie de votre livre en 1987, certains vous ont trouvé plutôt moins sévère que d'autres… Où doit-on placer le curseur quand on parle de Pétain ?

En 1987, j'avais conclu mon livre en considérant « qu'entre 1940 et 1944, la logique du sacrifice avait sauvé des biens matériels et des vies humaines, mais que le prix en avait été souvent l'honneur de la nation. Tragique destinée pour celui qui se voulait le chef moral des Français ».

Depuis, les jugements sur l'action de Pétain n'ont cessé d'être de plus en plus sévères à mesure que l'on a pris connaissance des archives. On n'avait pas idée, par exemple, du degré d'hostilité que Pétain éprouvait à l'encontre des maquis, des « terroristes », même si, une fois ou deux, il avait exprimé sa compassion envers les résistants exécutés par les Allemands.

De même, on n'avait pas toujours pris la mesure de sa duplicité lorsque, oubliant à dessein ses initiatives d'octobre 1940 sur l'élaboration du statut des Juifs, il écrivait en 1945, en vue de son procès, « qu'il avait toujours défendu les Juifs ».

Plusieurs réajustements émanent donc de la connaissance des archives ouvertes ces dernières décennies. Et il en est quelques-unes qui témoignent inversement d'une reprise en main de son honneur par Pétain à l'extrême fin de sa vie.

Par ailleurs, depuis 1940, il y a plus de soixante-dix ans, le jugement porté par les Français sur Pétain a toujours été contrasté – sauf quand ils lui furent favorables quasi unanimement après la signature de l'armistice en juin 1940. Notons que ce sont souvent des événements qui n'ont rien à voir avec Vichy (guerre d'Algérie, Mais 68…)

qui ont ranimé les querelles et modifié les frontières entre les « pour » et les « contre ».

Aujourd'hui, le recours à sa mémoire réalimente, comme on l'a dit, une partie de l'extrême droite, comme si ce qu'il incarnait s'enracinait assez profondément dans l'histoire du pays. En juin 2013, au moment de la mort de Clément Méric, ce jeune militant antifasciste tué lors d'une bagarre avec un groupe de skinheads, les journalistes ont redécouvert ces groupuscules d'extrême droite « nostalgiques » du pétainisme.

Ajoutons qu'un des points d'ancrage de la permanence des conflits autour de la politique de Pétain découle d'un événement que personne en 1940 n'avait pu imaginer : d'un armistice, qui paraissait inéluctable en juin 1940, avait surgi un régime nouveau qui allait violenter les principes de la République.

Nul n'imaginait non plus que la politique de collaboration serait suivie de tout un ensemble de violences et de cruautés. Pour preuve, on se rappelle l'enthousiasme avec lequel on a accueilli Pétain à Marseille ou à Toulouse, quelques semaines seulement après sa rencontre avec Hitler, en octobre 1940, à Montoire… Personne ne pensait non plus que cette politique ouvrirait une voie d'eau à une droitisation extrême puis à une « fascisation » du régime.

Pendant la guerre, au moins à ses débuts, l'image de Pétain était tout autre, celle de « père de la nation ». Et si, avec les années, la politique de Vichy a pris son vrai visage, l'idée prévalait que Pétain « faisait ce qu'il pouvait pour freiner les exigences des Allemands » et que Laval était son mauvais génie.

21

Au maquis du Vercors, en juillet 1944, avec mes camarades du 6ᵉ bataillon de chasseurs alpins, on honnissait le chef de la Milice Joseph Darnand, ainsi que Pierre Laval, le chef du gouvernement. Mais on s'abstenait de parler de Philippe Pétain, pour éviter toute friction entre nous, certains jugeant qu'il n'était pas hostile à notre action.

Le « problème Pétain » a explosé à la Libération, lorsque les Français sortaient plus divisés que jamais de quatre années d'Occupation et que l'on s'interrogeait sur les responsables de la défaite et des drames que le pays avait connus en perdant successivement ses prisonniers, son empire, sa flotte, son existence… sans parler des victimes des persécutions raciales. Pour sûr, l'Allemand en était à la source. Mais le régime n'en avait-il pas été co-responsable ?

C'est cette question qui taraude notre histoire, le « syndrome » de Pétain, pour reprendre le titre du bel ouvrage d'Henry Rousso, *Le Syndrome de Vichy* (1987). Mais l'envers de ce syndrome se révèle aussi lorsque à force de repentance ou de sarcasme sur la Résistance, on finit par oublier la part des bourreaux. Étudiant la mémoire de cette époque tragique depuis 1944 et les jugements qu'on a portés sur elle après coup, dans le bilan d'Henry Rousso on n'y rencontre plus d'Allemands : ni Abetz, ni Goering, ni Himmler, ni Sauckel, ni Heydrich, ni Renthe-Fink, mais seulement Barbie, pour autant qu'il passe en jugement bien après la fin de la guerre.

De nombreux films sur cette période évoquent avec pertinence les dilemmes auxquels les Français ont dû faire face. Mais je ne peux voir qu'un seul long métrage sur des centaines, *Le Vieux Fusil*, qui décrit la terreur nazie en action et la peur qu'elle a suscitée chez les Français. On ne veut ni évoquer ni savoir. En 1943, la peur, si légitime, avait gagné le pays de haut en bas, et ceux qui avaient été capables de la surmonter, les résistants de l'intérieur, se retrouvèrent souvent les mal-aimés de la victoire.

Inversement, par une sorte d'exorcisme, combien y a-t-il de films qui, à la rigolade, ridiculisent le vainqueur, telle *La Grande Vadrouille* ? Une nation qui a souffert d'une humiliation sans précédent, d'une souffrance inédite, n'a pas réussi d'emblée à y voir clair sur la façon dont elle avait été gouvernée. Elle s'est par la suite également divisée pour juger la manière dont elle-même s'était comportée.

Juger Pétain n'est-ce pas aussi un peu se juger soi-même ?

Chapitre 2

L'HOMME DE VERDUN

Toute sa vie, Pétain a été présenté comme le « vainqueur de Verdun », ce qui lui a assuré le soutien de nombreux Français, jusqu'à sa mort, et même après. N'est-ce pas un mythe ?

Qui a gagné à Verdun ? Pour tout le monde, aujourd'hui, c'est Pétain. Pourtant, au lendemain de la bataille, Joffre lui assure : « Vous aurez beau faire, il en sera toujours ainsi, vous serez le battu, et Nivelle sera le vainqueur de Verdun. »

De fait, en 1917, après la victoire, c'est bien Nivelle qui a droit à tous les honneurs : un message de l'Académie française, une rue à Tulle, d'où il est originaire, et même une chanson, la « Nivelette ». Le mérite de Pétain est réduit à sa portion congrue dans le communiqué de victoire du maréchal Joffre :

> Si l'histoire me reconnaît le droit de juger les généraux qui opèrent sous mes ordres, je tiens à affirmer que le vrai vainqueur de Verdun fut Nivelle, heureusement secondé par Mangin.

Le général Pétain, arrivé à Verdun au moment de la réorganisation du commandement dont il héritait, a remis de l'ordre avec l'aide d'un état-major bien composé, et au moyen de troupes fraîches qui affluaient. Ce fut là son mérite dont je ne méconnais pas la grandeur.

Voilà le point de vue du commandant en chef des armées françaises. Est-ce équitable ?

Pour les soldats passés à Verdun, soit 259 bataillons d'infanterie sur 360, le chef reconnu, l'incarnation de la bataille, est bien Pétain. Cette certitude sans équivoque a perduré plus de vingt ans jusqu'à s'imposer peu à peu au monde des dirigeants. En 1940, lorsque le président du Conseil Paul Reynaud appelle le maréchal Pétain au gouvernement, la Chambre des députés entière se lève pour acclamer la nomination du « vainqueur de Verdun ». De la droite à la gauche, de Louis Marin à Léon Blum et Pierre Cot.

Depuis, nous avons assisté à un retour de flamme. Certains historiens pensent que c'est Pétain lui-même qui s'est forgé cette image de héros de la Première Guerre mondiale et que Vichy l'a popularisée. Qu'en penser ?

Nous sommes en février 1916. Depuis la victoire de la Marne, en septembre 1914, les Français et les Britanniques cherchent à repousser l'ennemi, présent de Reims à Arras. Les soldats sont enterrés dans des tranchées et ni les uns ni les autres ne parviennent à en sortir. « Je les grignote », explique Joffre, le vainqueur de la Marne. Mais, comme le note Liddell-Hart, le grand critique militaire de la Première Guerre mondiale, « les attaques n'étaient que le grignotement d'un coffre-fort d'acier par une souris. Et les dents qui s'y usaient étaient les forces vives de la France. »

L'année 1915 avait été celle des offensives vaines, tant en Artois qu'en Champagne. Elles ont coûté à la France 400 000 morts et prisonniers, et 1 million d'évacués pour blessures. Les pertes britanniques furent tout aussi monstrueuses. Il faut changer de tactique. Les généraux Foch et Haig préparent une puissante offensive sur la Somme. C'est alors que les devançant, début février 1916, le général allemand Falkenhayn attaque Verdun, à cinq contre deux. Son but ? « Saigner à blanc » l'armée française. Le 25 février 1916, le général Pétain est nommé à Verdun.

Pourquoi l'a-t-on nommé ? Comment est-il considéré par les grands chefs militaires ?

« Pétain ne sera jamais général », avait affirmé en 1914 le général Guillaumat au général Franchet d'Esperey. Le colonel Pétain était alors à deux ans de la retraite et comme il le jugeait lui-même : « J'ai mauvaise presse au ministère. »

À l'École de guerre, où il détenait la chaire d'infanterie tactique, on avait remarqué son talent de pédagogue. Mais il jouait les insubordonnés. Il contestait le principe militaire du tir groupé, considérant qu'il fallait laisser à chacun, une fois l'ordre de tir donné, la capacité de décider de la cible. Il s'opposait également au choix de l'offensive à tout prix qui prévalait depuis la défaite de 1870. « Attaquons, attaquons… cons comme la lune ! » plaisantait-il. Mais là-dessus, l'état-major ne plaisantait pas du tout.

D'autres idées émanaient de son caractère indiscipliné. Il répétait partout : « Le feu tue », voulant dire par là qu'avec l'artillerie, l'époque des attaques à la baïonnette était révolue. Malgré ces idées, ou peut-être à cause d'elles, les militaires jugeaient que sa carrière serait banale.

On l'appelait « Pétain le sec », on le trouvait froid et pince-sans-rire. Certes, son camarade Fayolle, général avant lui, le jugeait « très intelligent ». Mais beaucoup de militaires trouvaient quant à eux que Fayolle était un imbécile ! Et la plupart d'entre eux n'avaient pas une grande estime pour Pétain. En vingt-deux années de carrière, il n'était que colonel. Seul l'un de ses élèves, Charles de Gaulle, avait su noter certaines de ses profondes qualités.

La guerre qui commençait était celle de la revanche. Quelle revanche ? Contre l'Allemagne ? Sans doute. Mais aussi celle des militaires contre les civils. L'armée attendait ce moment depuis les avanies qu'elle avait subies à l'époque de Boulanger (1889), général qui rata son putsch, et de l'affaire Dreyfus (1894) où l'honneur de la justice militaire fut mis en cause. Ce serait « la » Revanche. La vraie.

Lorsque les hostilités débutent, le président de la République Raymond Poincaré ignore le nom des généraux qui commandent ses différentes armées. Il ne peut pas accompagner Joffre en Alsace et n'apprend que tardivement la défaite de Charleroi, tout comme le chiffre des pertes subies. Les autorités militaires nomment préfets et juges.

Ces derniers ne peuvent pas prendre au téléphone leurs ministres sans leur autorisation.

Président du Conseil, Viviani prend connaissance par sa fleuriste, dont le mari est chauffeur dans l'armée, que le Grand Quartier Général (GQG) s'apprête à quitter Chantilly… « Ce n'est pas agréable pour un Premier ministre », confesse-t-il au Conseil.

Comme c'est l'usage, au sein de cette rivalité entre ministres et militaires, Pétain, devenu général en 1914, ne tient pas de propos politiques. Toutefois, très vite, il multiplie les jérémiades contre le gouvernement qu'il juge incapable. Au président de la République Poincaré, il n'hésite pas à claironner qu'un dictateur serait une bonne solution pour diriger les opérations militaires !

En réalité, la plupart des militaires nourrissaient des opinions voisines. Franchet d'Esperey était d'extrême droite, Foch aussi, Lyautey également, et Castelnau, le « capucin », ne pouvait être nommé à la tête des armées en raison de ses opinions royalistes. Le général Sarrail, comme franc-maçon, fut très vite expédié sur le front de Salonique. Seul Joffre incarnait une république sans arrière-pensée. Pétain n'avait d'ailleurs guère d'estime pour lui.

Sur l'affaire Dreyfus, point d'ancrage des relations entre l'armée et le régime, Pétain avait manifesté avec discrétion ses sentiments avant la guerre. Comme officier, il répétait qu'il ne pouvait pas donner tort aux tribunaux militaires qui avaient condamné le capitaine. Oui, il croyait à l'innocence de Dreyfus, « mais pourquoi cet animal-là s'est-il si mal défendu ? ».

Le capitaine Pétain refusa tout de même la promotion exceptionnelle que des supérieurs proches des dreyfusards auraient pu lui attribuer : « Je ne voulais pas devoir ma promotion à des agents les plus en vue de l'affaire Dreyfus. » Cela l'aurait marqué.

Quand, lors d'une parade, le général André, très engagé dans la reconnaissance de l'innocence de Dreyfus, lui tendit la main pour le saluer, il ne la prit pas. Au fond, il était antidreyfusard, mais ne le claironnait pas. En 1941, quand mourut la veuve de Drumont, auteur de *La France juive* et père de l'antisémitisme français, Pétain lui fit verser 500 francs de ses œuvres personnelles[1]...

Pétain participe ainsi à l'humeur générale de mépris pour le gouvernement. Certains de ses penchants réactionnaires suintent dans son comportement. Fin 1915, avant d'être nommé à Verdun, et malgré quelques succès en Artois, Pétain n'est pas en odeur de sainteté au sein du gouvernement : on sait qu'il ne cesse d'en faire le procès. Lorsque le président Raymond Poincaré lui demande ce qu'il pense de la situation, il répond, insolent : « Pas grand-chose... Nos malheurs sont dus au fait que nous ne sommes pas commandés, ni gouvernés. » Et il ajoute : « Notre système de gouvernement n'est pas apte à gagner une guerre. » Une autre fois, alors que Poincaré visite le front et salue les poilus d'un « Merci, Messieurs ! », Pétain s'exclame :

---

1. Voir G. Kauffmann, *Édouard Drumont*, Perrin, 2011, p. 460.

– Vous voyez, Messieurs, le Président n'a rien à vous dire ! »
« – Prenez la responsabilité de coordonner l'effort de défense, lui assène encore Pétain.
– Mais, général, répond Poincaré, la Constitution, qu'est-ce que vous en faites ? »
– Moi, la Constitution, je m'en fous ! »

Malgré tout, Pétain n'est-il pas l'un des généraux les plus intéressants de l'armée française de par son indépendance d'esprit ? Il a déjà remporté plusieurs batailles en appliquant ses théories…

En 1914, Pétain est inventif dans le domaine de la tactique. Il n'est encore rien dans la hiérarchie militaire, mais il se situe à contre-courant, il est iconoclaste et indépendant. Or il va gravir tous les échelons du commandement jusqu'à devenir général en chef des armées françaises en 1917.

Lors du combat de Guise, en 1914, il est le seul à remporter une bataille de résistance. Son succès est apprécié, mais on ne veut pas le surévaluer après coup. La grande victoire est celle de Joffre lors de la bataille de la Marne ou celle de Gallieni pour y amener des troupes fraîches.

Pétain, lui, mise sur l'artillerie. Il émet des propos pleins de bon sens, comme lorsqu'il explique qu'il faut disposer de deux lignes de tranchées, les doublonner. Il est l'un des meilleurs tacticiens, et de Gaulle l'a compris. Pourtant il est devenu général par défaut, le Haut Commandement ayant mis à la retraite un certain nombre de généraux considérés comme dépassés, ce dont il profita en 1914.

Une fois nommé à Verdun, certains sont rassurés : « Il va mettre de l'ordre, vite fait. » On reconnaît ses qualités d'organisation et de précision, d'autant que la situation sur le front semble obscure. Joffre a multiplié ordres et contrordres. Les généraux Langle de Cary et Herr ont démantelé les canons des forts autour de Verdun. Ayant en tête de revenir à une guerre de mouvement, l'état-major voulait les rendre mobiles pour suppléer au manque de canons sur les autres fronts.

Au moment où le général allemand Falkenhayn attaque Verdun, les forteresses n'ont donc plus tous leurs canons et la place forte ressemble à un chantier. Pétain va remettre de l'ordre. Ce qu'on retient pourtant de son arrivée à Verdun, c'est cette phrase : « S'il le faut, on évacuera la rive droite de la Meuse. » Or, on comptait justement sur lui pour tenir les deux rives, droite et gauche.

Dès le premier jour, Pétain est accusé de défaitisme. Il répugne à attaquer. Certains diront, comme le président du Conseil Alexandre Ribot en 1917, que le besoin chez Pétain d'être hétérodoxe l'emporte sur ses qualités. Le général Mangin, dans ses Mémoires, écrit cinq ou six fois que Pétain veut reculer. Cela devient sa marque. En fait, il s'agit chez lui d'une tactique : il faut savoir, quand la situation l'exige, prendre le large. Elle sera d'ailleurs appliquée par le général allemand Hindenburg un an plus tard, avec succès, lors de la bataille du Chemin des Dames.

Enfer dès le premier jour, la bataille de Verdun est une improvisation permanente : les premières lignes enfoncées, aucun réseau de boyaux ou de tranchées n'avait été prévu pour supporter le choc du deuxième assaut. Bientôt, il n'y a plus de front, mais un émiettement inextricable de positions qu'on tente en vain de raccorder les unes aux autres. Isolée, bombardée, parfois par sa propre artillerie, chaque unité est livrée à elle-même, et ne connaît plus qu'une consigne : « tenir ».

Chacune a la conviction que le sort de la bataille dépend d'elle ; jamais tant d'hommes ne furent ainsi animés d'une pareille certitude ; jamais tant d'hommes n'assumèrent cette responsabilité collective avec un tel renoncement. Ayant supporté le deuxième choc, les soldats permettent au commandement de reconstituer un ordre de bataille, de s'y tenir et de l'emporter.

Sur le champ décomposé de cette immense bataille, les ordres se faufilent grâce aux « coureurs », constamment sur la brèche. Aux hommes bombardés, mitraillés, assaillis par les nappes de gaz, ne sachant où aller ni que faire, démunis ou défaits, ils apportent, mieux que la vie, la fin de l'incertitude. Car rien n'est pire à Verdun que l'attente obsédante de la liaison avec les vivants. Et toujours cette réponse : il faut encore tenir et attendre… Quoi ? La fin du bombardement, l'heure de l'attaque ennemie, espérée fiévreusement, pour quitter cette tranchée improvisée et souvent mourir.

Avec ses avancées, ses îlots, ses digues et ses verrous formés de charniers, nul champ de bataille n'a connu une telle promiscuité entre les vivants et les morts. Dès la relève, l'horreur prend à la gorge, signalant à chacun l'implacable destin : vivant, s'ensevelir dans le sol pour le défendre, mort, le défendre encore et y demeurer à jamais. La durée du sacrifice varie selon les bataillons. Mais qu'une part de l'effectif soit hors de combat, l'heure arrive d'être relevé à son tour. Seule certitude : de toi, ou moi, camarade, l'un doit mourir, ou les deux.

Quelles sont les idées de Pétain à Verdun ? Comme lors des batailles de l'année 1915, il sait que l'armée française dispose de moins de canons que l'armée allemande. Il juge donc qu'il faut multiplier les tranchées pour se rapprocher le plus possible de l'ennemi. Il ne s'agit pas de l'attaquer, mais de l'empêcher d'utiliser les canons.

Cette tactique est nouvelle, elle est celle de Pétain. On lui reproche alors de vouloir gagner la guerre non par des avancées mais par des combats de tranchées. Pourtant il sait trouver les mots qui stimulent les combattants : « On les aura ! »

Avec le général Mangin, Pétain a aussi trouvé l'idée du barrage roulant : l'attaque de tirs est précédée de canons légers, puis on progresse jusqu'au point d'impact des obus, là où les canons ont tiré, mais pas plus loin. L'artillerie y est transportée, et on recommence… Pour Mangin, c'est se battre « à la française », un peu comme on part à la chasse, fusil au poing…

Pétain sait aussi qu'il faut s'occuper en priorité des renforts. Il fait pour cela restaurer la seule ligne de chemin de fer, à une voie, qui relie Verdun à l'arrière, et reconstituer cette route qu'on appellera la Voie sacrée.

On lui doit également le tourniquet des combattants ; les soldats ne doivent pas rester trop longtemps en première ou deuxième ligne ; il faut une relève. Lorsque 50 pour cent des combattants en première ligne sont tués, l'ensemble du bataillon est remplacé.

Pétain veut aussi multiplier les réseaux de boyaux pour pouvoir passer d'une tranchée à l'autre dans les deux sens, ce qui permet une activité beaucoup plus organisée. Un repli est toujours prévu.

Pour que les soldats sachent qu'on pense à eux, il demande que les ordres d'attaque ne soient pas lancés sans tenir compte de leur état physique : pas de deuxième attaque avant un délai de quatre heures. Mais les autres généraux comme Mangin s'opposent à cette mesure considérant qu'il faut pouvoir réattaquer tout de suite. Au final, le délai sera de deux heures et demie entre les attaques.

Pétain réclame aussi que les unités de première ligne soient privilégiées dans l'obtention d'une permission pour voir leur famille. Il veille à ce que les soldats soient nourris avec soin. Il va goûter la soupe (il est filmé en 1917 dans ce rôle) et obtient que la nourriture livrée ne soit pas pour les porcs. Aux yeux des soldats, il est devenu le vrai général en chef.

En avril 1916, Pétain avertit Poincaré que la bataille a déjà causé la mort de 12 000 soldats et fait 68 000 blessés, dont 11 000 en une semaine. Il affirme à son « historien » Henry Bordeaux : « On trouve que je suis un grand mangeur d'hommes, pourtant je les épargne tant que je peux. »

En effet, Joffre et Poincaré jugent que Pétain demande trop de renforts. Mais il faut admettre qu'ils sont parfaitement légitimes : en mars les Allemands se battent à cinq contre deux !

Pétain est remplacé assez vite, nommé dès juin 1916 à une direction supérieure, celle de la région. Nivelle et Mangin deviennent les chefs directs de la bataille de Verdun et sont crédités de la victoire. C'est pourtant grâce à Pétain que le fort de Douaumont, la pièce maîtresse de la défense autour de Verdun, a été repris. Mais pour l'état-major, la vraie victoire eut consisté à chasser les Allemands.

Verdun est devenu la bataille de l'armée entière, la grande épreuve nationale à laquelle seuls trois ou quatre bataillons de troupes coloniales, contre dix-huit sur la Somme, ont participé et sans l'aide des Anglais.

Verdun est la « victoire de la race ». Quelle différence avec la Somme, en août 1916, quand l'emportèrent les canons et les chars, ou encore la première bataille de la Marne, en septembre 1914, qui fut une victoire du commandement !

Henry Bordeaux décrit Pétain, durant cette période, comme « une extraordinaire force calme » qui a « remis de l'ordre ». Mais il nuance : « Son action se borne à résister. N'aurait-il pas pu, avec tant de troupes mises à sa disposition, tenter une offensive générale, avant que les Allemands eussent fait des travaux considérables ? Il doute de lui et n'a pas de génie. C'est un homme de caractère, d'autorité, il a sauvé Verdun mais il n'a pas la victoire. »

Complétons ce tableau par un commentaire du général Mangin : « Pétain est vraiment par trop défensif. Il a perdu beaucoup d'influence et il ne fera jamais qu'une guerre de bouts de tranchées. »

Ce que Mangin veut signifier par-là, c'est que rien n'est pire à Verdun que l'inaction car alors ce sont les bombardements qui tuent. Mieux vaut attaquer que rester inactif ou se défendre puis contre-attaquer.

Qu'en conclure ? Pétain est-il, oui ou non, le vainqueur de Verdun ?

Pétain est le vainqueur de Verdun car pour les Français l'enjeu consistait à ne pas perdre la place. Les Allemands, eux, voulaient « saigner » l'armée française. Or l'armée allemande l'a été tout autant. Par ailleurs, ni la rive droite de la Meuse ni la cité n'ont été évacuées malgré la disproportion des forces en présence.

Certes, le coup de boutoir de Nivelle et de Mangin a mis un coup final aux entreprises allemandes à Verdun. Mais cette victoire aurait-elle été possible sans le soin porté par Pétain aux conditions de vie des soldats, à l'organisation d'un système de communication performant ou la mise en œuvre d'idées longtemps jugées hétérodoxes ?

Durant la suite de la guerre, Pétain reste comme hypnotisé par Verdun. En 1917, quand il est question d'une nouvelle offensive, il assène, devant Nivelle et le président du Conseil Ribot : « Je ne crois pas du tout au succès d'une offensive menée à fond. La seule tactique possible est de fatiguer l'ennemi par des attaques répétées et des coups de poing qui l'affaibliront peu à peu. »

Commence alors un débat pour savoir s'il faut confier à Nivelle le soin de mettre en œuvre la prochaine attaque. Celui-ci semble être l'homme de la situation, mais des doutes s'élèvent sur la possibilité d'une offensive à succès au printemps 1917. Le nouveau président du Conseil Paul Painlevé est assez sceptique. Il a davantage confiance en Pétain. Franchet d'Esperey et Castelnau sont également peu convaincus.

Lors d'une réunion en avril 1917, Pétain argumente : « Nous avons des forces suffisantes pour la percée, mais pas pour l'exploitation. » Nivelle donne alors sa démission, qui est refusée, car tout le monde se récrie. Mais Pétain enfonce le clou : « J'ai donné un avis défavorable à l'offensive et le gouvernement est passé outre. C'est donc à lui qu'appartient cette responsabilité. » Il persiste à mettre toutes les fautes sur le dos du gouvernement, jamais sur les commandants d'armée.

Lors de la bataille du Chemin des Dames qui suit, le général allemand Hindenburg applique la tactique du repli. L'artillerie française tire dans le vide… Un bon camarade de Mangin, le général Micheler, explique que ce n'est pas Nivelle qui a échoué, mais Mangin lui-même, lequel est relevé de ses fonctions le 1er mai 1917. Une ignominie entre généraux, qui ne s'épargnent pas… Nivelle a peut-être été « intelligent, brillant », mais il cède le commandement en chef de l'armée française à Pétain le 15 mai.

***

En 1917 éclatent les mutineries. On sent un besoin chez Pétain de s'adresser aux soldats. Il prend la plume au mois de juin et publie dans de nombreux journaux une tribune expliquant « pourquoi nous nous battons »... Mais il réprime aussi les mutins. A-t-il été l'homme de la situation ?

Le mouvement des mutineries s'explique non par le refus de défendre son pays, mais par la multiplication des offensives vaines. Près de 40 000 soldats se révoltent en 1917 contre la manière de faire la guerre. Quelques lettres disent bien la réalité des choses : « Nous avons refusé de marcher, non pour amener une révolution qui serait inévitable si nous avions continué le mouvement, mais nous avons au contraire manifesté pour montrer que nous étions des hommes, et non pas des bêtes qu'on mène à l'abattoir. »

Certaines manifestations exceptionnelles, au cours desquelles les soldats chantent *L'Internationale* et crient « À Paris ! », font croire au commandement qu'il s'agit de manifestations pacifistes. Des généraux, comme Franchet d'Esperey, écrivent à Pétain que les espions allemands, agissant sur les syndicats et les instituteurs, contaminent les permissionnaires et les unités. L'historien Guy Pedroncini a bien montré en 1967 qu'il n'y a jamais eu le moindre instituteur parmi les meneurs, et que les mutineries eurent lieu après des attaques ratées.

À Verdun déjà des rebellions avaient éclaté quand se multipliaient les attaques vaines.

Plus largement, au printemps 1917, s'exprime une volonté sourde : celle que la guerre prenne fin.

Pétain est en désaccord avec l'argumentaire de Franchet d'Esperey. Il juge que les mutineries sont dues à l'épuisement général, que les soldats n'en peuvent plus, que les responsables sont ceux qui lancent des offensives vouées à l'échec et mal conçues, tel Nivelle. Cela ne l'empêche pas de stigmatiser aussi l'action pacifiste des instituteurs.

Les témoignages de cette époque nous disent que la nourriture est infecte, qu'il n'y a pas de période de repos, qu'on fait exécuter des tâches pénibles à des soldats qui viennent de faire vingt kilomètres à pied, comme nettoyer la boue sur les mitrailleuses. On stigmatise aussi les ministres qui viennent inspecter les tranchées en costume trois pièces…

Les mutineries éclatent après la nomination de Pétain le 15 mai 1917 comme commandant en chef de l'armée française. Elles découlent de l'échec de l'offensive Nivelle. On n'a pas fait appel à Pétain pour calmer l'armée, mais sa nomination y a contribué car les soldats savaient depuis Verdun que Pétain épargne le sang des hommes.

Au sein du commandement, tout le monde pressentait que l'arrivée de Pétain impliquerait la fin des offensives. Dès le 19 mai, Pétain déclare qu'il faut désormais « fixer » l'ennemi pour lui enlever sa liberté d'action. Aux yeux des soldats, cela ne signifie pas la fin de l'offensive Nivelle mais d'ultimes mesures pour rétablir un front défendable.

Pétain multiplie les visites au contact des combattants. N'en concluons pas pour autant qu'il fut débonnaire. Il a maintes fois manifesté sa dureté en cas d'indiscipline. En 1914, il avait voulu fusiller 35 soldats qui s'étaient tiré une balle dans la main pour ne pas aller au front. Il y avait finalement renoncé, mais avait fait ligoter ces hommes et les avait abandonnés dans la tranchée la plus proche de l'ennemi.

Contrairement à sa demi-légende, Pétain n'est pas conciliant en 1917. Citons un de ses ordres du jour du mois de juin qui préconise « de faire de l'individuel, plus que du collectif » : « Comment faut-il procéder ? Il faut donner à quelques mauvaises têtes un ordre à exécuter. En cas de refus, ces hommes sont arrêtés immédiatement et remis entre les mains de la justice qui devra suivre son cours le plus rapide. »

Pétain a-t-il été équitable ? Il a voulu que la répression soit limitée mais impitoyable. Il réclame que certains accusés soient traduits devant le conseil de guerre sans une instruction préalable. Toutes les fois où la gravité d'un crime est reconnue, et que les preuves sont suffisantes, le châtiment doit être exemplaire. Pétain supprime les recours en révision des procès et autorise même les généraux à faire exécuter les condamnés sans transmettre les recours en grâce.

Ce traitement très sévère est malgré tout circonscrit : sur les 40 000 mutins identifiés, 554 sont condamnés à mort, 49 sont exécutés sur ordre des tribunaux, et 7 sur ordre de Pétain lui-même.

Que signifient ces chiffres ? Ils sont toujours sujets à discussion. On peut penser que la répression a été bénigne. Mais en Grande-Bretagne, quatre mutins seulement ont été exécutés... Les exécutions de 1917 soulèvent l'opprobre, notamment depuis l'intervention du Premier ministre Lionel Jospin en 1998. Mais on a aussi découvert que des exécutions beaucoup plus nombreuses eurent lieu ailleurs et autrement.

En 1914, 324 soldats furent condamnés à mort et 200 exécutés, soit quatre fois plus qu'en 1917. En 1915, 648 soldats furent condamnés à mort et 392 exécutés. En 1916, 890 furent condamnés, 156 exécutés. En 1917, 132 soldats furent exécutés sur 883 condamnés.

Quiconque a participé à la lutte armée sait bien qu'on dispose d'autres moyens que d'un tribunal militaire pour sanctionner les indisciplinés, qui peuvent par exemple être envoyés dans une mission à risque, dont on sait qu'ils ne reviendront sans doute pas. Je l'ai vérifié, dans le Vercors, en 1944, quand me déclarant volontaire pour porter secours à un groupe en difficulté, le lieutenant m'a retenu par le col et m'a dit : « Toi, tu restes. »

Durant l'entre-deux-guerres, *Le Canard enchaîné* a révélé que, dans une unité qui avait refusé de se battre, on retenait un soldat sur dix pour être exécuté. Nous savons depuis que cette « décimation » n'était qu'un mythe.

Au total, le nombre d'exécutions, suite aux mutineries de 1917, peuvent être considérées comme relativement modérées, par rapport à ce qu'elles auraient été sans doute si Franchet d'Esperey ou Mangin avaient été commandants en chef. Pétain a apaisé les soldats qui sortaient de l'offensive ratée du Chemin des Dames, et s'est montré relativement clément *pour l'époque,* dans un temps où le commandement ne l'était pas.

Par la suite, Pétain fit souvent référence à la question des mutins. En 1918, il confia au général britannique Haig qu'il était particulièrement fier d'y avoir mis fin. Bien plus tard, dans son discours du « Vent mauvais », prononcé en pleine Occupation, le 12 août 1941, au lendemain des premiers attentats commis contre des soldats allemands, il rappela encore cet épisode… Mais il s'agissait cette fois d'évoquer la répression qu'il a su animer plus que de rappeler une quelconque clémence.

**

Lors du défilé de la victoire, le 14 juillet 1919, Philippe Pétain, devenu maréchal de France, apparaît aux Parisiens sur son cheval blanc, comme un nouvel Henri IV… Quelle est la part qu'a prise Pétain dans la victoire finale ?

L'antagonisme qui a opposé Pétain, d'abord simple colonel, au commandement militaire sur la manière de conduire la guerre (« offensive » ou « défensive ») fut pendant quatre ans le nerf de toute discussion militaire. Le débat est resté cadenassé dans cette opposition, un peu comme celle des hommes politiques aujourd'hui qui s'enferment dans les notions de gauche ou de droite. Tel est le cadre mental qui prévaut jusqu'en 1918.

Or, en 1917, de grands événements modifient la carte de guerre : la révolution russe et l'entrée des États-Unis dans le conflit. À peine les Américains entrent-ils en guerre, en avril 1917, que Pétain déclare : « J'attends les chars et les Américains », une phrase qu'il ne cesse de répéter. La révolution russe, quant à elle, éclate en mars 1917. Les hommes politiques commencent par vouloir croire qu'il s'agit d'une révolution patriotique qui va mettre fin à de supposées négociations du pouvoir tsariste avec l'Allemagne. Mais au fond le président du Conseil Alexandre Ribot et le Premier ministre britannique Lloyd George sont convaincus que cette révolution peut désintégrer l'armée russe.

Face à cette nouvelle donne, Foch et Pétain s'opposent une nouvelle fois. Pétain veut attendre les chars et les Américains pour attaquer et se défendre en attendant. Mais Foch estime au contraire qu'attendre est une erreur car les Allemands risquent de ramener leurs troupes du front russe au plus vite, sans attendre les Américains.

Or ce n'est pas ce qui se passe : on compte 72 divisions allemandes en Russie en mars 1917, 75 en avril et 78 en juin ! Les Allemands ont cru eux aussi à une révolution patriotique, estimant que les Russes allaient se battre avec plus d'ardeur – une offensive russe sera d'ailleurs déclenchée fin juin.

Foch a donc tort : il n'y a pas de retour des forces allemandes vers l'ouest avant l'été. Mais Pétain s'est trompé lui aussi, l'inquiétant retour des troupes allemandes sur le front ouest ayant été reporté, ce qui réduisait ses arguments contre l'idée d'une offensive – celle de Foch.

Après la défaite italienne de Caporetto en octobre 1917, Foch est envoyé au secours des Italiens avec quelques divisions françaises. La Roumanie, de son côté, demande la paix… Pour Pétain, promu commandant en chef de l'armée française, la situation n'est guère favorable : les

Américains ne sont pas encore prêts au combat ; les Italiens sont hors course, tout comme les Roumains. On se contente donc, dans le camp français, d'attendre la grande offensive allemande.

À cette occasion, Pétain manifeste pour la première fois des opinions politiques claires. Il s'oppose, en tant que chef des armées, à ce que le gouvernement Ribot accorde des passeports à une délégation de socialistes français pour se rendre en 1917 à Stockholm où se tient une conférence pour la paix organisée par des socialistes russes et neutres.

Autre inquiétude de Pétain : que les militaires perdent leur ascendant sur les civils. Joffre, qui a gagné la bataille de la Marne mais pas la guerre, a été limogé en 1916, remplacé par Nivelle. Foch n'a pas remporté la bataille de la Somme, malgré les énormes moyens dont il a disposé, et n'a pas effectué la percée tant attendue. Nivelle, de son côté, a perdu la bataille du Chemin des Dames, tout en étant péremptoire dans ses certitudes. Pétain, lui, a sauvé Verdun, certes, mais il n'a pas non plus gagné la guerre…

Tous les généraux, dont Pétain, sont quelque peu discrédités. Certes, Painlevé, le nouveau président du Conseil, a approuvé la tactique de Pétain et l'a nommé, comme on l'a vu, généralissime des armées françaises. Ce savant, modéré, jugeait qu'il ne fallait pas lâcher la bride de Foch ou de Mangin. Mais en novembre 1917, Painlevé est remplacé par Clemenceau.

À cette date, il ne s'est rien passé d'essentiel depuis le mois de mai… On assiste à la formation d'une sorte d'alliance entre Foch et Clemenceau pour mettre fin à cette stagnation. L'idée est de confier à Foch une réserve de troupes, la « réserve stratégique », pour attaquer les lignes allemandes lors des grandes offensives. Mais le général Haig, qui commande l'armée britannique, ne veut pas, pas plus que Pétain, qu'on lui retire des troupes pour constituer cette réserve. Pétain et Haig se montrent donc solidaires contre Clemenceau et Foch. Et l'idée de la réserve échoue.

À cette nouvelle, Foch, furieux, pique une colère devant Clemenceau qui lui ordonne de se taire. Le président du Conseil lui garde toutefois sa confiance, plus qu'à Pétain…

En mars 1918, quelques jours avant la grande attaque allemande, voici le portrait que dresse Clemenceau de Pétain :

> Il n'a pas d'idées, il n'a pas de cœur, il est toujours sombre sur les événements, sévère sans rémission dans ses jugements sur ses camarades et sur ses subordonnés. Sa valeur militaire est loin d'être exceptionnelle, il a dans l'action une certaine timidité, un certain manque de cran.
>
> Mais il a su se pencher sur le sort de la troupe, il a compris la mentalité du soldat, il a été loyal vis-à-vis de moi, il a été correct dans ses rapports avec les Alliés. Il a de bonnes manières, de civil plus que de général. Il n'aime guère les intrigues et sait se faire obéir. Il prend ses précautions et reste attentif aux détails. C'est un administrateur plus qu'un chef. À d'autres, l'imagination et la fougue. Il est bien à sa place si, au-dessus de lui, se trouvent des hommes pour décider en cas grave.

La grande offensive allemande a lieu le 21 mars 1918, dans un contexte très délicat pour les Alliés. Depuis un

mois, Pétain demande au général Haig d'étendre les positions britanniques de quatre-vingts kilomètres car lui-
même n'a plus de réserves. Mais Haig refuse. Les deux
alliés en réfèrent alors au Premier ministre Lloyd George.
On négocie et Haig finit par élargir sa zone de 30 kilomètres. C'est un petit geste.

En France, Clemenceau juge que ces négociations sont
dangereuses et songe à l'élaboration d'un commandement
militaire unique. Painlevé avait soutenu Pétain, Clemenceau soutient Foch... Si l'homme de la rue ignore ces
dissensions dans le camp français, beaucoup de chefs militaires, au sein de l'état-major, sont au courant. Les Allemands aussi sont alertés car ces discordes suintent dans
la presse française.

Quand l'Allemagne passe à l'offensive, avec 65 divisions, elle choisit précisément d'attaquer la jonction entre
les armées française et anglaise, dans la région de Saint-
Quentin. Les armées britanniques se retrouvent vite enve-
loppées, écrasées et appellent Pétain au secours. Celui-ci
accepte mais, tel un paysan français près de ses sous, n'envoie que deux divisions. Ce n'est pas assez. Le général
anglais Gough doit se replier vers la mer.

Dès lors, faut-il aider les Britanniques pour éviter qu'ils
ne rembarquent et reformer la jonction avec eux, comme
le pensent Foch et Clemenceau ?

Ou bien, devant la menace de l'écroulement anglais,
faut-il se replier pour sauver Paris ?

À votre avis, que propose Pétain ? Sauver Paris ! Aux
Britanniques, il prétend qu'en choisissant cette option, il
ne fait qu'obéir aux ordres du gouvernement. Pourtant
nous n'avons jamais trouvé trace d'un tel ordre.

Pétain se replie sur Noyon. Une coalition s'organise contre lui pour substituer à son commandement un généralissime allié, Foch, à la tête des deux armées. Cette décision est prise le 26 mars 1918, à la conférence de Doullens (Somme). Mais la question reste entière car Foch estime que c'est Amiens qui doit représenter le point de jonction des deux armées, tandis que Pétain persiste à vouloir défendre Noyon… Le généralissime allié et le chef de l'armée française entrent en conflit direct.

D'après Clemenceau, Pétain est alors très pessimiste : « Les Allemands battront les Anglais en rase campagne, et après ils nous battront aussi. » Il n'est plus sûr de lui ; le général Anthoine désobéit à ses ordres. Auparavant, il en imposait par son calme, mais depuis qu'on lui a préféré Foch, il semble déstabilisé.

À la dernière attaque allemande, fin mai 1918, sous les ordres de Foch, Pétain parvient à bien tenir les deux môles de Reims et de Soissons : il sait gérer les défensives à multiples échelons. Le 3 juillet, les Allemands lancent une nouvelle offensive et, comme l'avait prédit Pétain, avancent sur la Champagne.

Il y organise une défense « à la Pétain » : reculer dès l'attaque pour passer ensuite à la contre-offensive. Cette fois, contrairement à Verdun, une bataille de mouvement s'engage : les Français font semblant de défendre du terrain sur quatre kilomètres et les Allemands tombent sur du vide. C'est une deuxième bataille de la Marne, avec tanks et aviation, une bataille moderne qui annonce celles de 1940.

Pétain gère le tempo de cet affrontement gagné par Mangin. Les tanks français, cachés dans la forêt de Villers-

Cotterêts, surgissent au moment où les Allemands avancent sans protection de leurs canons. C'est une grande victoire.

Le 8 août 1918, une « journée de deuil de l'armée allemande » est proclamée outre-Rhin. Les images cinématographiques montrent des milliers de prisonniers faits par les Français. C'est bien la tactique de Pétain qui a été employée ; mais il n'est pas crédité de la victoire qui dans les esprits reste celle de Foch et de Mangin !

Jusqu'en octobre 1918, les Allemands reculent sur tous les fronts. En septembre, Ludendorff et Hindenburg veulent demander l'armistice. Désormais, les Américains sont nombreux à se battre. Pétain manque de troupes et souhaite les intégrer dans son armée. Mais le général américain Pershing désire commander ses propres soldats. Foch, lui, est partagé : il ne veut pas renforcer Pétain – ils se haïssent – mais il entend resserrer les rangs. Un compromis est finalement trouvé : une partie des Américains obéira à Pétain, l'autre à Pershing.

En octobre, quand, après la Double Monarchie et les Bulgares, les Allemands demandent l'armistice et que les Alliés progressent en Lorraine, d'ultimes divergences se font jour dans le commandement. Une grande offensive vers l'Allemagne avait été prévue pour le 15 novembre. Pétain l'attend impatiemment. Mais Foch juge que la guerre est d'ores et déjà gagnée, et préfère signer l'armistice. Le Britannique Douglas Haig est d'accord avec lui. C'est que Foch ne tient pas à ce que la victoire revienne à Pétain, qui franchirait le Rhin et foulerait triomphalement le sol allemand.

Le 9 novembre 1918, les deux hommes se rencontrent. Leur entrevue est pathétique. Pétain racontera : « J'ai expliqué à Foch l'immense différence qu'il y avait entre une guerre terminée d'un commun accord et une victoire éclatante, nettement française, remportée en Allemagne. Je comprends très bien que Lloyd George et Wilson ne veuillent pas d'une victoire française trop éclatante, mais Clemenceau, qu'en pense-t-il au fond de lui-même ? »

Pétain est frustré de la victoire que Foch lui souffle. En 1931 encore, dans son discours de réception à l'Académie française, il reviendra sur cet épisode douloureux.

Pétain a donc été privé de la victoire de Verdun, il n'a pas obtenu le titre de généralissime des armées alliées, il a été frustré en bonne part de son rôle durant la deuxième bataille de la Marne, puis par l'offensive du 15 novembre 1918. À Pétain qui avait toujours voulu épargner le sang des hommes et qui lance désormais : « Attaquons, attaquons ! », Foch rétorque : « Il y a eu trop de morts comme cela. On arrête. »

Au final, le rôle de Pétain pendant la Grande Guerre a-t-il été, selon vous, plutôt positif ou négatif ?

Pétain a toujours su évaluer, mieux que les autres généraux, l'état réel des situations. À cette lucidité, il a associé une pratique qui, même si elle était juste, apparaissait comme l'expression d'une prudence suspecte de défaitisme. Au fond, sa stratégie a abouti lorsque sa tactique

défensive a permis la préparation d'une grande offensive
– dont il a finalement été privé.

La plupart des généraux ont été très réservés sur l'attitude de Pétain. La plupart, à l'exception de Mangin,
n'étaient pas des hommes de terrain. Et dans cette guerre
qui se voulait une revanche, la position défensive ne leur
semblait pas assez glorieuse. Le capitaine de Gaulle fut
l'un des seuls militaires à juger que le vrai stratège de la
Grande Guerre avait été Pétain. Et pour la majorité des
combattants, aucun doute : Pétain a incarné la défense
du pays.

Je pense également qu'il a été le meilleur stratège de
14-18 mais qu'il n'a pas su valoriser ses idées. Il n'a pas
manifesté le calme olympien de Joffre, reculant de la Belgique jusqu'à la Marne. Il n'a pas non plus montré l'ardeur
de Foch, ce charisme qui révèle l'audace d'un vrai chef.

Mais en épargnant le sang de ses hommes pour que la
victoire ne soit pas leur tombeau, les soldats l'ont reconnu
– et l'histoire aussi – comme celui qui s'est révélé être le
gardien de la terre.

Chapitre 3

EN RÉSERVE DE LA NATION

On est tenté, à partir de la fin de la Première Guerre mondiale, d'opposer les trajectoires de Charles de Gaulle et de Philippe Pétain. L'un aurait eu tout juste, l'autre tout faux. C'est oublier que les deux hommes ont été très proches...

Les deux hommes sont proches mais de façon paradoxale car c'est le jeune de Gaulle, élève à l'École de guerre, qui, toute sa vie, a exercé un ascendant sur le « vainqueur de Verdun ». Au départ, de Gaulle admire son maître Pétain pour son anticonformisme. Il sait que, dans les années 1900, au cours d'une enquête pour savoir quels sont les officiers qui se rendent à la messe, Pétain a répondu : « Me tenant au premier rang, je n'ai pas l'habitude de me retourner. »

Une autre fois, c'est Pétain qui admire sa repartie. En 1913, un jour où il avait fait tirer au sort pour mauvaise tenue un des chefs de section, de Gaulle fut désigné pour quatre jours d'arrêt de rigueur. Le lendemain, Pétain convoqua de Gaulle et lui dit : « J'ai décidé de lever vos arrêts. » Et de Gaulle de répondre : « J'ai trop d'estime pour votre jugement, mon colonel, pour considérer juste une punition que vous jugez devoir retirer. » Plus tard, de Gaulle a su que cette réplique avait plu au colonel.

Pendant la guerre, de Gaulle est blessé à Verdun et décoré, puis fait prisonnier en 1916. Au lendemain du conflit, ses chefs le punissent pour arrogance et l'affectent à l'intendance à Mayence. Il est sauvé par Pétain qui l'appelle à son cabinet car il n'a pas oublié les talents du jeune sous-lieutenant devenu capitaine.

De Gaulle expliquera plus tard : « J'étais très porté sur les femmes, Pétain aussi, et en Allemagne comme à Varsovie [lors de leurs missions à l'étranger], cela nous rapprochait. » L'année d'après, lorsque de Gaulle eut un fils, il l'appela Philippe, le prénom de Pétain. Au-dessus de son lit figurait une photo du Maréchal avec en dédicace : « À mon jeune ami Philippe de Gaulle, en lui souhaitant de réussir dans la vie avec toutes les qualités et les dons de son père. Affectueusement, Philippe Pétain ».

Une affection réciproque lie les deux hommes. « Nous avions, au fond, les mêmes valeurs », déclara Pétain en 1943. « Nous avions à peu près les mêmes idées », dit de son côté de Gaulle lors d'un entretien avec Paul-Marie de la Gorce bien plus tard.

En réalité, ils n'avaient pas les mêmes idées en matière de stratégie : le « tout-défensif » de Pétain ne convenait guère à l'humeur guerrière du capitaine de Gaulle. Mais sur le fond, leur accord portait sur l'attitude qu'un chef militaire doit adopter en République. « Le chef, explique de Gaulle dans *Le Fil de l'épée*, doit avoir du prestige. Et ce prestige ne peut aller sans mystère. Car on révère peu celui qu'on connaît bien… La sobriété du discours, le relief de l'attitude, rien ne rehausse mieux l'autorité que le silence. Le chef crée le calme et l'attention pourvu qu'il se taise. » Pour chacun, il s'agissait là du portrait de « Pétain le sec ».

Les deux hommes étaient également d'accord sur l'avenir de la France qu'ils jugeaient sombre, et l'on ne saurait dire si les phrases qui suivent sont de l'un ou de l'autre. Ainsi le 25 juin 1919 : « Voici donc la paix signée, il reste à la faire exécuter par l'ennemi, car tel que nous le connaissons, il ne fera rien, il ne cédera rien, il ne paiera rien qu'on ne le contraigne à faire ou à céder, à moins d'utiliser la force avec la dernière brutalité. »

Qui a écrit cela ? C'est de Gaulle.

Quelques années plus tard, en septembre 1934 à Meaux, Pétain s'exprime dans un discours que les actualités Pathé ont conservé : « L'Allemagne a, par excellence et dans le tréfonds de sa race, non seulement cette vertu guerrière qui fait sa valeur sur les champs de bataille, mais encore le goût et le culte de la force, ainsi qu'une constante propension à brandir ses armes pour appuyer sa politique. »

C'est le seul discours que sur un tel thème un maréchal ait osé prononcer devant les caméras dans l'entre-deux-guerres, et que la France entière ait pu entendre : un appel à la vigilance.

Sur le statut d'un militaire dans une république, Pétain et son jeune compagnon diffèrent des autres grands maréchaux contemporains : le monarchiste Lyautey souhaitait renverser la République ; Franchet d'Esperey avait à peu près les mêmes opinions que Lyautey tout comme le maréchal Foch. Seul Joffre adhérait à l'idéal républicain, respectueux de la supériorité du pouvoir civil sur le pouvoir militaire. Lorsque Pétain fut fait maréchal de France, le 8 décembre 1918, c'est lui qui invita Joffre dans son train privé car la République avait omis de le convier à ses frais à la cérémonie.

Lors de la cérémonie, le président Poincaré déclara : « Vous avez obtenu du soldat français tout ce que vous lui demandiez. Vous l'avez compris, vous l'avez aimé, et il a répondu par son obéissance et sa dévotion à toute la sollicitude et à toute l'affection que vous lui donniez. » Mais il ne prononça pas un mot sur ses autres mérites.

Durant une dizaine d'années, le capitaine de Gaulle fut le compagnon du maréchal Pétain. Lorsqu'en 1934, Gaston Doumergue devint président du Conseil et nomma Pétain au ministère de la Guerre, celui-ci voulut prendre son ami comme directeur de cabinet. Mais le général Laure, ancien compagnon de Pétain et son laudateur attitré, l'avait prévenu : « C'est lui ou moi. » Et Pétain a choisi le laudateur...

À cette époque, de Gaulle est encore une personnalité en devenir. La carrière de Pétain, elle, semble à son firmament. A-t-il encore une influence dans l'armée ?

Après la Première Guerre mondiale, Pétain a droit à un grand nombre d'honneurs et de nominations. Entre 1920 et 1934, date à laquelle éclate la grande crise du régime avec les émeutes du 6 février contre le gouvernement Daladier, il occupe huit fonctions :

– 1920 : président du Conseil supérieur de la guerre, commandant les armées françaises en temps de guerre (avec les autres maréchaux).

– 1922 : inspecteur général de l'armée, ce qui confirme son autorité sur l'état-major.

– 1920-1931 : il siège au Conseil supérieur de la défense nationale, instance consultative.

– 1931 : mis à la retraite, il accepte, sans entrain, d'être inspecteur général de la défense aérienne.

– 1934 : il est nommé ministre de la Guerre, mais ne fait plus partie du Haut Comité de la défense nationale. Il propose la création d'un ministère de la Défense et devient membre permanent du Conseil supérieur de la défense nationale et du Haut Comité militaire. En tant que maréchal, il est encore membre du Conseil supérieur de la guerre.

Pétain est donc omniprésent et n'hésite pas à prendre des positions publiques. La principale question, au sortir de la Grande Guerre, porte sur le statut de la Rhénanie. Le maréchal Foch, les généraux Gérard et Weygand soutiennent le séparatisme rhénan. À défaut, Clemenceau souhaite au moins une démilitarisation de la rive gauche du Rhin, ce que lui concèdent les Britanniques qui veulent se limiter à une garantie de soutien à la France si elle est de nouveau attaquée.

Sollicité, Pétain répond « que tout cela est du ressort du gouvernement ». Une attitude purement républicaine ou le refus de s'engager ?

C'est aussi durant ces années, avant que n'éclate la crise économique de 1929, que le maréchal Pétain est invité à intervenir au Maroc, dans la guerre du Rif (1925). Dans un texte fameux, et selon des propos répétés, de Gaulle a jugé indigne que le maréchal Pétain ait accepté – sur proposition du gouvernement – de prendre la relève du maréchal Lyautey pour combattre aux côtés des Espagnols la République rifaine d'Abdelkrim.

Certes, les deux maréchaux n'avaient aucune estime l'un pour l'autre. « Un maréchal n'obéit pas à un ordre du gouvernement comme s'il était un maréchal des logis », lança Lyautey à Pétain quand il apprit que celui-ci avait accepté la mission.

« Moi, je suis devenu maréchal parce que j'ai toujours obéi au gouvernement, lui répondit Pétain.

– Et moi, c'est parce que je lui ai toujours désobéi », rétorqua Lyautey.

L'algarade est connue. Ce qui l'est moins, c'est que ce n'est qu'en 1940 – et non en 1926 comme il l'a prétendu – que de Gaulle a jugé que le maréchal Pétain était « mort » en acceptant de remplacer Lyautey. En 1932, de Gaulle lui avait dédicacé *Le Fil de l'épée* dans ces termes : « Cet essai, Monsieur le Maréchal, ne saurait être dédié qu'à vous, car rien ne montre mieux que votre gloire, quelle vertu l'action peut tirer des lumières de la pensée. »

La guerre du Rif était-elle la dernière révolte d'un peuple contre la colonisation ou bien la première lutte d'un peuple colonisé pour l'indépendance ? De fait, Abdelkrim, qui se proclame chef de la république du Rif, se veut républicain, disciple d'Atatürk, et revendique l'autonomie de ce territoire du Nord marocain contre l'occupant espagnol qui est bientôt écrasé.

À la bataille d'Anoual, le général Silvestre perd 18 000 hommes. Ce désastre est en partie à l'origine de l'arrivée au pouvoir en Espagne de Primo de Rivera, et d'un appel à l'aide de la part de Madrid au maréchal Lyautey, alors gouverneur du Maroc.

À Paris, où l'on connaît les opinions d'extrême droite de Lyautey, on craint d'avoir affaire à un nouveau général Boulanger, ce ministre de la Guerre qui fut accusé en 1889 d'avoir voulu renverser le régime. Pétain accepte alors de prendre la relève, mais choisit de soutenir les Espagnols du général Franco plutôt que d'épargner Abdelkrim, comme le voulait Lyautey.

Avec 325 000 hommes et 100 000 Espagnols, il écrase les Rifains qui n'ont pour soutien que la IIIᵉ Internationale à Moscou, et Jacques Doriot, alors leader du Parti communiste français.

L'ordre militaire n'accorda pas au Maréchal la récompense symbolique qu'il aurait pu en attendre, et cette victoire de Pétain n'eut pas un grand écho en France. Mais elle enracina chez lui la haine des communistes.

Outre ces deux interventions, sur la Rhénanie et le Rif, quelle action eut Pétain pour la défense de la France en cas de nouvelle guerre ? Et par là même, comment peut-on évaluer sa responsabilité dans l'impréparation qu'on a constatée en 1940 ?

Avant 1914, le colonel Pétain avait des vues peu orthodoxes sur la guerre qui se préparait, et critiquait ceux qui se référaient à la guerre de 1870. Après 1918, il n'a de cesse de prendre en exemple sa propre action lors de la guerre de 14-18.

En juillet 1947, alors qu'il est en prison à l'île d'Yeu, il répond à une enquête menée par une commission parlementaire. Il a 91 ans et a perdu une partie de sa lucidité. Mais de ses aveux mêmes, après 1918, sur le terrain de la stratégie, il n'était déjà plus que l'ombre de lui-même :

– Question[1] : Quelles étaient vos opinions dans l'entre-deux-guerres au sujet de l'organisation militaire et de la conduite éventuelle des opérations ?

– Pétain : Celle de 14-18, je l'ai connue puisque que j'ai eu la charge de mener toutes les affaires. J'y étais préparé, je l'avais préparée depuis longtemps. Quant à l'autre, je ne sais absolument rien, je ne sais plus du tout comment cela a été préparé.

– Question : Vous faisiez partie du Conseil supérieur de la guerre, vous avez été ministre, avez-vous pris position ?

– Pétain : J'ai eu des difficultés avec le Conseil des ministres. Alors que Daladier a été ministre plusieurs fois, je n'ai pas pu faire prévaloir mes vues.

– Question : Quelles vues ?

– Pétain : Cela m'a découragé, personne ne prenait garde à mes projets.

– Question : Précisez…

– Pétain : Je ne pouvais pas prendre la parole […] Il ne m'a pas été donné de faire tout ce que j'avais à faire en 14-18. Je n'ai pas eu à m'occuper de la dernière guerre. […] Ces réunions étaient désagréables pour moi. On ne me demandait pas mon avis.

– Question : Étiez-vous partisan des divisions blindées ?

– Pétain : Je n'ai pas eu à faire usage des divisions blindées. Cela a été après mon passage et puis […] Et puis je

---

1. *Pétain*, 2011, p. 160 et suivantes.

n'étais plus rien [...] À partir de la guerre de 14-18, c'est fini, mon cerveau militaire s'est fermé.

Quand Pétain prend position, c'est pour souligner que la leçon de 14-18 conduit à organiser la défensive, mais avec une puissance de feu supérieure. L'idée est celle d'une ligne de défense continue et souterraine qui épargne les soldats. C'est la ligne « Maginot ». Painlevé, ce défensif qui a toujours soutenu Pétain, en a lancé l'idée. Mais une ligne souterraine de Bâle à Dunkerque risque de coûter bien trop cher.

Deux solutions sont avancées. Pétain souhaite que la ligne ne soit pas continue, mais constituée de fortins souterrains. L'autre solution consiste à la rendre continue, mais uniquement de la Suisse à Longwy, c'est-à-dire jusqu'à la frontière belge.

Pourquoi ?

C'est une question que je me suis posée avec mes camarades de classe à l'âge de 14 ans. Je savais comme tout le monde que la France était toujours envahie depuis la Belgique, que ce soit sous Louis XIV, sous la Révolution française, à Waterloo, pendant la guerre de 14... Les ennemis arrivent toujours par là ! Je me disais : c'est quand même curieux, on met des fortifications face au Rhin, alors que le fleuve constitue déjà une barrière, mais pas sur la Belgique.

L'état-major craignait que la Belgique, alliée de la France, juge cette ligne comme un désaveu : la France ne se porterait pas à son secours en cas d'attaque sur son territoire. Tout change en 1936, lorsque la Belgique déclare qu'elle sera neutre. Les Allemands peuvent passer par un pays neutre, ils l'ont déjà fait ! Il faut donc rallonger la ligne Maginot jusqu'à la mer. Pétain constate d'ailleurs en 1940, mais bien trop tard : « On aurait pu pousser la ligne jusqu'à la mer. »

En 1936, ceux qui sont opposés à la ligne Maginot font valoir que si tout l'argent passe dans les fortifications, il n'y aura plus de budget pour aider les alliés, notamment les Tchécoslovaques et les Polonais. Il faut également des canons, des chars, des avions…

Deux ans plus tard, en 1938, au moment de la conférence de Munich, quand l'Allemagne menace justement d'occuper toute la Tchécoslovaquie, Pétain déclare au généralissime français Gamelin : « J'espère que vous n'envahirez pas la Belgique. – Je crains d'y être obligé », lui répond Gamelin. Pétain a compris que la France n'est pas équipée pour aller au-devant des panzers. Il craint qu'on ne puisse pas les arrêter.

La ligne Maginot, en fin de compte, ne servira à rien et Pétain, comme Weygand ou Gamelin, y a sa part de responsabilité. De Gaulle, lui aussi, est contre la ligne Maginot, jugeant qu'une telle ligne nous immobilise et nous rend passifs. Il prône la constitution de divisions blindées. Il veut une force de frappe. L'état-major estime lui aussi qu'il faut plus de chars, comme en 1918. Le général Estienne, de Gaulle et l'Anglais Liddell Hart préconisent de faire ce que les Allemands vont accomplir : créer des divisions blindées qui peuvent tout enfoncer.

La plupart des généraux veulent plus de tanks, mais pour les utiliser comme en 1918 : telles des armures pour les fantassins qui progressent derrière eux.

D'autre part, de Gaulle fait valoir qu'à partir du moment où une armée mécanisée est préconisée, il faut la faire fonctionner avec des techniciens. Ce n'est pas l'ancien poilu tout juste mobilisé qui pourra être utile dans cette configuration. Il faut donc constituer une armée de métier. De Gaulle, de ce fait, est immédiatement identifié à un militaire qui prépare un coup d'État. C'est notamment la position de Léon Blum (par ailleurs favorable aux thèses de Charles de Gaulle sur la façon d'utiliser les tanks).

L'armée, ce doit être la nation armée, tel est le credo républicain.

Dans ces débats, Pétain n'intervient qu'au sujet de l'aviation qu'il veut puissante. Mais il estime qu'elle doit être subordonnée à l'infanterie à qui les tanks ouvrent la route. Pétain reste un fantassin. Il ne veut pas qu'on diminue les crédits de l'infanterie. Il aura raison plus tard de souligner qu'il avait demandé davantage d'avions, mais il s'agissait d'avions d'accompagnement, pas de bombardement ou de rupture. Il demeure, parmi bien d'autres, un général d'infanterie, polarisé sur ses vues de 14-18, à peine modernisées.

Considérer que si on l'avait écouté, la France aurait été mieux défendue, est illusoire. On ne l'écoutait pas – il n'avait rien à dire.

La comparaison peut paraître artificielle, mais il existe une certaine similitude entre la paralysie du pouvoir sur la définition d'une stratégie en 1939 et celle d'aujourd'hui sur le terrain économique. Devant la déchéance économique, ni la gauche, ni la droite n'ont plus d'argumentaire.

Avec le sentiment, hier comme aujourd'hui, qu'on dispose de moins en moins de moyens pour affronter les nouvelles puissances militaires ou économiques.

Il est tentant, quand on connaît la fin de l'histoire, de chercher les prémices de Vichy chez Pétain dès l'entre-deux-guerres. D'imaginer qu'il était déjà d'extrême droite, et que chez lui pointaient déjà les germes de la Révolution nationale. Est-ce si simple ?

Pétain ne cesse de répéter qu'il ne fait pas de politique. En matière militaire, il laisse la responsabilité des choix au gouvernement. Mais il n'intervient pas non plus sur le terrain de la stratégie. Il obéit. Sa théorie, pour autant qu'il en ait une, consiste à respecter le légalisme républicain, comme de Gaulle d'ailleurs. En 1924, le maréchal Lyautey, candidat à la présidence de la République, se concerte avec Franchet d'Esperey et Fayolle dans la perspective de cette élection. Lyautey pose la question à Pétain de son éventuelle candidature. Pétain reste de marbre.

> Vous me désapprouvez, dit Lyautey.
> – Parfaitement, répond Pétain.
> – Si demain, je tentais de renvoyer le gouvernement avec l'approbation de l'armée et que Herriot, président de l'Assemblée nationale, fasse appel à vous, que faites-vous ? demande Lyautey.
> – J'apporte mon concours à Herriot qui représente le pouvoir légal.

Le 6 février 1934, ce sont les anciens combattants, manifestant contre la gabegie du régime, qui font appel à Pétain. Sollicité cette fois par Franchet d'Esperey, Lyautey et Weygand, Pétain « se réserve » : il ne veut pas s'engager afin de pouvoir ensuite reculer. Il aime être sollicité, mais ne montre jamais quel intérêt il y porte.

Pétain a donc refusé de participer à la conjuration de la droite et cela le rend populaire après le putsch raté. On apprécie sa visite auprès des policiers blessés mais aussi des émeutiers, souvent d'anciens combattants. Il justifie ainsi son entrée au gouvernement Doumergue le 9 février 1934 : « Le président m'a dit qu'on avait besoin de moi. Je ne me suis pas dérobé. Mais je n'ai jamais fait de politique et je ne veux pas en faire. » Du Pétain en médaillon, type !

Après la chute du gouvernement Doumergue en novembre 1934, il demande à figurer dans le nouveau gouvernement comme ministre de la Défense nationale, un poste qui combinerait la guerre et l'armement – sans succès.

À ses yeux, l'armée est la gardienne de toutes les vertus. Malgré leurs différends, il garde une certaine admiration pour Lyautey, à cause de son livre *Le Rôle social de l'officier*. Pour Pétain, les officiers sont comme les prêtres de la République, à la différence des instituteurs : « Nous ne demandons pas à nos instituteurs de faire de nos enfants des savants. Nous leur demandons d'en faire des hommes et des Français. » Depuis les mutineries de 1917, c'est un leitmotiv. Il juge que l'enseignement à l'école primaire fabrique des socialistes. Les instituteurs sont laïques, l'armée non.

Depuis son passage au gouvernement, Pétain se veut le « maréchal républicain ». Il préconise à cet égard de retirer le droit de vote aux militaires pour qu'ils ne soient ni de droite ni de gauche. Des meetings politiques au sein des bataillons ? Il ne veut pas en entendre parler. Il est à ce titre en opposition avec Painlevé, qui juge que les soldats sont des citoyens comme les autres. Maginot, bien que très à droite, est également en faveur du vote des soldats.

Ses opinions politiques ? Endiguer l'Allemagne, c'est la base. Se méfier de l'Angleterre, en raison de l'« égoïsme » dont elle a fait preuve en 1918. Il souscrit totalement au lieu commun qui veut que la France soit un cheval mené par un cavalier : l'Angleterre. « L'Angleterre nous conduit à l'abîme », pense Pétain. Elle empêche la France d'exiger des réparations de l'Allemagne.

En ce qui concerne l'Italie, Pétain est persuadé qu'il faut l'empêcher de trop se rapprocher de l'Allemagne. À cet égard, le comportement de Laval, président du conseil lors de la guerre d'Éthiopie en 1935, qui soutient Mussolini contre l'Angleterre, ne lui déplaît pas.

Pétain pense que le fonctionnement de la République dépend trop de la décision des partis. L'intérêt national ne s'y retrouve pas car leurs bureaux concoctent les majorités et font et défont les gouvernements. C'est ce que de Gaulle appellera le « régime des partis ». Ni de Gaulle ni Pétain ne sont opposés à leur existence. Mais ils dénoncent le pouvoir exagéré du Bureau de ces partis, qui décident à la place des élus.

Après le trouble des journées de 1934 (trois gouvernements se succèdent en quelques semaines), s'ouvre une période de scandales et de violente instabilité parlementaire : « Tous pourris ! » dit-on devant le spectacle des affaires Stavisky, Oustric, et Hanin. On a le sentiment que règne le désordre, contrairement à l'Italie de Mussolini ou à l'Allemagne de Hitler. L'idée d'un homme providentiel qui sauverait la France émerge.

Celui qui passe pour le plus intelligent à droite est le colonel de la Rocque, le « chevalier patriote », dont Pétain fera l'éloge. Il y a aussi Tardieu qui réclame un chef pour la France, un Boulanger qui ne reculera pas devant le pouvoir et qui changera la constitution – il ne se saisira pas finalement du pouvoir en 1934 quand il en aura eu l'occasion. La Rocque, qui lui aussi réclame un chef, « cale » également. Le troisième homme pourrait-il être le bon Doumergue ? Tout le monde l'aime, c'est un bon « pépère » du Sud-Ouest. En 1930, lors des inondations, il s'est immergé dans la France qui souffre, il a consolé les gens, on n'avait jamais vu cela. Le contraire d'un Boulanger, d'un sabreur...

On pense aussi à Pétain comme « bon père pour la patrie ». Et voilà justement qu'un quotidien de droite, *Le Petit Journal*, organise en novembre 1934 un référendum auprès de ses lecteurs, en posant la question : « La dictature est-elle à l'ordre du jour ? Mais qui ? » 194 785 lecteurs répondent. Et Pétain arrive en tête avec 38 561 voix, suivi de Laval (31 403 voix), Doumergue (23 864 voix) Herriot (13 000 voix), Tardieu (10 083 voix), La Rocque (6 400 voix), Weygand (3 700 voix) et le préfet de police Chiappe (3 600 voix). Deux personnalités sont étrangement absentes : Charles Maurras et Léon Daudet, les chantres de l'extrême droite, dont on n'a même pas les scores.

Quand on regarde ce sondage avec les yeux d'aujourd'hui, quelle bombe ! Mais il n'a pas eu tellement d'effet à l'époque. Une bombe à blanc... Ce qui a marqué, en revanche, c'est l'appel de l'homme politique Gustave Hervé dans son journal *La Victoire* : « C'est Pétain qu'il nous faut. » Cet ancien socialiste pacifiste, antimilitariste, était devenu chauvin pendant la guerre de 14-18. Sa notoriété reposait essentiellement sur ce retournement spectaculaire.

Pétain n'était pas tellement satisfait d'être soutenu par un tel personnage et il ne répondra en rien à cet appel. Mais Hervé, qui était un insoumis, connaît « son » Pétain par cœur. Pour le pousser, il écrit : « Quand la nation le demandera, Pétain marchera. » Il ajoute : « Le pays agonise sous l'étreinte et de la franc-maçonnerie et de l'infecte régime parlementaire. » Hervé exprime tout haut ce que Pétain pense tout bas.

L'initiative de Gustave Hervé a ouvert la brèche. Dans le journal *Le Jour*, qui appartient à la bonne droite classique, Léon Bailby affirme que ce sont des hommes comme Pétain – et des généraux – qui doivent gouverner la France. Léon Daudet, l'ami de Maurras, déclare de son côté qu'il faut donner les pleins pouvoirs à Pétain, « l'homme au cœur puissant ». Même le journal de gauche *Vu* estime que seul Pétain, le « maréchal républicain », est capable d'abattre les ligues, c'est-à-dire les Croix-de-feu, les Francistes, la Solidarité française, etc.

Quand on l'interroge, Pétain répond qu'il faut en France un rassemblement national, « car moi je ne fais pas de politique ». Puis il se tait. Laval, qui a l'œil sur lui, lui propose, par journaux interposés, d'être candidat à la présidence de la République. Pétain refuse car ce poste « est bon pour les généraux vaincus » – il pense au maréchal Hindenburg en Allemagne. Il sait qu'il s'agit d'un pouvoir fictif, il ne veut pas inaugurer les chrysanthèmes. Il a vu le président Lebrun se mettre à genoux devant lui en pleurant pour qu'il accepte le poste de ministre dans le gouvernement Flandin. Alors...

Pétain commence à réaliser qu'il est devenu un symbole. Sur le ton de la plaisanterie, il a cette phrase : « Oui, je suis la dernière cartouche de la République. » Et il ajoute : « Je suis disposé à accepter la responsabilité du pouvoir si l'occasion se présente à moi. »

Or, au moment où il est au faîte de sa gloire, la fatalité le frappe : en 1936, le Front populaire gagne les élections. C'est la foudre qui s'abat sur son ambition secrète. Pétain va le garder sur le cœur.

***

Il souhaite donc le pouvoir, sans y prétendre. Mais pour quoi faire ? Au milieu des années 1930, éprouve-t-il la tentation fasciste, comme tant d'autres à droite ?

Non, pas du tout. Il n'est pas attiré par le fascisme. Jamais en France, à l'exception de quelques groupuscules, n'est venu à l'esprit d'un homme politique d'imiter un régime étranger – et surtout pas italien, un pays récemment unifié qui n'a pas le passé de la nation française. De l'Italie, Pétain apprécie l'ordre et l'efficacité du régime. Il admire aussi le prodigieux redressement que Hitler a su impulser à l'Allemagne.

Mais cette admiration n'est pas liée à la nature du régime. Comme Pétain l'indique lors d'une interview au sujet des Croix-de-feu, en avril 1936, entre les deux tours des élections législatives, *il souhaite instaurer un régime d'ordre que seule l'armée peut garantir.* L'armée cautionnera le gouvernement de rassemblement national. Elle doit encadrer la vie politique du pays. Pétain reste un militaire pour qui le pouvoir pyramidal au sein de l'armée constitue le modèle de la bonne direction d'un pays : le chef, les sous-chefs, les sous-sous-chefs, comme le montre cette interview :

> À mon avis, explique Pétain, tout ce qui est international est néfaste. Tout ce qui est national est utile et fécond. Les Croix-de-feu représentent l'un des éléments les plus sains de ce pays. Ils veulent défendre la famille, lui garantir des conditions indispensables d'existence. J'approuve cela. Tout part d'elle.
> La famille française a été expropriée, frappée de droits exorbitants. On dirait que nos législateurs n'ont eu d'autres buts que de rompre la chaîne de l'effort et de décourager le père de travailler pour ses enfants. Je vois que les Croix-de-feu se préoccupent aussi du perfectionnement moral et spirituel de la jeunesse. On ne peut rien faire d'une nation qui manque d'âme.
> – Monsieur le maréchal, le peuple français est allé voter dimanche dernier et il y retournera dimanche prochain. J'aurais voulu recueillir votre mot d'ordre.
> – Non, répond Pétain, car ce serait de la politique. [...] Alors dites ceci. Dites que la France est moins malheureuse que l'Allemagne, moins malheureuse que l'Italie. La question du pain se pose chez nous moins qu'ailleurs. Pourtant ni l'Allemagne ni l'Italie ne doutent. Nous, nous doutons. C'est que la crise chez nous n'est pas une crise matérielle. Nous avons perdu foi dans nos destinées, voilà tout. Nous sommes comme des marins sans pilote, sans gouvernail. C'est contre cela qu'il faut lutter. C'est cela qu'il faut retrouver : une mystique.

– Si vous aviez à résumer votre pensée, en un mot, monsieur le maréchal ?

– RASSEMBLEMENT NATIONAL.

En 1936 donc, avec le succès du Front populaire, le sol s'effondre sous ses pas. Pétain accepte peu après – ce que de Gaulle lui reprochera – le poste d'ambassadeur de France en Espagne. Tout le monde est indigné qu'on envoie le grand homme de la France au gouvernement « criminel » de Franco ! À gauche, Pierre Cot et Léon Blum protestent. À droite aussi. Mais Pétain est assez lucide pour comprendre qu'il n'a pas d'avenir sous le Front populaire. Il part pour Madrid. On l'a honoré en le nommant. C'est son moteur. Il s'y rend d'autant plus confiant qu'il connaît Franco depuis la guerre du Rif.

Or, il est mal reçu. La IIIe République avait été antifranquiste et s'était mise du côté des républicains. Pétain écrit à son amie Mme Pardee : « Comment regagner la confiance des Espagnols ? Nous payons les fautes du gouvernement. » Notons au passage l'apparition de cette expression : « payer les fautes », toujours celles d'un gouvernement, cette fois celles du Front populaire.

Arrivé le 24 mars 1939, il n'est reçu que le 3 août par Franco. Deux mois plus tard, la France entre en guerre. Le ministre espagnol de l'Intérieur, Serrano Suner l'avertit : « C'est une erreur, le pays y étant hostile. » À Pétain qui lui demande quelle sera l'attitude de l'Espagne, Suner répond que « l'Espagne serait aussi sincèrement non-interventionniste que la France l'a été pendant la guerre civile »…

Ces propos peu rassurants conduisent Pétain à multiplier les bonnes manières envers les Espagnols, mais aussi les représentants de l'Allemagne à Burgos puis à Madrid, choquant au passage les diplomates français sur place.

En fit-il trop ? En tout cas, il obtint des résultats, comme la libération des prisonniers français volontaires des Brigades internationales, parmi lesquels le communiste Charles Tillon.

Surtout, sur ses conseils, la France renvoya à l'Espagne l'or des républicains, désormais vaincus, et que réclamait Franco. Ce geste améliora considérablement les rapports franco-espagnols, plutôt froids jusque-là.

Parallèlement à sa mission, Pétain recevait messages et visites lui faisant part de la campagne qui se déroulait en France pour qu'il accède au pouvoir. Laval, Lémery, Vallat, Loustanau-Lacau étaient aux manettes.

« Je suis trop vieux, trop fatigué. Qu'irais-je faire dans cette galère », répondait le Maréchal. Mais il se verrait bien au Conseil de la défense national… pour y contrer Gamelin et donc Daladier, son mentor.

Chapitre 4

LA RÉPUBLIQUE,
ASSASSINAT OU ABDICATION ?

En septembre 1939, la guerre est déclarée contre l'Allemagne. Mais la vraie épreuve des combats ne commence que le 10 mai 1940. Devant les graves revers français, Pétain est appelé à la rescousse par Paul Reynaud le 18 mai et il entre au gouvernement. Est-ce la guerre qui permet à Pétain d'arriver à ses fins ?

Daladier, dès la fin 1939, en pleine « drôle de guerre », a demandé à Pétain d'entrer au gouvernement. Ce qu'il a refusé parce que ce gouvernement incarnait à ses yeux le Front populaire. Il sait aussi qu'il n'y aurait exercé aucun rôle réel. Pétain accepte en revanche en mai 1940 la proposition de Paul Reynaud, qui n'est pas un homme du Front populaire, mais un ancien de Tardieu, et avec qui les rapports sont bons.

« N'y allez pas, le prévient Franco […]. Ne donnez pas votre nom à ce que d'autres ont perdu. – Je sais, aurait répondu Pétain, mais ma patrie m'appelle et je me dois à elle. C'est peut-être celui-ci, le dernier service que je pourrai lui rendre. »

73

Quand il accepte de rejoindre le gouvernement de Paul Reynaud, où il reste du 18 mai au 16 juin 1940, on acclame son nom à la Chambre. Mais la situation est déjà dramatique. Le 11 mai, en Belgique, les Français se sont avancés au point que les Allemands peuvent leur couper la retraite en perçant à Sedan. Les panzers foncent et les franco-britanniques sont pris dans une nasse. En Conseil des ministres, Pétain est bientôt présent mais ne dit rien.

Il s'enquiert de la situation militaire auprès du général Georges, qu'il a connu naguère. Il prend la parole quand Paul Reynaud reproche au général Weygand, tout juste nommé général en chef de l'armée française en remplacement de Gamelin, de se rendre sur le front, et l'interrompt : « La présence du chef est toujours une bonne chose. » Puis il va à la carte, regarde les positions des armées… Quand on comprend que Gamelin a mal organisé les services de transmission, Pétain rappelle qu'en 14-18, on envoyait des pigeons voyageurs quand les communications étaient mauvaises.

Tout le monde rit sous cape. En huit jours, Pétain ne prend position que sur ces deux points. Pas de paroles fortes, alors que Paul Reynaud attendait de lui qu'il régénère le moral de la nation. Sa présence au gouvernement est un flop. C'est même à cette époque qu'on commence à le qualifier de « potiche ».

Lors d'une séance du Conseil, le général Weygand déclare, en plein désastre, qu'il se battra jusqu'au bout – contrairement à Gamelin. Le représentant de l'Angleterre, le général Spears, voit alors Pétain lui faire une sorte de clin d'œil pour signifier que Weygand n'est qu'un bateleur de foire. Comme si l'on pouvait se battre jusqu'au bout... Weygand attend un soutien de Pétain, mais celui-ci reste silencieux.

On pointe la mauvaise coordination des Français et des Britanniques, comme en 1918 : malgré les demandes de l'état-major, les Anglais n'envoient que 35 chasseurs alors qu'ils en ont plus de 600. Pétain partage ces critiques et ajoute qu'il faut nommer un généralissime franco-britannique. Mais il propose le général Gort, ce qui n'est pas une « bonne manière » en présence du général Weygand. En 1940, c'est à nouveau la guerre Pétain-Foch qui est déclarée, mais par l'intermédiaire de son ancien adjoint, Weygand.

« Weygand, je ne l'aime pas », avait répondu Pétain à Paul Reynaud quand celui-ci lui avait annoncé : « Monsieur le maréchal, j'ai fait appel au général Weygand pour commander nos armées. »

Au Conseil des ministres, Pétain intervient une troisième fois. Les Allemands viennent d'atteindre Amiens. La situation est proche de celle de 1918, quand les Britanniques ont dû se replier vers la mer. Cette fois vers Dunkerque où les Allemands les encerclent ? Ou bien les Allemands vont-ils marcher sur Paris ? Faut-il évacuer la capitale ? La déclarer « ville ouverte » ? La défendre ? Devant ce dilemme, Paul Reynaud consulte ses ministres. Il demande son avis au maréchal Pétain.

« Quoi, lui répond Pétain, j'apprends que vous avez nommé comme sous-secrétaire d'État de Gaulle, ce colonel ambitieux et ingrat ? » Pétain raconte alors à Reynaud, qui n'y comprend rien, l'épisode du livre intitulé *Le Soldat*.

Dans les années 1920, appréciant le talent de plume de Charles de Gaulle, Philippe Pétain lui avait en effet confié la rédaction d'un ouvrage qui s'appellerait *Le Soldat*. Il souhaitait ainsi que soit écrite une histoire de l'armée française, ne voulant pas en laisser le privilège à d'autres, notamment à Foch. De Gaulle avait commencé à la rédiger, avant d'être nommé dans un poste à l'étranger. Le manuscrit était resté dans le placard, oublié.

Dix ans plus tard, de Gaulle, mieux connu dans les milieux militaires pour ses positions sur la question des chars, veut reprendre son texte. Pétain l'apprend. Il est furieux :

> Vous m'annoncez la publication d'un livre intitulé *La France et son armée*. Si je vous comprends bien, vous avez l'intention d'utiliser pour cette publication l'étude dont je vous avais antérieurement chargé. Vous m'en voyez profondément étonné. Ma surprise ne peut pas vous surprendre […]. Le Plan de travail est mon œuvre, de nombreuses retouches et corrections achèvent de définir son caractère : je considère que ce livre m'appartient exclusivement et personnellement […]. Je me réserve de m'opposer à sa publication. Votre attitude m'est très pénible.

De Gaulle lui rétorque que ce livre n'est pas un livre de commande : il l'a entièrement rédigé et il est libre de le signer lui-même. Il ajoute que chacun sait bien que le maréchal Pétain ne compose jamais lui-même ses discours. « Vous savez ce qu'on en jugera si vous êtes le seul à le signer… »

Autant de Gaulle accepte de croire que Pétain a défini le thème du livre, autant il n'admet pas d'en être dépossédé. C'est la raison pour laquelle il le dédie en 1938 à Pétain en ces termes : « À Monsieur le Maréchal, qui voulait que ce livre fût écrit... »

C'est la rupture. De Gaulle commence à laisser entendre que Pétain n'est plus Pétain depuis la campagne du Rif de 1925. Dans cette histoire, on ne peut pas donner entièrement raison à de Gaulle qui sait parfaitement que, dans l'armée, l'usage veut que le supérieur signe les textes que ses subalternes ont écrit pour lui. C'est un peu comme les hommes politiques qui se contentent de remercier par une formule de courtoisie les « nègres » qui ont écrit un livre en leur nom. De Gaulle ne pouvait pas ignorer qu'écrivant *Le Soldat*, le livre serait signé par Pétain.

Cependant, il faut bien comprendre que le jeune de Gaulle a alors le sentiment d'avoir raté sa vie. Il espérait être un grand capitaine et il a fini la guerre comme prisonnier. Ses idées sur le conflit à venir sont novatrices, mais personne ne l'écoute – à l'exception de Paul Reynaud. Il veut désormais mettre toute son énergie et ce qui lui reste d'orgueil dans son activité d'écrivain. Son avenir, pense-t-il, est celui d'un grand écrivain militaire.

Pour lors, de Gaulle, s'il ne signe pas le livre, voit sa vie brisée par l'attitude même de celui qu'il admire et qu'il aime : Pétain. Le Maréchal l'a valorisé, il lui faisait rédiger ses propres conférences, à la fureur d'autres militaires comme le général Laure. De Gaulle sait bien que Pétain l'admire, mais il l'empêche désormais d'être révélé aux autres, de recevoir la gloire de sa plume. Sa plume, c'est son épée.

Voilà le récit que Pétain livre à Paul Reynaud le 7 juin 1940, quand celui-ci veut savoir si l'on doit évacuer Paris…

On a du mal à penser que Pétain ignore les grands enjeux du moment…

Non, Pétain est narcissique. Lui qui « ne fait pas de politique », il agit comme les politiciens. Lors des Conseils des ministres, il intrigue pour que Reynaud se débarrasse de Daladier qu'il déteste. Pendant son règne de 1940 à 1944, il ne cessera de l'accuser de ne pas avoir bien préparé la guerre. Il est vindicatif envers les personnes même lorsque les enjeux du moment sont considérables.

En vérité, sa nomination repose sur un malentendu : Paul Reynaud l'a appelé pour remonter le moral du pays grâce à sa grande popularité. Son nom rassure. Il souhaite par ce geste redonner de la vigueur à l'action gouvernementale. Or Pétain croit, en quittant l'Espagne, qu'on l'appelle pour négocier avec l'Allemagne, voire pour signer un armistice. Quand il rencontre l'ambassadeur des États-Unis, Bullitt, il fait valoir que la situation est dramatique et qu'il faut cesser les combats.

Nous savons que chez Pétain, le pessimisme est obsessionnel. Quand certains ministres le lui reprochent, il rétorque qu'il préfère envisager le pire pour le prévenir. C'est exactement ce que disait Bonaparte. Mais Pétain n'est pas Bonaparte.

Pour bien se rendre compte de son rôle et de la situation pendant cette période, il faut en revenir aux paroles mêmes de Pétain, notamment au moment de la terrible percée de soixante-quinze kilomètres à Sedan le 14 mai 1940. Pétain avait dit dans les années 1930 : « On les pincera à la sortie des forêts. » Or le général Corap, qui commande dans le secteur, n'a pincé personne. Un torrent de tanks a enfoncé le front des Ardennes.

Churchill, qu'on a appelé d'urgence, vient à Paris. Daladier est décomposé et affirme que « l'erreur a été d'envoyer tant de troupes en Belgique ». Leca, le directeur de cabinet de Reynaud, le voit pétrifié de honte. Quand Churchill demande : « De quelles réserves disposez-vous ? », Gamelin répond : « Il n'y a pas de réserves. » Et il indique : « Nous étions en infériorité numérique, en infériorité d'équipement, en infériorité de méthode. » Churchill raconte que Gamelin expliquait tout cela avec un grand calme. « Je croyais qu'il expliquait la bataille d'Azincourt. »

Le général anglais Ironside, qu'on accuse de ne pas envoyer tous ses avions en France se justifie : « Quand on voit le défaitisme des généraux français, on juge qu'il n'est pas bon de perdre toute notre aviation dans cette bataille. »

Le grand tournant militaire intervient au moment où les troupes allemandes qui ont percé à Sedan ne foncent pas sur Paris mais sur Dunkerque. Pourquoi ? Pour encercler de manière irréversible les soldats présents en Belgique ou en train de se replier. Cette manœuvre est d'une grande habileté stratégique. Plus du tiers de l'armée française est pris dans la nasse, alors que les troupes de la ligne Maginot regardent vers le Rhin… Quel désastre si les Allemands atteignent Dunkerque !

Weygand et Pétain préviennent Reynaud : si les troupes françaises ne parviennent pas à se replier et si cette bataille s'avère perdue, il faudra cesser les combats. C'est la première fois que cette issue est ouvertement envisagée. Pétain ajoute : « La Grande-Bretagne se bat une fois de plus avec des soldats français. »

L'anglophobie du Maréchal va peu à peu devenir un des éléments de conflit avec les autres ministres. Weygand prévient de son côté : « Il faut que la France garde une armée pour maintenir l'ordre. » On sait que Weygand est d'un caractère virulent, et qu'il est soupçonné d'être un nouveau général Boulanger. Sa remarque rallume la méfiance à son endroit car il n'y avait aucune raison de redouter un tel désordre à ce moment !

C'est alors que naît l'idée du « réduit breton ». Si tout est perdu, on peut envoyer une partie de l'armée en Bretagne, qui servira de base à un futur débarquement des Britanniques. De Gaulle, désormais sous-secrétaire d'État, soutient cette option, et insiste pour que le projet se réalise. Une sorte de vote a lieu. Mais quand le général de Villelume pose la question de savoir qui est pour, seul de Gaulle lève la main. Et Leca, le directeur de cabinet de Paul Reynaud, observe : « Il semble que le colonel de Gaulle soit le seul de son avis. » De Gaulle lui lance alors un regard furieux. Il ne pardonnera jamais, même après la guerre.

Début juin, totalement encerclés à Dunkerque, les Français reprochent aux Anglais de s'être évacués seuls et en premier... Cet argument, qui a alimenté l'anglophobie pendant vingt ans, est excessif. Deux tiers des Anglais ont été évacués contre un tiers des Français.

Pétain, qui ne s'est pas réellement manifesté jusque-là, entre en scène. Il s'exprime de plus en plus lors des Conseils de ministres restreints, où l'on discute toujours de savoir s'il faut défendre Paris. Il rencontre les commandants du front. Camille Chautemps, vice-président du Conseil, déclare le 8 juin que Pétain ferait lui-même un bon chef de gouvernement car « c'est lui qui a la vision la plus claire des choses ». Le lendemain – mais après Weygand –, le Maréchal lit pour la première fois un mémorandum jugeant que la situation est désespérée, catastrophique, et que quitter Paris serait une atteinte portée au moral de la nation. Il estime que demander un armistice serait un préalable à l'évacuation de Paris. C'est le début du duel Pétain-Reynaud.

Reynaud fait valoir qu'il est impossible de demander un armistice sans prévenir les Alliés. Mais Pétain rétorque : « C'est l'Angleterre qui nous a mis dans cette situation. Ne nous bornons pas à la subir. » Après de longues discussions, le gouvernement décide le 10 juin 1940 de quitter Paris pour aller à Tours.

C'est à ce moment-là qu'un phénomène a lieu : l'exode de tout le nord de la France. D'évidence, ce drame a beaucoup joué dans l'adhésion des Français à Pétain.

L'exode était totalement imprévisible. Qu'on me permette d'évoquer mes souvenirs personnels, tant ils peuvent illustrer le désarroi des Français.

Quand j'ai su moi-même, avec mes camarades du lycée Carnot, que le gouvernement allait quitter Paris, et que j'ai vu de la fumée noire s'élever dans le ciel car on brûlait les archives au Quai d'Orsay, je me suis dit : « C'est comme en 1870 et en 1914. On évacue Paris. » Mon camarade

Jacques Rigaud partait vers la Loire-Atlantique. Mon autre ami Charpentier allait vers la Corrèze où il avait de la famille… Pour moi, ce serait la région de Sourdeval, en Normandie d'où était ma tante Yvonne.

Nous avons quitté Paris comme on a pu. Mon oncle Georges avait une 11 Citroën. Avec ma mère, mes tantes, Fernande ma cousine, dont le mari était déjà prisonnier, et sa petite Nicole, nous avons pris la route vers Vire, en Suisse normande. Il nous a fallu une heure pour passer de Denfert-Rochereau à la porte d'Orléans. On a roulé un jour ou deux, et fini par arriver chez ma tante. Ouf ! Mais à peine était-on installés, le 13 juin, que nous apprenions que les Allemands avaient franchi la Seine. Il fallait fuir à nouveau.

Mais où ? On ne savait plus. J'avais toujours avec moi l'atlas que ma mère m'avait offert après mon certificat de natation. Devant la famille, j'ai ouvert la carte de France et mis le doigt sur un lieu au hasard : « On pourrait se retrouver plus au sud. » Il s'agissait de la bourgade d'Aigre, près d'Angoulême.

J'avais 15 ans. Je suis parti à vélo avec une autre cousine Christiane. Ça grimpait ! À Rennes, aucun train ne partait pour Niort. On a dormi dehors et Rennes fut bombardé en faisant disparaître une partie de la gare et nos vélos. On repart donc à pied, en direction du sud. Deux jours plus tard, après avoir fait du stop, nous retrouvons la famille à Aigre.

À peine installés, les Allemands nous rattrapaient. Nous avons alors décidé de remonter comme on pouvait. J'avais fait un peu d'allemand en deuxième langue et cela pouvait être utile : « *Bitte, haben Sie Benzine für uns ?* » Les

Allemands étaient de bonne humeur, et ils fournissaient de l'essence à ceux qui remontaient vers Paris.

Quand à l'aller on a traversé la Loire, avec ma cousine, une centaine de chars stationnaient sans tourelles. D'un seul coup, nous avons pris conscience de l'étendue du désastre. J'ai lu plus tard que le président Lebrun lui-même était abasourdi : « Comment se fait-il qu'on croise sans cesse des tanks alors qu'ils devraient être sur la Somme ? »

L'aller avait été une pagaille indescriptible. Notre retour s'est bien passé. À Paris, les Allemands chantaient en défilant dans la rue. Ils offraient même des gâteaux. Nous n'avons pas entendu l'appel du maréchal Pétain, celui du général de Gaulle non plus. Nous n'avions pas conscience de ce qu'impliquait l'armistice, avec un gouvernement à Vichy et plus tard une zone « libre » dirigée par Pétain. C'est dans les journaux qu'on l'a lu. Pour entendre les nouvelles, il fallait avoir une radio ! On savait que les Allemands occupaient la France, peut-être pas tout le territoire... Le pays était comme une fourmilière dans laquelle on avait donné un coup de pied.

Je veux dire par là, à partir de ma propre expérience et celle de mes camarades, que la réalité politique nous a échappé pendant des mois. Après l'armistice, les 9/10 des Français n'auront qu'une connaissance nuageuse de ce qui se passe ailleurs que dans leur ville : une population encore dispersée, 1,5 million de soldats prisonniers, les Allemands à Paris...

En fait, l'exode a été la matrice de la popularité de Pétain. Grâce à lui, a-t-on peu à peu jugé, la guerre est finie et le pays n'est pas occupé dans sa totalité.

À quoi pense Pétain dans ces moments tragiques ? Quel est son jeu ? Parvient-il à orienter l'action du gouvernement et dans quelle direction, ou agit-il en fonction de ses propres intérêts ?

Alors que se déroule l'exode, se tiennent plusieurs réunions du gouvernement qui a rejoint Bordeaux. La première a lieu dans le château de Briare, où Churchill a été invité d'urgence. Le Premier ministre britannique insiste pour que les Français « tiennent » avant que les Anglais puissent les relever dans les trois mois. « Avec son aviation et sa flotte, l'Empire pourra résister pendant des années et imposer à l'Europe le blocus le plus sévère, fait valoir Churchill. Même si l'Allemagne parvient à occuper la France entière, elle ne gagnera pas la guerre. Les réactions de son peuple, l'intervention américaine, la pression économique auront finalement raison de sa résistance et les Alliés conserveront, en définitive, les moyens de vaincre et de détruire le régime national-socialiste. »

Churchill reconnaît que les Alliés ont perdu beaucoup de temps face à l'Allemagne pendant de longues années, mais que des progrès rapides en terme de production d'armes et de munitions sont à venir. Anthony Eden l'approuve : « Dans trois ou quatre mois, pour les fabrications, commencera la récolte. » Paul Reynaud s'étonne des arguments britanniques : « À un homme perdu dans le Sahara, vous dites : tu boiras à la saison des pluies. »

Mais que pense Pétain ? Rien pour l'instant. Anthony Eden raconte : « Quand vint pour Churchill le moment de dire aux Français que nous continuerions le combat, seuls au besoin, j'étudiais le visage de nos hôtes. Le maréchal Pétain prit un air d'incrédulité moqueuse. Il resta silencieux, mais toute son attitude disait : "C'est de la blague." »

Jusque-là, Pétain s'est plus ou moins retenu de dire ce qu'il pensait de la situation. Il ne souhaite pas apparaître pessimiste comme en 1918 mais il commence à sortir de sa coquille. Devant Churchill qui hésite, arguant de son incompétence technique à mettre en place une « sorte de guérilla » dans le Massif central ou dans le Poitou, Pétain finit par se dresser sur sa chaise et s'écrie dans la rage : « C'est la destruction complète de la France ! » Le climat se durcit peu à peu.

Plus tard, Churchill livrera lui aussi sa version de ces réunions avec les Français :

> J'exhortai le gouvernement français à défendre Paris, en insistant sur l'énorme pouvoir de consommation d'effectifs que représentait pour une armée d'invasion l'attaque d'une grande ville, défendue maison par maison. Je rappelai au maréchal Pétain les nuits que nous avions passées, dans son train, à Beauvais en 1918, après le désastre subi par la Ve armée britannique et comment il avait rétabli la situation. Je lui rappelai également comment Clemenceau avait dit : « Je me battrai devant Paris, dans Paris et derrière Paris. »
> Le Maréchal me répondit très calmement, et avec dignité, qu'en ce temps-là il possédait une marge de manœuvre d'au moins soixante divisions et qu'actuellement, cela n'était plus le cas. Il fit remarquer qu'à cette époque, il y avait en ligne soixante divisions britanniques. Réduire Paris en ruine ne changerait rien au résultat final.

– Mais, monsieur le maréchal, on ne peut pas permettre que la France soit avalée et digérée tranquillement par l'estomac allemand. Vous savez que nous continuerons à nous battre. Vous devez continuer le combat en Afrique ou ailleurs jusqu'à ce que nous ayons développé nos forces et que nous puissions faire un retour offensif ensemble.

– L'Afrique ? À quoi cela servirait-il d'envoyer les jeunes recrues en Afrique comme le veut Reynaud ? Il n'y a pas de fusils pour les armer. La désorganisation du ministère de la Guerre est telle qu'ils ne pourront même pas amener les hommes jusqu'aux ports, moins encore les embarquer et, s'ils le pouvaient, les sous-marins italiens les couleraient inévitablement.

– Mais vous ne pouvez pas nous laisser nous battre seuls.

– Vous nous avez bien laissés nous battre seuls.

Churchill de conclure : « Le Maréchal était tout à fait décidé à faire la paix. Il n'y a aucun doute qu'en cette circonstance, Pétain s'est révélé un homme dangereux. Il a toujours été défaitiste, même dans la dernière guerre. »

À Briare, Churchill prend congé tandis que le général Spears reste sur place. C'est alors que, dans la galerie du château, Pétain vient à lui et se confie, en aparté. Ces deux compagnons de la Grande Guerre ont une longue discussion, sans témoins. Une discussion où Pétain, se rapprochant du mur sur lequel il s'appuie, s'exprime à cœur ouvert et expose ses convictions de façon plus claire : « Un armistice est inévitable, dit-il. C'est de la simple pusillanimité que de refuser de voir l'issue fatale. Pendant que les ministres hésitent et pensent à leur réputation, leurs soldats se font tuer et la France est saccagée. Nous devons payer maintenant et payer cher l'anarchie que nous avons supportée longtemps. Où sont à présent les députés qui recherchaient une popularité en votant contre n'importe quelle mesure de réarmement ? Et le Front populaire, où sont ses chefs maintenant que les pauvres types abusés, qui marchaient le poing levé, n'ont plus que leurs poings pour se battre contre des chars ? »

Que pensez-vous des arguments invoqués par Pétain devant Spears ?

La moitié des troupes était hors de combat ou prisonnière. Tout le monde sentait que la France n'avait jamais connu un tel désastre. La ligne Maginot n'avait servi à rien. Les seuls avions qu'on voyait étaient les stukas qui nous mitraillaient pendant l'exode. C'était une déroute comme jamais dans notre histoire. Alors défendre Paris…

Ce n'était pas la guerre de 1870, où il n'y avait que quelques centaines de milliers de soldats face à face. L'option du réduit breton était imaginable pour autant que la Bretagne était tournée vers l'Angleterre. Cela avait un sens, mais un peu illusoire.

En revanche, l'idée de cesser les hostilités en métropole et de les continuer outre-mer était une option envisageable. Mais on ignorait que l'Afrique du Nord avait peu de moyens pour se défendre. L'argumentaire de Pétain, en tout cas, reflète son pessimisme fondamental. La marine italienne n'avait pas manifesté des qualités exceptionnelles, les Italiens venaient juste de déclarer la guerre. La lutte aurait pu être poursuivie en Afrique du Nord.

Quant à la critique par Pétain des hommes politiques d'avant-guerre, telle qu'il la soutient devant Spears, elle découle de sa rancœur de ne pas avoir pu être appelé au pouvoir en 1936. « On vous l'avait bien dit » que le Front populaire échouerait, et que c'était désormais l'heure du ressentiment : les remarques de Pétain annoncent la répression contre les hommes de 1936 qui aura lieu lorsqu'il sera au pouvoir.

Certes, ceux qui ont poussé à la guerre l'ont mal préparée, mais les responsables appartiennent à tous les camps. Avant 1933, date de la prise de pouvoir de Hitler, c'est la gauche qui freine le réarmement, dans l'esprit de la Société des nations : « Plus jamais ça. » La droite veut rester armée pour que l'Allemagne paye ses dettes de guerre. Après 1933, les rôles s'inversent. La gauche se rend compte qu'avec Hitler, il faut réarmer. L'Allemagne est considérée comme l'ennemi principal. C'est désormais la droite qui freine le bellicisme de l'ancienne gauche, avec l'idée que Hitler est une barrière au bolchevisme à l'Est.

Quand Pétain critique les hommes politiques de l'entre-deux-guerres, il est d'autant plus inconséquent qu'il était lui-même au gouvernement en 1934 et que le Haut Commandement militaire auquel il avait appartenu n'avait pas su organiser la défense du pays.

Ces journées tragiques sont si révélatrices de la personnalité de Pétain. Comment évolue le Maréchal ?

Le 13 juin, au château de Cangé où s'est retrouvé le gouvernement, le général Weygand évoque à haute voix l'armistice. Il affirme ne plus posséder que 50 divisions – dont deux britanniques – face à 150 allemandes. À Paul Reynaud, il explique : « Monsieur le président du Conseil, c'est encore une armée mais je la tiens à bout de bras. Vous voulez aller jusqu'au bout mais vous y êtes, au bout. » Paul Reynaud lui rétorque : « On peut encore résister, il y a des atouts. » Il explique le rôle que peut encore jouer l'Afrique du Nord, celui de la flotte. Mais Weygand répond, définitif : « Je termine ma vie dans le déshonneur. »

Pétain opine du chef et Weygand ajoute alors, dans une sorte de crise de nerfs : « J'en ai assez de ces fiers-à-bras qui parlent de se battre pour foutre le camp à l'étranger. Je serais resté à Paris les fers aux pieds. » Puis il claque la porte et s'en va.

À la sortie du Conseil, à bord de sa voiture, Pétain demande à Darlan, ministre de la Marine, qui contrôle toute la flotte : « Est-ce que je peux compter sur vous ? »

Le 13 juin 1940, toujours à Cangé, Pétain prend la parole. Il se lève et lit sa note.

> Il est impossible au gouvernement, sans émigrer, sans déserter, d'abandonner le territoire français. Le devoir du gouvernement est, quoi qu'il arrive, de rester dans le pays, sous peine de n'être plus reconnu comme tel. Priver la France de ses défenseurs naturels dans une période de désarroi général, c'est la livrer à l'ennemi. C'est tuer l'âme de la France, et par conséquent rendre impossible la renaissance. Le renouveau français, il faut l'attendre en restant sur place plutôt que d'une conquête de notre ter- ritoire par les canons alliés, dans des conditions et dans

un délai impossibles à prévoir. Je suis donc d'avis de ne pas abandonner le sol français et d'accepter la souffrance qui sera imposée à la patrie et à ses fils.
La renaissance française sera le fruit de cette souffrance. Je déclare, en ce qui me concerne, que hors du gouvernement s'il le faut, je me refuserai à quitter le sol métropolitain. Je resterai parmi le peuple français pour partager ses peines et ses misères. L'armistice est à mes yeux la condition nécessaire de la pérennité de la France éternelle.

Ce discours fait grande impression. À la différence de Weygand, Pétain garde son sang-froid. Il a écrit son texte au calme. En sortant de la salle, il se sent comme promu.

Il convoque Weygand... ce que son statut de vice-président du Conseil l'autorise à faire. Il l'a précédemment laissé aller au feu, en le laissant convaincre l'auditoire que tout était perdu. En convoquant Weygand, il convoque l'ombre de Foch, et la met à ses pieds. La journée du 13 juin impose la personne de Pétain.

Un autre incident achève de discréditer Weygand. À Cangé, il affirme qu'il possède des informations selon lesquelles les communistes ont pris le pouvoir dans la capitale. Le ministre de l'Intérieur Georges Mandel téléphone au préfet de la Seine qui dément cette information. Weygand est quelque peu ridiculisé devant les ministres.

Qu'est-ce qui lui a pris ? Il faut savoir qu'à Moscou comme à Paris, les communistes jugent que la situation rappelle celle de 1917 en Russie. Les Allemands menacent la capitale et le pouvoir central a disparu. Comme les bolcheviques en 1917, les communistes français, avec l'accord du Komintern, pourraient prendre le pouvoir.

Des affiches sont prêtes : « Thorez au pouvoir ! » Lors de l'évacuation de Paris, des militants les ont placardées. La police les a vues et a communiqué cette information à Weygand, en la présentant comme une réalité et non comme un simple slogan. Weygand y a cru. Son intervention intempestive, après sa crise de nerfs, le fait désormais passé pour un homme peu fiable. Pétain, en comparaison, semble solide.

À Cangé, la confusion s'installe. Des ordres contradictoires sont émis. De Gaulle a vu Paul Reynaud pour le convaincre d'instaurer une tête de pont en Bretagne et dans le Massif central. De Gaulle porte ces ordres aux services administratifs pour qu'ils soient expédiés aux différents commandants des armées. Mais ils ne sont jamais parvenus à leurs destinataires.

Que s'est-il passé ? Hélène de Portes, la maîtresse de Paul Reynaud, favorable à la cessation des combats, est passée à la poste militaire et les en a retirés. À Mandel, favorable à la poursuite de la guerre en Afrique du Nord, elle dit : « Qu'est-ce que c'est que ce général qui au lieu de se battre joue aux politiciens ? »

Dans des circonstances qu'on ignore, un deuxième télégramme part de la poste militaire : « Bataille aéroterrestre terminée ; bataille aéronavale commence. » Il s'agit de continuer la lutte en Afrique du Nord…

Confusion, malentendus, affrontements, décomposition… De Gaulle croise Dominique Leca, le directeur de cabinet de Paul Reynaud, et l'interroge : « Alors, où en est-on ? » Leca lui répond : « On se décide sans doute pour la scissiparité du gouvernement. » Une partie du gouvernement resterait en France, avec délégation de pouvoir, pour y jouer le rôle de bourgmestre ; l'autre partie irait en Afrique du Nord.

« Quoi ? dit de Gaulle.

– La scissiparité du gouvernement.

– On se bat, ou on ne se bat pas ? » demande de Gaulle avec hauteur.

Tout cela traduit bien une agonie. Tel Weygand, Pétain veut arrêter le combat, d'autres veulent se rendre en Afrique du Nord, d'autres enfin souhaitent poursuivre le combat en France. Quand le gouvernement rejoint Bordeaux, aucune décision n'est encore prise. Le 14 juin, les Allemands entrent dans Paris.

Les partisans de la poursuite des combats et ceux qui préconisent leur cessation sont à peu près à égalité au sein du gouvernement. Mais c'est une fausse égalité. D'un côté, l'option Pétain inclut Weygand mais aussi Baudouin, Bouthillier, qui sont des amis d'Hélène de Portes. Reynaud a comme adversaire sa propre femme, qui pense qu'il doit faire cesser le combat, céder le pouvoir à Pétain pour qu'il signe la défaite, avant que de reprendre le pouvoir plus tard.

Mais Reynaud ne cède pas. On ne lâche pas son allié, la Grande-Bretagne. Question d'honneur. Mandel se juge impuissant en tant que Juif : on dira qu'« il n'a pas la patrie à la semelle de ses souliers ». L'option bretonne étant finalement écartée, Mandel conseille à de Gaulle de prendre la tête de la résistance quand celui-ci tente de démissionner : « Vous êtes un homme neuf. »

Le débat porte à nouveau sur le départ en Afrique du Nord et sur la manière de mettre fin à la guerre : cessez-le-feu ? Capitulation ? Armistice ? Le cessez-le-feu est plus simple car il ne porte pas d'implicite. Tandis que la capitulation est militaire : l'armée se rend et le gouvernement reste en place. Weygand, en accord avec Pétain, ne veut pas que l'armée porte la responsabilité de la défaite. L'armistice, lui, implique la suspension de la guerre, pas sa fin, ce que veulent Pétain et Weygand. La quatrième solution, demander la paix, n'est pas évoquée.

Pétain, qui ne supporte plus ces discussions, donne sa lettre de démission : « Messieurs, c'en est assez de ces manœuvres dilatoires. » Imaginez la scène : Paul Reynaud le retient alors qu'il s'apprête à sortir de la salle. « Attendez ma réponse », lui dit-il en lui montrant un siège. Pétain ne veut pas s'asseoir et reste debout. Reynaud juge que la solution Pétain serait un désastre. C'est alors que Camille Chautemps, vice-président du Conseil, radical-socialiste réputé très habile, fait une proposition qui les laisse tous pantois : « Si au lieu de demander l'armistice, on demandait quelles sont les conditions de l'armistice ? » Reynaud approuve, estimant que ces conditions, probablement inacceptables, ne laisseraient d'autres choix que de rester dans la guerre.

Baudouin, le secrétaire du cabinet de guerre, envoie la demande aux Allemands via Madrid. Mais dans l'émotion générale, il a écrit « la cessation des hostilités et les conditions de la paix ». Est-ce un lapsus ?

Dans le même temps, on reçoit une proposition de Londres, élaborée par Churchill et Jean Monnet, visant à créer une Union franco-britannique indissoluble. La France pourrait cesser les combats tout en perpétuant sa souveraineté et son combat dans la fusion provisoire avec l'Angleterre : les armées peuvent se rendre mais la guerre continue. Paul Reynaud approuve cette idée. Mais il est le seul. Le gouvernement est de plus en plus anglophobe. Un ministre observe que la Grande-Bretagne veut profiter de la faiblesse de la France pour la faire disparaître de la carte. Et Pétain lance une phrase définitive : « On ne peut pas fusionner avec un cadavre. » Ce cadavre, c'est la France.

Dans ce contexte de tension extrême, Reynaud démissionne et conseille au président de la République Albert Lebrun, de nommer Pétain à sa place. À la stupéfaction de Lebrun, Pétain sort de sa poche la liste toute prête des membres de son gouvernement.

**

Il faut s'arrêter un instant sur cet épisode qui a nourri les accusations de complot portées contre Pétain lors de son procès en 1945. On n'a pas cessé en effet de dire que Pétain avait manœuvré pour devenir ministre, puis chef du gouvernement, puis chef de l'État...

Le fait que le Maréchal ait sorti une liste toute prête de sa poche, avec les noms des ministres, irait dans ce sens. Il prouverait qu'il avait prémédité sa nomination.

Ce reproche est-il justifié ? Avant 1936, un grand nombre de politiques et de militaires avaient pensé qu'il était l'homme de la situation. Ses soutiens, tels Lémery et le général Brécard, étaient venus le voir à Madrid et, ensemble, ils avaient commencé à coucher sur le papier des noms de ministres possibles sous son gouvernement.

Il ne s'agit pas là d'un complot ! C'est un faux procès qu'on lui a fait. Certes, le gouvernement est d'ordinaire constitué après conversations et négociations, ces délices de la vie parlementaire. Mais la méthode de Pétain, c'est d'avoir une liste déjà toute prête... Et pourquoi serait-il le seul à qui on aurait le droit de reprocher d'avoir pensé à constituer un gouvernement ?

Revenons au cabinet de l'armistice. Y figurent Baudouin, Bouthillier, Chautemps, Ybarnégaray, et quatre militaires dont Weygand et Darlan, mais pas les partisans de l'armistice immédiat : Pierre Laval et Adrien Marquet, le maire de Bordeaux. Pétain a voulu nommer Laval aux Affaires étrangères, mais Weygand s'y est opposé. Selon lui, Laval est tellement anglophobe, qu'il pourrait provoquer les Anglais. Furieux, Laval quitte la table quand il s'aperçoit que Pétain l'a nommé à la Justice. Pour lui, c'est une iniquité ! Il a soutenu depuis plusieurs années l'idée d'un gouvernement Pétain et il s'estime légitime aux Affaires étrangères. Au final, Laval ne fera pas partie du gouvernement qui demande l'armistice – ce que l'histoire a volontiers oublié.

Toute rancœur dépassée, Pétain propose aussi le nom du général de Gaulle mais à nouveau Weygand s'y oppose. Pour une autre raison cette fois. Quelques jours plus tôt, après la chute de Dunkerque, Weygand donnant des signes de nervosité et jugeant l'armistice souhaitable, de Gaulle avait réclamé à Reynaud sa mise à l'écart. Celui-ci l'avait laissé chercher un successeur. De Gaulle et Weygand avaient alors eu une entrevue orageuse, d'où l'hostilité sans recours de Weygand au moment de la formation du gouvernement.

De Gaulle, alors entre Londres et Bordeaux, a ignoré ce geste de Pétain et, semble-t-il, l'Histoire aussi.

Les trois personnages principaux du régime, le président de la République Albert Lebrun, le président du Sénat Jules Jeanneney et le président de l'Assemblée nationale Édouard Herriot, ont disparu du panorama. Ils se sont effacés. Maintenant qu'il est légitimé, Pétain peut lancer son appel aux Allemands pour connaître les conditions de l'armistice.

Il a auparavant fait un geste pour prévenir la rupture vraisemblable avec l'Angleterre, en proposant à Spears que Londres s'associe à cette demande, un autre épisode que l'Histoire n'a pas retenu.

« Il est encore temps », dit-il. Mais la réponse des Anglais est négative. Les Allemands sont d'accord pour discuter de l'armistice. Pétain lance alors son Appel aux Français :

> Français, à l'appel de Monsieur le Président de la République, j'assume à partir d'aujourd'hui la direction du gouvernement de la France. Sûr de l'affection de notre admirable armée qui lutte avec un héroïsme digne de ses longues traditions militaires contre un ennemi supérieur en nombre et en armes, sûr que par sa magnifique résistance elle a rempli ses devoirs vis-à-vis de nos alliés, sûr de l'appui des anciens combattants que j'ai eu la fierté de commander, je fais à la France le don de ma personne pour atténuer son malheur. En ces heures douloureuses, je pense aux malheureux réfugiés qui, dans un dénuement extrême, sillonnent nos routes. Je leur exprime ma compassion et ma sollicitude. C'est le cœur serré que je vous dis aujourd'hui qu'il faut cesser le combat.

Je me suis adressé cette nuit à l'adversaire pour lui demander s'il est prêt à rechercher avec nous, entre soldats, après la lutte et dans l'honneur, les moyens de mettre un terme aux hostilités. Que tous les Français se groupent autour du gouvernement que je préside pendant ces dures épreuves et fassent taire leur angoisse pour n'écouter que leur foi dans le destin de la patrie.

Pétain commet lui aussi un lapsus car on ne connaît pas encore les conditions de l'armistice. Il aurait dû dire : « J'ai demandé au Führer les *conditions* d'un armistice. » Est-ce prémédité ? S'agit-il d'une erreur causée par la déroute et l'affolement ? Reste que les lapsus de Baudouin comme de Pétain vont dans le même sens : on signe l'armistice pour faire la paix.

Weygand estime que « de toute façon, l'Angleterre aura le cou tordu comme un poulet ». L'amiral Darlan ajoute : « Dans deux semaines, c'est fini. L'Angleterre aura capitulé. » Et le général Huntziger renchérit : « Encore deux semaines, les Anglais. »

Au fond, tout le monde est persuadé que l'Angleterre est perdue. Il ne venait à l'esprit de personne qu'elle pourrait résister. Ni au gouvernement, ni à la population. Moi-même, je pensais, avec mes camarades, que l'Angleterre ferait la paix. Par ailleurs, comme tant d'autres, sans avoir entendu l'appel de Pétain, j'ai pensé que l'arrêt des combats était inéluctable. Les Allemands étaient partout ! Je me disais aussi que la guerre pourrait peut-être continuer en Afrique du Nord, sous une autre forme. Car on n'imaginait pas Hitler débarquer en Algérie.

On voyait encore partout cette affiche commanditée par Paul Reynaud : « Nous vaincrons car nous sommes les plus forts. » Sur le fond, on voyait la carte de l'Empire colonial français… Quelle dérision…

Au sein du gouvernement, on continue d'ailleurs à discuter de l'envoi d'une partie des ministres en Afrique du Nord. Pétain répète qu'il n'ira pas : « Je ne serai pas utile là-bas. » Le climat se tend. Albert Lebrun penche pour le départ. Pétain prévient qu'il le fera arrêter… Autre épisode significatif : Raphaël Alibert, chargé de l'Intérieur, fait arrêter son prédécesseur Georges Mandel, au prétexte qu'il aurait comploté. Ceux qui réalisent que se constitue autour de Pétain un noyau d'extrême droite ont encore l'énergie de le convaincre de recevoir Mandel. Outré, Mandel demande au Maréchal la raison de son arrestation. Pétain cède et écrit une lettre « ordonnant de le libérer car il s'est expliqué ». Mais Mandel refuse cette formulation. Il exige des excuses. Ce n'était pas à lui de s'expliquer… Ils obtient des excuses.

Autre affaire : ignorant si le gouvernement allait se scinder afin d'organiser la résistance, 27 parlementaires s'embarquent le 21 juin 1940 sur le *Massilia* pour rejoindre le Maroc. Darlan laisse faire, en tenant cette phrase : « Ils disent aux autres : Crevez ! Et eux se débinent. » Républicain, Darlan sent que le vent tourne et donne désormais des gages à Pétain. Alibert a, de son côté, rédigé un texte qui porte à croire que Pétain laisse partir ceux qui le souhaitent. C'est un piège. S'ils quittent la France, on pourra dire que ce sont des lâches, des déserteurs.

Lorsque l'armistice est signé à Rethondes le 22 juin 1940, la délégation française juge que les conditions imposées par les Allemands sont dures mais convenables car la France garde la flotte, ses colonies, ainsi qu'une zone libre. On n'en espérait pas tant. Le seul point sur lequel un des négociateurs proteste concerne la livraison des réfugiés opposants politiques, demandée par les Allemands. Mais la clause est acceptée par le général Huntziger.

Bien que ces conditions soient relativement favorables – Pétain avait demandé de ne pas céder sur la flotte et sur les colonies –, les signataires n'éprouvent aucun soulagement. C'est pour eux une catastrophe. Ils sont écrasés par ce désastre que tous les Français ont amèrement ressenti.

Quel regard portez-vous sur l'armistice, tel qu'il a été négocié par les envoyés de Pétain à Rethondes ? Vu le contexte, cet armistice est-il scandaleux ?

Aujourd'hui, ce sont les pétainistes qui rappellent que les conditions de l'armistice ont été satisfaisantes. D'autres ont reconnu cette clémence, mais ont fait valoir qu'on ne la devait pas à l'acharnement des négociateurs français mais à Hitler lui-même, qui ne voulait pas accabler le vaincu. Le pouvoir nazi voulait disposer d'une base arrière dans la guerre contre l'Angleterre. Voire, plus tard, contre la Russie. Hitler avait dit à ses négociateurs : « Il faut éviter que le gouvernement français se rende à l'étranger, à Londres. »

En ce qui concerne la flotte, Hitler affirmait : « Que les Français la gardent, même s'ils n'ont pas confiance en nous. » Il ajoute dans ses commentaires : « Il ne faut pas faire avec eux ce qu'ils ont fait avec nous en 1918… parce que cela pourrait amener les Américains à intervenir. Et cela amènerait les Français à faire comme nous après guerre, c'est-à-dire réarmer en douce. » Si la France se révèle calme après la bataille, on permettra au gouvernement de s'installer à Orléans. « Peut-être », précise Hitler.

À Londres, Churchill réagit à l'armistice. « Cet armistice est le meilleur possible », juge-t-il. En 1944, il confirmera son premier jugement : « L'armistice nous a sauvés parce que les Allemands n'ont pas voulu tout de suite occuper l'Afrique du Nord » – ce qu'ils prévoyaient puisque leurs troupes étaient descendues jusqu'à Bayonne. On peut donc juger, avec le recul, qu'en sa substance cet armistice n'était pas la pire des solutions, même si ses effets bénéfiques n'étaient pas dus à la volonté des négociateurs français, qui observaient qu'elles répondaient aux instructions de Pétain resté à Bordeaux.

On peut également juger avec de Gaulle que d'une certaine façon, Pétain n'a pas eu vis-à-vis de son allié le parcours d'honneur que l'on pourrait attendre d'un militaire. Même s'il a tout de même proposé aux Britanniques de les associer à la demande des conditions de l'armistice avec l'Allemagne.

En juin 1940, la formule de Pétain « Je fais don de ma personne à la France » a un impact considérable. De nos jours encore, certains considèrent que Pétain s'est sacrifié en endossant une défaite qui n'était pas la sienne...

Tous les dirigeants du pays ont failli. Daladier, le général Gamelin, Reynaud... Il n'y a plus d'armée et des millions de Français sont sur les routes de l'exode. Quelle terrible responsabilité pour un vieillard de 84 ans que d'accepter de prendre les rênes de la nation ! Dire que la défaite lui a permis d'arriver au pouvoir est excessif. On doit plutôt considérer que la défaite des armées françaises a été à l'origine d'un appel à sa personne qu'il ne pouvait ni ne souhaitait refuser.

Dès avant l'armistice, à Bordeaux, on envisage la façon dont Pétain, nouveau président du Conseil, pourrait gérer les affaires. Son principal interlocuteur est Pierre Laval, avec qui il concocte la forme et l'étendue de ses pouvoirs virtuels. Car Pétain dit et répète, s'agissant des députés et sénateurs, qu'il « ne veut pas discuter avec ces gens-là ». Il avait déjà employé cette expression quelques jours plus tôt sous le gouvernement Paul Reynaud, refusant toute intervention de caractère politique auprès des parlementaires.

Laval lui propose de faire passer devant les chambres une loi pour que « tous les pouvoirs soient octroyés au gouvernement sous l'autorité du maréchal Pétain, à l'effet de promulguer une nouvelle constitution de l'État qui garantit les droits au travail, de la famille et de la patrie ». Un texte à faire ratifier par les assemblées.

Ces rencontres entre Pétain et Laval font réagir vingt-cinq parlementaires qui rappellent au Maréchal qu'il doit

« défendre la République ». L'inquiétude gagne aussi certains membres de la garde la plus rapprochée de Pétain. Mais le Maréchal leur donne des assurances, il leur garantit que ces mesures ne seront valables que jusqu'à la paix, et qu'il ne veut pas se débarrasser du Parlement.

À partir de ces premiers bruits, le petit monde des hommes politiques de Bordeaux s'agite et des clans se forment.

Le groupe le mieux organisé est celui des « trois rancis du Front commun » : Bergery, Déat, Doriot – respectivement ancien radical, socialiste et communiste. Ils avaient voulu constituer un front populaire avant la lettre et avaient chacun été exclus de leur parti. Ces trois hommes regardent maintenant vers l'Allemagne victorieuse et souhaitent la fin du régime parlementaire et républicain, avec des accents qui rappellent tantôt le fascisme tantôt le nazisme.

Mais quand on évoque dans les couloirs la constitution d'un parti unique, Pétain se récrie : « Un parti ne peut pas être unique » – par définition. Ces virtuels apôtres de la collaboration voient aussi leurs suggestions rejetées par Laval qui reste un parlementaire type et qui règne dans ce monde comme un poisson dans l'eau.

Pétain comprend instantanément que c'est lui, Laval, qui peut faire passer au Parlement le projet d'un ajustement du régime.

Il lui écrit un texte qui fait figure en quelque sorte de sauf-conduit : « Comme il m'est difficile de participer aux séances des Assemblées, je vous demande de m'y représenter. Le vote du projet me paraît nécessaire pour assurer le salut du pays. » Laval demande à Jeanneney et Herriot, respectivement présidents du Sénat et de la Chambre des députés, de réunir le Parlement et, dans une atmosphère très tendue, lecture est faite de ce texte qui fait de lui le porte-parole du Maréchal. Puis il prononce son diagnostic sans concession sur la situation présente.

« On a tout fait pour amener la guerre, on n'a rien négligé pour la perdre », s'écrie Laval, qui se montre par ailleurs chaleureux et bonhomme envers ses collègues.

Le climat tendu qui règne à Vichy où le gouvernement est installé depuis le 29 juin 1940 a été évoqué par bien des témoins. Les Allemands sont à Moulins et les « bandes de Doriot », menaçantes, sèment le désordre. Les parlementaires comprennent qu'un rejet du projet Pétain-Laval impliquerait une remise en cause de l'armistice. Sous cette menace latente, les ténors de la IIIe République se tiennent cois et ni Blum, ni Daladier, ni Reynaud, ni Lebrun, ni Herriot, ni Jeanneney n'interviennent dans le débat… Ils sont désemparés. Une contre-proposition de Vincent Badie contestant la transformation des institutions tout en approuvant « que tout le pouvoir soit au maréchal Pétain » obtient 28 voix. Au vote final, après quelques interventions, le texte est adopté par 569 voix contre 80. C'est un triomphe pour Laval et Pétain.

Le Maréchal est resté à l'hôtel du Parc. À l'issue du vote, Laval, tout frétillant, vient lui annoncer la bonne nouvelle et lui glisse, selon un témoin : « Venez au balcon, la foule veut vous faire une ovation. » Pétain refuse. Il expliquera ensuite son geste à son directeur de cabinet Du Moulin de Labarthète : « Il voulait se faire acclamer derrière moi, mais moi je ne marche pas. » De son côté, dépité, Laval commente : « Voilà, messieurs, comment on assassine une république. »

Trente ans après, en 1970, de Gaulle confiera à Alain Peyrefitte : « Vous entendez, vous entendez, Alain Peyrefitte. Pas un seul, pas un seul n'a protesté contre l'armistice ! » Sous-entendu : ne pensaient-ils pas qu'à leur propre pouvoir ?

Les jours suivants, le maréchal Pétain dialogue deux heures durant avec Serrigny, son complice de la guerre de 14-18. « Pétain le taciturne est devenu bavard, note Serrigny. Il est transformé. » Du Moulin de Labarthète, dans *Le Temps des illusions*, se souvient : « Il est là, debout, le trait reposé, l'œil vif, si différent de ce pauvre vieillard du 17 mai 1940 quand il se rendait à Paris. » À Paul Baudouin, Pétain dit, en toute simplicité : « Je sais que vous confondez ma personne avec la nation. » Et au sénateur martiniquais Lémery, son ami, il glisse : « C'est à moi que le pays fait confiance. Moi seul suis responsable devant lui. Mes ministres sont responsables devant moi. »

Soulagés par l'armistice qu'a conclu Pétain en leur nom, les Français réagissent-ils aussi favorablement à la mise sous bière de la République à laquelle vient de procéder Pétain ?

Ce n'est pas Pétain qui a procédé à l'exécution de la IIIᵉ République, mais le Parlement – sur son instigation bien sûr. L'opinion en France n'a pas été très attentive à ces péripéties de la vie politique. Sans doute une partie de la presse, le monde des dirigeants, un certain nombre de personnes informées ou responsables (conseillers municipaux, hauts fonctionnaires, militants des partis, journalistes) ont commenté le changement de régime : suicide ou exécution de la IIIe République.

Mais pas la majorité des habitants du pays ; ils ne sont pas encore de retour dans leurs foyers et leurs préoccupations sont ailleurs. Ce dont les Français s'aperçoivent, c'est que les combats sont terminés, qu'une partie du pays est occupée, que plus d'un million et demi d'hommes sont prisonniers, que la ligne de démarcation est une entrave à un retour à la vie normale. Globalement, la reconnaissance envers Pétain est générale. Mais dans l'état dans lequel se trouve le pays, ce n'est pas la nature du régime qui importe car il ne fait pas encore sentir ses effets.

Ce qui compte, c'est la possibilité de retrouver du travail, de circuler librement, le retour des prisonniers… La glorification du Maréchal s'exprime par des voix illustres : on chante le père protecteur et le vainqueur de Verdun. Henry Bordeaux, grand romancier de l'entre-deux-guerres, écrit que « tous les soldats morts en 14-18 se relèvent pour le saluer ».

Quant à moi, qui suivais de près les événements, et qui étais au moment de l'exode en classe de première, je me rappelle que le bombardement de la flotte française par la marine anglaise le 4 juillet 1940 à Mers el-Kébir a suscité plus d'écho que le changement de régime. À cette date, Paris et toute une partie de la France étaient occupés. Ce qui se passait à Vichy, en zone libre, semblait appartenir à un autre monde, voire à un autre pays.

À la mi-juillet 1940, on éprouve d'abord un ressentiment profond à l'égard des responsables de la défaite, notamment des dirigeants politiques qui n'avaient pas su nous fournir les avions, les tanks en nombre suffisant, et qui avaient tout misé sur la ligne Maginot s'arrêtant à la frontière belge. Mais aussi envers ces chefs qui avaient plongé jusqu'en Hollande pour se faire coincer par la manœuvre des Ardennes sans garder de réserves à l'arrière. En juillet, ma colère était encore bouillante, comme chez tant d'autres.

Avez-vous éprouvé, et éprouvez-vous encore, la même colère que Pétain ?

Oui, et que de Gaulle aussi.

Chapitre 5

LA RÉVOLUTION NATIONALE, SON ENFANT

Le 10 juillet 1940, Pétain a subitement tous les pouvoirs, mais peu d'expérience politique. La question de son entourage est donc cruciale... Qui sont ses collaborateurs et comment l'influencent-ils dans l'élaboration de son programme : la Révolution nationale ?

Comme on a pu le constater, dès les négociations portant sur la nature de ses futurs pouvoirs, ce Pétain-là n'est plus tout à fait le même. « N'est-il pas métamorphosé ? », se demande sa femme qui observe qu'il a repris de l'appétit.

Ce Pétain alerte n'est pas pour autant un homme seul. Autour de lui règnent plusieurs catégories de personnes. Notons tout d'abord que le Maréchal n'hésitera pas à limoger ses collaborateurs sans explication ni murmure. Ainsi, Pierre Laval, « débarqué » le 13 décembre 1940, après avoir signé en blanc une lettre de démission et Ripert, le ministre de l'Éducation nationale, pour n'avoir pas sanctionné les manifestants pro-de Gaulle du 11 novembre 1940 à Paris. Quant à Henry Lémery, le vieux camarade, ministre des Colonies, il fut limogé car sa présence aurait déplu à Hitler : il était noir.

Alibert, le penseur politique du gouvernement, est lui aussi renvoyé en février 1941 pour avoir, en accord avec Pétain, organisé la chute de Laval : il n'a pas été assez discret. En outre, on vérifiera que Pétain ne fait jamais un geste pour retenir ceux qui veulent le quitter…

La plupart des ministres et des collaborateurs de Pétain sont de droite ou d'extrême droite.

À cette date, celle-ci présente plusieurs caractéristiques. La première est la nostalgie du passé et la haine du présent, soit une hostilité au libéralisme et à l'individualisme, dans la continuité de Louis de Bonald, son père spirituel qui écrivait : « L'homme ne peut avoir d'autre volonté que celle du corps social auquel il appartient. »

Cette nostalgie repose sur l'antiparlementarisme, car les élus sont accusés d'obéir à leurs propres intérêts, ou de réagir en fonction des événements.

Elle s'appuie également sur l'Église, même si on n'est pas croyant, car elle est un rempart contre la révolution. Elle repose enfin sur la certitude que la décadence du pays est due à la destruction de la société rurale. Cette idée de décadence était apparue en force dès la chute de Napoléon Ier. Elle a survécu à toutes les crises jusqu'à aujourd'hui…

L'extrême droite repose sur un deuxième pilier : la croyance en une anti-France qui complote contre sa fortune et milite pour sa déchéance. Ce complot comprend les francs-maçons, les protestants, les Juifs et les métèques. Les francs-maçons agissent secrètement, ils sont censés former une force occulte. Les protestants appartiennent à l'anti-France parce qu'ils ont au fond les même idées que les socialistes d'origine allemande (depuis Luther, puis Marx dont la famille s'était convertie au protestantisme). Les Juifs, outre le déicide commis contre le Christ, sont considérés comme des étrangers. Quant aux métèques, leur aire s'étend de la Méditerranée orientale à l'Europe centrale...

Parmi l'anti-France, l'extrême droite inclut aussi les intellectuels, bien qu'il y en ait un grand nombre en son sein, tels Charles Maurras ou Léon Daudet. On les accuse de rendre les réalités abstraites et de dissoudre la spontanéité des sentiments.

Dernier trait de l'extrême droite : l'appel au chef. Le chef doit exagérer les travers du régime que l'on combat, réfuter, répéter, répéter et réfuter encore et, comme le concluait Maurice Barrès, « l'imagination populaire peut alors simplifier les conditions du monde réel ».

Ces traits définissent une grande partie des membres de l'entourage de Pétain, tels son directeur de cabinet, Du Moulin de la Barthète, ou son docteur Bernard Ménétrel, un antisémite acharné. Parmi ces hommes se trouve également René Gillouin. Il connaît Pétain depuis 1934, quand il a été convoqué par le Maréchal après lui avoir consacré un article élogieux. Il n'est pas Action française, mais il fait partie d'une bonne droite protestante. Gillouin juge qu'« il existe deux races de chefs : les hardis, brillants, impétueux ; les réservés prudents et circonspects qui ne se soucient pas des apparences mais de la réalité. C'est à cette seconde race qu'appartient le maréchal Pétain ». C'est Gillouin qui désormais écrit ses discours. Il aime

Pétain et Pétain l'aime aussi, à en croire un dialogue rapporté entre les deux hommes :

> – Il me semble, monsieur Gillouin, qu'il y a entre nous, sur bien des points, une espèce de… Comment diriez-vous, vous autres philosophes ? Une espèce d'harmonie préétablie…, dit Pétain.
> – Je parlerais plutôt d'un coup de foudre de sympathie, du moins en ce qui me concerne, répond Gillouin.
> – Réciproque alors, précisa le Maréchal avec un bon sourire.

Tous ceux qui écrivent pour Pétain sont des collaborateurs proches et importants car les discours du Maréchal sont des pièces centrales dans l'histoire du régime. Les Français ont encore en mémoire les phrases fortes qu'il a prononcées.

> « Je fais le don de ma personne à la France » (1940)
> « Français, je tiens mes promesses, même celles des autres » (1941)
> « Français, vous avez la mémoire courte » (juin 1941)
> « Je sens se lever un vent mauvais » (août 1941)
> « Je tente de faire mon devoir, aidez-moi ! » (1943)
> « Français, mes amis, dans l'exil partiel auquel je suis astreint, dans la semi-liberté qui m'est laissée, faites la chaîne en me tenant la main » (1943).

À 84 ans, Pétain sait s'adresser à ses concitoyens. Ses discours ne sont pas tous de sa plume, mais il les a travaillés, fignolés, aussi bien ceux écrits par René Gillouin, Georges Loustaunau-Lacau, ou Emmanuel Berl, pourtant israélite. Il s'interroge en permanence sur le style. Ses indications à ses adjoints, comme Loustaunau-Lacau, sont intéressantes car elles révèlent sa méticulosité :

> — Aviez-vous contribué au discours funèbre du maréchal Lyautey ?
>
> — Oui, Monsieur le Maréchal, mais mon projet n'a pas eu de chance.
>
> — Tiens, je ne l'ai pas vu, on me cache tout. Je ne suis pas satisfait de celui que moi j'ai prononcé.
>
> — Ce n'était pas facile…
>
> — Il faut être simple et avare, c'est le meilleur moyen. Voici ce que je veux : une idée centrale qui soutient le texte d'un bout à l'autre, des paragraphes peu nombreux, proportionnés à leur importance. Pour les phrases, le sujet, le verbe, le complément, c'est encore la façon la plus sûre d'exprimer ce que l'on veut dire. Pas d'adjectif, l'adjectif c'est ridicule, comme ces ceintures de soie que portent les officiers dans les armées d'opérette. Encore moins de superlatifs. Rarement des adverbes et toujours exacts. Et surtout pas de chevilles au début des phrases, elles cachent l'indigence de la pensée. Si la pensée est en ordre, les phrases s'emboîtent d'elles-mêmes. Le point-virgule est un bâtard.

À l'exposé de ces conseils, Loustanau répondit : « On pourrait se contenter du titre. » Pétain, piqué, se retire : « N'oubliez pas, commandant, qu'ici, l'ironie ne fonctionne que de haut en bas. »

Vous nous avez jusqu'ici décrit un Pétain prétendant n'avoir pas de pensée politique très affirmée. Quel est son programme ?

Dans un entretien privé datant de novembre 1940, il se confie à l'écrivain Henry Bordeaux :

> Le Maréchal leva sur moi ses yeux clairs, surpris de ma confiance. Et il commença de bâtir la maison française. Il la fonderait sur la famille, la cité, la corporation, la province. Il lui donnerait une constitution nouvelle avec un pouvoir exécutif et responsable, et le contrôle d'une chambre unique dont le choix échapperait aux erreurs du suffrage universel. Il choisirait un personnel nouveau animé d'un profond amour de la patrie. Enfin, il referait l'éducation et protégerait la terre. La terre, c'était la durée, et l'école, c'était l'avenir.
>
> [...] Il abattait à grands coups de cognée le bois pourri et supprimait les parasites qui enlacent les beaux arbres et leur prennent leur sève, en frappant la spéculation, en supprimant la franc-maçonnerie, le parlementarisme, en imposant aux Juifs un statut. La terre, la famille, l'école, le travail étaient restaurés. Plus de terres en friche, plus de partage forcé, mais le paysan à l'honneur et son habitation protégée. La famille allégée de ses charges et des droits successoraux, selon le nombre de ses enfants, et redevenue la véritable cellule sociale.
>
> L'enseignement primaire rapproché des réalités de la vie agricole et ouvrière, et l'instruction secondaire revenue aux humanités. La jeunesse groupée et animée dans des camps de travail, dans les Compagnons de France, et les anciens combattants des deux guerres dans la Légion. Le travail devenant un droit et un devoir ensemble, réorga-

112

nisé dans l'artisanat, la corporation et l'union des classes. C'était là le départ d'un programme de redressement dont l'application peu à peu remettra de l'ordre dans le pays où le laisser-aller était général.

Le texte d'Henry Bordeaux reprend en partie les grandes idées de Pétain. Tout d'abord, la collaboration. Il en revendique la nécessité en s'appuyant sur le précédent du traité de Tilsitt, c'est-à-dire sur un retournement d'alliance dû à la conjoncture internationale. En 1807, on s'en souvient, Napoléon s'était rapproché d'Alexandre de Russie – avec lequel il était en guerre – pour faire pièce à l'Angleterre. L'entretien entre les deux empereurs s'était déroulé sur un radeau au milieu du Niémen, cela demeure un des grands moments de l'histoire. Or Pétain juge que règne une conjoncture comparable.

Deuxième idée : la Révolution nationale. Elle est censée s'inspirer de l'exemple de Salazar au Portugal, un rapprochement qui n'est pas innocent puisque à la tête d'un État chrétien autoritaire, Salazar affirme son désaccord avec le nazisme et le fascisme. Chacun sait – mais c'est un non-dit – que Salazar demeure un allié de l'Angleterre. Or cette référence est à la fois fictive et commode. Fictive, car Pétain n'a jamais lu son ouvrage *Estado novo* qui était toujours sur son bureau. Je l'ai eu moi-même en main lorsque j'ai eu accès aux archives du fonds Pétain au milieu des années 1980, et le livre n'était pas découpé…
Cette référence est également utile car les axes du régime de Vichy et ses points d'appui sont pour une part les mêmes

qu'au Portugal. Premier point d'appui : les militaires qu'on met à l'honneur[1]. Au pouvoir se retrouvent l'amiral Darlan, le général Bergeret, l'amiral Platon et le général Weygand. Cette présence n'empêche pas les contemporains de trouver quelque peu ridicules les soldats de l'armistice, qui à Vichy défilent à bicyclette, de façon ostentatoire.

Le deuxième pilier du régime, comme au Portugal, réside dans le soutien de l'Église. L'un après l'autre, les évêques, le cardinal Gerlier en tête, ne manquent pas de rappeler « qu'à force d'être laïcisée, la France risque de mourir ». On répète, un jour l'Église, un jour le Maréchal, que si l'on a été vaincu, « c'est que l'esprit de jouissance l'avait emporté sur l'esprit de sacrifice »… Et le clergé ajoute : « La providence nous a apporté le maréchal Pétain. » « Nos évêques assassinent le maréchal Pétain de leurs louanges », écrit en 1940 Charles D'Aragon.

Les anciens combattants de 14-18 constituent le troisième appui du Maréchal. Ils se regroupent en une Légion dont les membres déclarent : « Nous avons sauvé le pays dans la guerre, nous le sauverons dans la paix. » L'un des dirigeants de la Légion des combattants, Jacques Péricard, s'écrie « Debout les morts ! », en souvenir de Verdun. Bientôt, cette légion va secréter le SOL, le Service d'ordre légionnaire dirigé par Joseph Darnand, héros de la bataille de la Sarre en septembre 1939. Les SOL seront « les yeux, les oreilles et la bouche du Maréchal ». Avec eux apparaît

---

1. Rappelons que depuis cette date, il est rarement fait état que plus de 80 000 soldats sont morts durant la campagne de mai-juin 1940 alors qu'il est constamment fait référence aux prisonniers.

ainsi au printemps 1941 une force d'ordre militante, une police militante, bientôt de répression.

Ces différents soutiens confortent le soulagement des Français qui constatent que pour eux, la guerre est finie. Ils expliquent l'accueil enthousiaste que rencontre Pétain durant ses voyages dès l'automne 1940 – donc après sa rencontre du 24 octobre à Montoire avec Hitler et l'annonce de la politique de collaboration. Ces voyages constituent « les noces de Pétain avec la France ». Dès le premier déplacement à Marseille en novembre 1940, l'enthousiasme atteint le délire. Pourtant quelques signes montrent qu'à peine né le régime veut s'offrir ses victimes[2].

Avant même que les principaux décrets ou mesures contre l'« anti-France » soient appliqués, la police de Marseille et des leaders fascistes, tel Sabiani, procèdent à l'arrestation, par « précaution » et sans l'ordre formel de Vichy, d'Espagnols républicains, de Juifs et d'Allemands réfugiés « jugés dangereux ».

Mais au cours de ces fêtes qui se reproduisent ensuite à Montpellier ou à Saint-Étienne, on ne prend pas vraiment conscience de ces premières dérives. De fait, des Espagnols et des Allemands réfugiés n'avaient-ils pas été déjà mis en camp du temps de la IIIe République, par le gouvernement Daladier ?

---

2. Cf. le film de C. Delage, D. Peschanski et H. Rousso, *Les voyages du Maréchal*, CNRS audiovisuel, 1990.

La Révolution nationale s'appuie sur la formule « Travail, Famille, Patrie ». Quelle est sa signification ?

Le 10 juillet 1940, quand Pétain obtient les pleins pouvoirs, personne n'imagine quel type de rupture politique va suivre. Les toutes premières mesures prises par le nouveau pouvoir *dès le mois de juillet* révèlent pourtant les pulsions qui animent les nouveaux dirigeants.

Dans le désordre : les emplois publics sont interdits aux personnes nées d'un père étranger ; les naturalisations depuis 1927 sont révisées ; une cour suprême de justice est constituée ; des camps de jeunesse sont créés pour les incorporables ; les sociétés secrètes sont interdites. Le ministre Paul Baudouin, qui avait lâché Paul Reynaud pour Pétain, commente : « La guerre a fait éclater l'abcès. »

Il apparaît donc légitime, s'agissant de la révolution nationale, d'évoquer d'abord le sort réservé aux proscrits. Le sigle du régime était « Famille, Travail, Patrie ». Pétain voulait y ajouter le mot « Ordre ». Mais cela faisait un peu trop long pour un slogan, lui avait fait remarquer Laval. Néanmoins, ce fut bien par l'« ordre » que l'on commença.

Les premières mesures sont prises contre les étrangers. Dès la convention d'armistice (art. 19), le régime de Vichy a abandonné aux vainqueurs les réfugiés allemands : ce fut le cas du célèbre romancier Arthur Koestler. Quelques semaines plus tard, le 22 juillet 1940, sans aucune demande préalable émanant des Allemands, le ministre de l'Intérieur Raphaël Alibert retire leur nationalité à 15 154 étrangers, sur environ 500 000 naturalisés depuis 1927. Parmi eux se trouvent 40 % de Juifs.

Parmi les membres de l'« anti-France », on ne touche pas aux protestants, comme Maurras l'eût souhaité. Puis, dès le 13 août 1940, on supprime les sociétés secrètes, même si l'on ne trouve aucun argument à faire valoir contre les francs-maçons, excepté leur anticléricalisme. De fait, on exclut sans raison les anciens dignitaires francs-maçons qui étaient membres de la fonction publique.

Quant aux Juifs, il semble que Pétain, en satisfaisant ses propres pulsions personnelles, ait voulu faire une bonne manière aux Allemands sans que Hitler n'ait rien demandé – on y reviendra. Mais il semble aussi – c'est un paradoxe – que la loi du 3 octobre 1940 et les mesures prises contre les Juifs aient gêné le Führer qui *à cette date* avait pour projet de chasser les Juifs allemands de son pays pour les expédier en France.

Observons ensuite que Pétain est hostile au socialisme tout comme au capitalisme. Son drapeau serait plutôt, sans qu'il le dise explicitement, celui du corporatisme. La profession constitue pour lui le cadre et la cellule de la société. Pétain veut donc que s'organisent les professions et il fonde pour cela l'Ordre des médecins, l'Ordre des architectes, etc.

Par ailleurs, il juge que la décadence du pays est due aux effets de l'industrialisation. C'est elle qui a secrété une sorte de guerre civile sociale – la lutte des classes – et qui pollue les qualités fondamentales qu'incarnent les paysans à la différence des ouvriers : l'obstination dans l'effort, la résistance physique, la prudence, et également le sens de la responsabilité et de la vigilance. Le paysan sait que le temps est son maître – bonne ou mauvaise récolte – et la mévente son châtiment. Il faut donc éviter, pense Pétain avec son ministre Caziot, que se réduise la population paysanne par un phénomène de concentration « capitaliste », où le blé et les bovins régneront dans nos campagnes : « Il faut sauver le miel et l'olivier. »

Ces perspectives sont contestées par une école plus moderniste qu'anime Leroy-Ladurie et qui vise à accroître la productivité en préconisant la concentration des domaines dans de grandes propriétés aux rendements plus élevés. À cet effet sont créés des syndicats agricoles chargés de défendre les paysans – mais lesquels ? – lorsque des crises sont à l'horizon. En son esprit, Pétain a plutôt l'humeur de Caziot que celle de Leroy Ladurie.

Aux côtés du maréchal-paysan, chanté par les écrivains René Bazin et René Benjamin (dont les écrits pourraient être du Pétain), le travail d'usine doit être régénéré grâce à une charte du travail promulguée en octobre 1941. Elle survit dans notre monde actuel, puisque c'est dans son cadre qu'ont été institués ou projetés le salaire minimum (Smic), les zones de salaire (avec ou sans péréquation selon les régions), la création de comités d'entreprises, la législation des accidents du travail, et le prix du meilleur ouvrier de France.

Il est rarement signalé que ces innovations, dont la réalité se perpétue aujourd'hui, sont des créations de la Révolution nationale de Pétain. Ce n'est sans doute pas politiquement correct car cela pourrait être pris pour un éloge de Vichy.

Deuxième point : ce régime est naturellement hostile aux syndicats « qui ont fait tellement de mal à la France ». Pétain rappelle constamment que les syndicalistes vivent de leurs révoltes et « ont intérêt à en encourager les causes ». Le ministre du Travail Belin, ancien syndicaliste lui-même, introduit les cadres (ce nouveau groupe social) dans les comités d'entreprises, affaiblissant ainsi quelque peu la part des ouvriers. Néanmoins, les syndicats sou-tiennent Pétain parce qu'il incarne la tradition pacifiste et surtout parce qu'il les décroche des partis politiques qui les contrôlaient partiellement. Or il n'y a plus de par-tis politiques. Des théoriciens comme Georges Dumoulin ou les membres de la revue *Esprit* chantent cette liberté retrouvée pour les syndicats.

Quant à la valorisation de la famille, n'est-ce pas assez cocasse de la part de Pétain quand on sait qu'il n'a pas d'enfants, qu'il s'est marié à une divorcée et qu'il ne cesse de tromper sa femme ?

Pétain n'est pas le seul homme d'État dont les pratiques personnelles diffèrent de celles dont il se fait le chantre et le défenseur. On ne polémiquera pas sur cette question, en rappelant par exemple que dès le XIVe siècle les papes n'avaient pas une morale personnelle en conformité avec les principes de l'Église.

De fait, avant la Première Guerre mondiale, la question de la famille a été le plus souvent abordée en France du point de vue du salut de la nation qui se dépeuplait. Depuis la guerre de 1870, le problème des classes d'âge en voie de diminution obsédait tous les dirigeants politiques et militaires. Pétain, lui, insiste sur l'aspect moral de cette défense de la famille. Il fait tout ce qu'il faut pour ressouder une société qui, à ses yeux, se délite. Le retour à la terre est une nécessité car la famille paysanne est l'incarnation même de la « race française » : on l'a vu pendant la guerre de 14 – référence constante de sa pensée.

Glorification de la famille paysanne, mesures de sauvegarde contre la décomposition de la famille… Pour Pétain, on doit stigmatiser l'infidélité de l'épouse et glorifier les mères de familles nombreuses. Ces idées sont à l'origine de toutes sortes de manifestations spectaculaires qui ont marqué la mémoire. Ainsi Pétain annonce qu'il sera le parrain des épouses qui ont eu jusqu'à quinze enfants. On savait que ces mères-là recevaient, une fois l'information connue, une boîte de sardines, un petit pain d'épices et un sachet de crème de dattes.

1 800 enfants se sont fait appeler Philippe ou Philippine. Depuis cette époque, je ne peux m'empêcher de penser que mes collègues-amis qui se prénommaient Philippe (il y a eu peu de Philippine) et qui auraient aujourd'hui 70 ans pouvaient avoir eu des parents pétainistes.

Des mesures ont été également prises pour réprimer l'avortement et instituer une visite prénuptiale : un médecin était chargé de vérifier avant le mariage qu'un couple pouvait avoir des enfants sans handicap. Grâce au règne de la médecine libérale, c'est heureusement la seule mesure eugéniste que la France ait adoptée, alors que ces idées avaient gagné l'Allemagne, dont Goebbels disait qu'avec le nazisme, elle serait la première nation de « biologie appliquée ». On sait quels excès elle a autorisés.

Le régime de Pétain encourage ensuite toutes les activités culturelles qui glorifient la mère de famille. Le film qui incarne cette politique, *Le Voile bleu*, de Jean Stelli, avec Gaby Morlay, raconte l'histoire d'une gouvernante veuve de guerre qui a perdu son enfant et se consacre à tous les orphelins qui, lorsqu'elle devient âgée, viennent la fêter. C'est un peu l'origine de la fête des mères, institutionnalisée par Pétain. Ce film a été le plus grand succès populaire de l'Occupation.

On assiste ainsi à une moralisation du répertoire cinématographique. Je me remémore mon désenchantement quand disparurent de l'écran ces « allumeuses », ces « garces » qu'étaient Viviane Romance ou Betty Stockfeld, auxquelles succédèrent certes des femmes fraîches et acidulées comme Danielle Darrieux ou Louise Carletti. Mais Ginette Leclerc, la vamp des vamps, ne nous était plus présentée que comme une infirme et Viviane Romance comme une aveugle. Adieu les jambes de Viviane et de Ginette, les lèvres de Betty : on n'avait plus droit qu'à des femmes-bonbons.

Le cinéma, sous l'Occupation, était à la fois pétainiste sans le savoir, et étranger au pétainisme à un point qu'on ne saurait imaginer. Pétainiste ? Voici en 1942 le plaidoyer du grand comédien Raimu, qui joue un avocat dans *Les*

Inconnus dans la maison de Henri Decoin. Raimu défend un petit voyou au tribunal :

> Messieurs les jurés, pouvez-vous m'indiquer la route du stade, du vélodrome, le chemin de la piscine ? Non, ne cherchez pas, il n'y a ni stade, ni vélodrome, ni piscine. Il y a cent trente-deux cafés et bistrots, je les ai comptés et quatre bordels, je ne les ai pas comptés, tous mes concitoyens les ayant repérés depuis longtemps.
> Messieurs, quand les enfants ne peuvent pas se soûler de grand air et de vitesse, il faut bien qu'ils aillent user leurs nerfs quelque part. Ils vont au cinéma et là, ils se pâment devant les performances de Tintin le Balafré, quand ils ne s'excitent pas sur les jambes de la star ou de la vamp. Un beau jour ou une belle nuit, de spectateurs, ces enfants deviennent des acteurs. Ils se couvrent de sang. Eh bien, ce manteau de sang, c'est vous, c'est nous qui le leur avons jeté sur les épaules...

Cependant, en quatre ans, en dépit du contrôle des Allemands, aucun film anglophobe ni aucun film antisémite ou pro-allemand n'a été tourné, à l'exception de ces « documenteurs » analysés par Jean-Pierre Bertin-Maghit. Au contraire, dans les années qui précèdent la défaite, ce genre de films était légion. Au cinéma, Vichy a existé avant Vichy (et pas seulement au cinéma, on y reviendra). Rappelons-nous *La Grande Illusion* de Renoir, en 1937, où l'Anglais part au front avec des raquettes de tennis, et où Jean Gabin exprime ouvertement son antisémitisme, quitte à finalement reconsidérer son attitude et à aider Rosenthal (l'acteur Dalio) à rejoindre la frontière.

Rappelons-nous aussi que dans *Alerte en Méditerranée* (1938), les marins français chantent un hymne antianglais.

Dans *Pépé le Moko* (1937), Pierre Sorlin a montré que le flic trouble et salaud a toutes les apparences d'un Juif.

Au début de l'Occupation, alors que la figure de Pétain demeure celle d'un père protecteur, que le régime de Vichy n'est pas encore clairement identifié dans ses caractéristiques majeures, les cinéastes produisent des chefs-d'œuvre, en s'évadant du réel, soit par l'appel au rêve (*Les Visiteurs du soir, Les Enfants du paradis*), soit par le recours à l'histoire. Je me rappelle qu'à la fin du film de Jean Delannoy *Pontcarral, colonel d'empire*, alors que retentissait *La Marseillaise*, nous nous sommes tous levés pour applaudir son triomphe final.

Lors de la projection des actualités filmées qui étaient en partie d'origine allemande et en partie vichystes, nous quittions le cinéma. Pour prévenir ce geste, les directeurs de cinémas en zone libre reçurent l'ordre de rallumer la salle pour qu'on puisse identifier ceux qui la quittaient.

En réalité, Pétain s'occupait assez peu de cinéma, contrairement à son beau-fils, Pierre de Hérain, producteur du très pétainiste *Monsieur des Lourdines* en 1943, à la gloire de la vie rurale.

Il prêtait en revanche une grande attention à l'enseignement et à ses principes. En 1934, il avait souhaité devenir ministre de l'Éducation nationale (Weygand, d'ailleurs, s'en moquait). Pour lui, l'école doit former des citoyens, et il regrette que l'armée ou l'Église ne s'en charge pas, car « les instituteurs, voilà l'ennemi ».

Là-dessus, ses principes sont clairs et nets. L'enseignement ne doit pas être une école d'individualisme, il ne doit pas prétendre à la neutralité, il ne forme pas assez les cœurs, et ne trempe pas assez les caractères. Il n'est pas moins noble de manier l'outil que la plume. Il est plus aisé de faire son devoir que de le connaître. Voilà ce qu'il faut répéter, ce qu'il faut enseigner. Sa haine des instituteurs s'était déjà manifestée au moment des mutineries de 1917, lorsqu'il les avait rendus responsables des troubles après la bataille du Chemin des Dames. On ne savait pas, comme l'historien Guy Pedroncini l'a bien démontré depuis, que cette accusation n'avait pas de fondement.

En 1938, le Syndicat national des instituteurs (SNI) avait appelé à la grève « pour protester contre l'abrogation des 40 heures », alors même que l'Allemagne les faisait passer à 60... Avec ce mot d'ordre : « Plutôt la servitude que la mort ». Cette année-là, 1 328 instituteurs avaient été licenciés par Daladier... Vichy avant Vichy.

À Vichy, pour bien manifester la rupture, Pétain nomme le grand joueur de tennis Jean Borotra ministre de l'Éducation nationale... tout un symbole.

Comme on l'imagine, les intellectuels de l'époque, pétainistes ou non, entrent en scène et se prononcent sur cette conception de l'école. Les uns, comme le ministre Jacques Chevallier qui succède à Jean Borotra, intègrent l'enseignement religieux aux horaires de classe. D'autres, tel Jérôme Carcopino, réagissent à cette mesure en faisant valoir que « l'instituteur est à son école, le curé est à son église ». Pétain cède finalement à Carcopino, son collègue à l'Académie française, et retire l'enseignement catholique de l'emploi du temps des élèves.

Je me rappelle très bien ce moment où l'esprit de ces mesures est parvenu jusqu'à ma classe au lycée Carnot à Paris. J'étais en première. Un jour, un nouveau professeur de français arrive. « On vous a trompés, nous dit-il d'emblée, l'air exalté. Désormais, nous allons nous consacrer aux plus grands écrivains de tous les temps. On ne vous a pas dit combien ils étaient importants... » Nous nous sommes regardés, interrogatifs. « Oui, continue-t-il, fervent, sainte Thérèse d'Avila, Bossuet, Louis Veuillot, Albert de Mun. » Un ange passe...

Bossuet, on connaissait, mais les autres ? Rentré à la maison, avec un camarade, on les cherche dans nos *Littératures*. Je trouve Veuillot, catholique ultra, dans un dictionnaire.

Quelques jours plus tard, quand je suis retourné en classe de français, un autre prof l'avait remplacé car des parents avaient protesté contre le non-respect du programme. Le nouveau nous a dit : « Nous étudierons Corneille et Racine : jours pairs, *Cinna* ; jours impairs, *Britannicus*. » L'ordre était rétabli.

Vis-à-vis de cette volonté de régénérer l'enseignement qui n'eut guère d'échos dans le secondaire, l'accueil fut en général moqueur. Lorsque le gouvernement de Vichy voulut faire une enquête sur les distractions des élèves, nous avions tous décidé de répondre la même chose à propos du cinéma :

> – Pourquoi allez-vous au cinéma ?
> – Pour l'ouvreuse.
> – Où vous placez-vous dans la salle ?
> – Près de l'ouvreuse, etc.

On renonça à nous faire remplir d'autres questionnaires. L'année d'après, en 1941, en philo, notre professeur, Maurice Merleau-Ponty, nous suggéra pour le cours suivant de raconter chacun une anecdote. La palme fut remportée par Claude Lefort, bientôt philosophe à son tour :

> Marius rentre chez lui en ramenant un gros poisson de la rivière.
> – Fanny, dit-il, regarde ce que je t'ai rapporté de la pêche.
> Fanny éructe de colère :
> – Qu'est-ce que tu veux que j'en fasse, de ton poisson ? On n'a ni beurre, ni graisse, ni huile. T'es pas au courant ?
> – Puisque c'est comme ça, je reprends le poisson et je le rejette à la rivière.
> Marius part à la rivière, rejette le poisson dans l'eau.
> Le poisson sort la tête et crie : Vive Pétain !

Toutes les autres manifestations étaient accueillies par les jeunes avec une certaine dérision ; sauf les tout-petits qui, eux, chantaient « Maréchal nous voilà », et quelques-uns, plus grands, qui entonnaient dans les Chantiers de jeunesse : « Une fleur au chapeau, à la bouche une chanson ». Le Maréchal n'en reçut pas moins près de deux millions de lettres d'enfants en 1941. En voici une :

> À Monsieur le Maréchal Pétain, à notre chef bien-aimé, avec l'expression de mon très respectueux et filial attachement, et mes vœux les plus fervents d'une année nouvelle remplie de bénédictions pour sa personne et pour la France, j'ose offrir ces quelques poésies écrites dans la douleur et les larmes… mais aussi en une foi indestructible dans le relèvement et les destinées de notre malheureuse patrie.

France, debout !
Ô France, ô douce mère, ô ma belle patrie !
Pieusement penché sur ton aile brisée,
Je contemple navré et l'âme endolorie
Ton visage meurtri et tes membres blessés.

De ton cœur haletant et de ton flanc ouvert,
Ruisselle et rejaillit à longs flots dans mon sein,
En frémissant encore de l'outrage du fer,
Ce sang si beau qui fait les héros et les saints.

Mais sur ton front ardent une étoile scintille,
C'est ton âme éternelle, invincible, qui brille,
De l'éclat des élus et des prédestinés.
Debout ô ma patrie ! Ton génie t'en convie.
Jette-toi sur le cœur divin qui te chérit,
Et reprends le flambeau de l'immortalité…

À la tête de l'État, l'orientation du régime changea quelque peu en 1941. À l'époque de Darlan, la collaboration reprenant, Pétain chasse de son gouvernement l'équipe qui avait été en pointe pour l'aider à se débarrasser de Laval. Disparaissent ainsi Alibert et quelques autres et apparaissent des nouveaux venus que Laval va dénommer les « synarques » et qui appartiennent à des milieux éloignés de la vie politique : entrepreneurs, industriels, banquiers.

Parmi eux, Pierre Pucheu qui devient ministre de l'Intérieur, des hommes qui souhaitent l'intégration économique de la France dans une Europe allemande, des francs-maçons, et comme le disent les anciens de l'Action française, « une juiverie camouflée ». À Paris, certains fulminent, tel Jean Luchaire, directeur des *Nouveaux Temps*, qui juge qu'avec ces synarques, la banque et l'industrie se sont emparées du pouvoir. Du Moulin de Labarthète, demeuré directeur de cabinet de Pétain, définit ces nouveaux venus comme « des types jeunes, dessalés, qui s'entendront avec les Fritz ».

En fait, ces hommes-là, tels Bichelonne, ministre de l'Industrie, Leroy Ladurie, bientôt à l'Agriculture, furent ce que plus tard on appellera des « technocrates ». Le grand mérite de l'historien Robert Paxton a été de montrer qu'avec l'entrée de ces hommes au pouvoir, ce ne sont plus les parlementaires mais les polytechniciens et autres anciens élèves des grandes écoles qui prennent en main le destin de la nation sous Vichy... et après Vichy.

Autant Pétain suit de près la mise en œuvre de sa politique vis-à-vis de la famille, de la paysannerie et de l'enseignement, autant il laisse cette nouvelle équipe traiter des problèmes économiques, tandis que Darlan prend en main la politique de collaboration.

Quel bilan faites-vous de la Révolution nationale de Pétain ? A-t-elle eu aussi, parmi ses fautes et ses crimes, des mérites ?

Au début de l'année 1942, René Gillouin, conseiller de Pétain, se risque à faire un bilan de la Révolution nationale qu'il publia dans l'immédiat après-guerre dans *J'étais l'ami du maréchal Pétain*.

À l'actif, il se félicite de la création d'un État autoritaire, national, et social. Il approuve aussi l'exclusion des étrangers des postes de commande. Il juge que la famille, la santé, la paysannerie, l'éducation ont été privilégiés par les réformes mises en place. Moralement, il approuve « la valorisation du courage et du dévouement qu'on va essayer d'instiller chez les citoyens ».

Au passif du régime, il juge que, tacitement, une sorte de parti unique a vu le jour et, en parallèle, la volonté de forger une jeunesse unique « d'esprit totalitaire et nietzschéen ». Il condamne l'institution d'un régime policier et plus encore « l'abjecte législation antisémite ». Il craint le dirigisme économique et l'extension du pouvoir des banques. Il conclut qu'on a vu « sous le couvert de l'anti-capitalisme et de la lutte contre l'argent-roi, une aggravation sans mesure de la ploutocratie qui avait été la grande cause de ruine du régime démocratique ».

Le jugement de Gillouin se veut équilibré. On est surpris toutefois qu'il n'aborde pas le problème de la collaboration et qu'il ne mentionne pas un des grands échecs du maréchal Pétain : la libération des prisonniers, pourtant évoquée en toutes circonstances. Au milieu de 1942, sur 1 580 000 prisonniers, 70 000 s'étaient évadés, moins de 250 000 étaient revenus. Or les prisonniers avaient toujours été « ses enfants », tout comme les paysans. Pétain les avait idéalisés comme s'ils rachetaient la nation des erreurs qu'elle avait commises et qui l'avaient conduite à la défaite. Quant à l'honneur de la France, il n'en était guère question en ce qui concerne Pétain puisque seuls les Français avaient fauté.

Si elle a occupé l'esprit de Pétain et de ses dirigeants au début du régime, la Révolution nationale n'a pas marqué les populations, même en zone libre, malgré toutes les manifestations un peu dérisoires qui en signalaient les caractères. Le régime parlait de révolution, les Français pensaient à l'Occupation… On pouvait croire que la Révolution nationale, c'était Vichy, alors que Laval et Darlan s'en désintéressaient. Pas Pétain.

Mais la population continuait en majorité à applaudir le Maréchal. Certes, en 1942, la Révolution nationale figurait encore comme le drapeau du régime, mais ce n'était pas celui qui flottait. C'était la personne de Pétain, avec ce qu'elle incarnait ou voulait représenter : le sauveur, le père protecteur. Grâce à lui, jugeait-on, la moitié du pays n'était pas occupée ; grâce à lui, pensait-on, la France échappait au sort de la Pologne avec ses millions de morts.

Sous l'Occupation, on sent chez les Français un désir de trouver l'explication de la défaite, et par là de tenter de trouver des solutions pour se redresser. La Révolution nationale de Pétain participait-elle de cette démarche ? Ou a-t-elle surfé sur cette vague ?

Sous l'Occupation, on ne s'interrogeait pas sur les causes de la défaite : on les connaissait très bien. On stigmatisait la politique de poltron menée par les divers gouvernements français depuis l'arrivée de Hitler en 1933. On savait que certains politiques percevaient le régime nazi comme une protection face au bolchevisme : les données de la guerre civile franco-française étaient claires. Pétain faisait retomber les causes de la défaite sur une donnée unique : la politique du Front populaire. On peut affirmer que la majorité des Français à l'époque de Vichy ont jugé que tous les dirigeants politiques de 1933 à 1939 étaient responsables du désastre, tous partis confondus. Mais, par une sorte de tabou, on n'évoquait pas la responsabilité des militaires.

Le souci de l'époque consistait plutôt à desserrer l'étreinte de l'occupant, aider à sa défaite ; une grande partie des Français jugeant, à tort ou à raison, que Pétain était solidaire dans cette attente et cette recherche. Pétain haïssait les Allemands, et de ce fait, la majorité des Français voulait croire ou espérer qu'il pourrait aider à la résurrection du pays. Si cela pouvait s'effectuer en accord avec les Anglo-Américains, ce serait parfait.

***

L'antisémitisme de Pétain est l'un des points centraux des questionnements actuels. « Était-il réellement antisémite, au fond de lui ? » se demandent encore beaucoup de témoins de l'époque, ou a-t-il cédé aux pressions des Allemands ? En novembre 1938, lors de la Nuit de cristal, ce pogrom lancé par les nazis contre les Juifs d'Allemagne, il avait signé un texte condamnant « le retour de la barbarie » en Europe. Deux ans plus tard, en octobre 1940, quatre mois après la défaite, il fait adopter en France le Statut des Juifs...

Dans la pétition qu'il avait signée en 1938 après la Nuit de cristal, le terme « juif » avait disparu, puisqu'il l'avait rayé lui-même. Il demeurait seulement « le retour à la barbarie ». Qu'en penser ?

À la veille de la Seconde Guerre mondiale, une première strate de l'antisémitisme en France est associée à la condamnation des Juifs comme communauté déicide, responsable de la mort du Christ, deux mille ans plus tôt. Cette condamnation est constamment reproduite par l'Église dans le catéchisme, de sorte qu'elle marque les populations dès leur enfance. À la veille de la guerre de 14-18, elle se perpétue notamment dans le journal *La Croix*. Pétain est peu croyant, il ne participe pas sur ce terrain aux condamnations émises par son entourage. Pas plus qu'il ne reproche aux Juifs de conserver certaines pratiques, comme la nourriture casher, les cérémonies en hébreu, etc.

Mais, comme beaucoup d'autres Français, il reproche aux Juifs d'être des hommes d'argent – sans savoir que l'Église leur a interdit jusqu'à la Révolution française de posséder des terres et de pratiquer certaines professions, sauf l'usure et la finance. Il a été témoin du krach de l'Union générale en 1882, conséquence de la concurrence de banques « juives » et protestantes, et il a apprécié l'ouvrage de Drumont *La France juive*. Nous avons dit qu'en 1941, il participe à une donation, à partir de sa caisse personnelle, destinée à la veuve de l'écrivain antisémite.

Nous avons vu aussi qu'au moment de l'affaire Dreyfus, il juge que le capitaine est innocent des crimes dont on l'accuse mais que par sa défense, il affaiblit l'armée. Il ne peut donc l'approuver en tant que militaire.

Jusque-là, il partage donc plus ou moins les idées de son ami Xavier Vallat qui estime que les Juifs sont

« théologiquement maudits, politiquement dangereux et économiquement néfastes ». Politiquement dangereux, car victimes de persécutions en Allemagne et en Europe centrale, ils deviennent les agents d'un bellicisme qu'il désapprouve. Pour lui, les Juifs sont des obstacles à la paix. D'autres hommes politiques sont sensibles à ce dernier point : ainsi l'ancien socialiste Marcel Déat et l'ancien communiste Jacques Doriot, défenseurs des Juifs pour autant qu'ils sont persécutés, mais qui deviennent antisémites quand on les perçoit comme des obstacles à la paix des nations.

Il en va de même d'Emmanuel Berl, Français israélite lui-même, qui a écrit un temps les discours de Pétain. Par contre, Pétain ne partage pas le racisme antijuif d'écrivains connus, tels Brasillach, Céline et autres.

Cet antisémitisme diffus imprègne plus ou moins la société française. Pourtant, la France fut la première, en 1791, à émanciper les Juifs. Pendant l'affaire Dreyfus, une grande partie de l'opinion les a défendus. Les Juifs qui vivent hors de France peuvent ainsi lancer ce dicton : « Heureux comme un Juif en France » – car il n'y a qu'en France qu'une opinion publique les a largement soutenus.

Dans ce contexte, Pétain juge que les Français israélites occupent trop de « places de commandement », notamment dans l'enseignement et dans le monde de la justice. Il juge aussi qu'à leur façon, les Juifs sont un peu des étrangers – et sur ce point, il ignore comme la plupart des Français qu'il y avait des convertis au judaïsme en Gaule avant l'arrivée des Romains, des Germains, et des Normands.

Son nationalisme ne les lui rend pas sympathiques, à titre collectif. Mais tout antisémite qu'il est, bon nombre de ses amis personnels sont juifs : il est le parrain de Maurice Paléologue à l'Académie française. Il est ami de Chasseloup-Laubat, notable du Midi. Il soutient André Maurois.

Il ne s'élève pas pour autant contre les antisémites de son entourage, comme le docteur Ménétrel, son médecin qui ne le quitte jamais. La maréchale, hostile aux antisémites et qui condamne après 1941 les mesures prises par Pétain, confie : « Je ne peux agir à l'insu de Bernard [Ménétrel]. Quand on parle des Juifs devant lui, il voit rouge. Et on l'écoute parce qu'il est autant antiallemand. »

Le maréchal Pétain n'évoque jamais les Juifs en public – à la différence de Laval, qui en parle lui négativement alors qu'il n'est pas antisémite ! Mais les mesures de Vichy, principalement la loi portant sur le statut des Juifs du 3 octobre 1940 – quatre mois seulement après la défaite ! – sont antérieures aux demandes allemandes. Avec le statut du 3 octobre, les Juifs de nationalité française perdent par décret leur statut de citoyen à part entière qu'ils avaient obtenu pendant la Révolution.

En Allemagne, le grand tournant intervient en janvier 1942, lors de la conférence de Wannsee, dans les environs de Berlin, lorsque les nazis mettent officiellement sur orbite l'extermination des Juifs d'Europe. En lisant les comptes rendus de cette réunion, on s'aperçoit que les dirigeants nazis sont entre eux explicites. Ils savent qu'on organise la déportation en vue de l'extermination. Mais devant les militaires ou les hauts fonctionnaires qui auront à participer à cette action, ils dissimulent le but final. Et les discussions officielles portent davantage sur le sort des couples mixtes par exemple. Certains Gauleiters soulèvent la question des épouses non juives de Juifs ou insistent sur le manque de wagons… On ne parle pas de l'extermination. Auparavant, il avait d'ailleurs déjà été largement question pour les nazis de chasser les Juifs d'Allemagne, de les déporter à Madagascar ou de créer une sorte de territoire juif quelque part en Pologne.

Je pense qu'à cette date, les dirigeants français étaient persuadés que cette solution – un territoire en Pologne – allait l'emporter chez les nazis. Quand Laval a proposé qu'on déporte aussi les enfants, ce fut pour qu'ils ne soient pas séparés de leur famille. Le même Laval, en 1942, demande au chef SS Oberg, responsable des Questions juives en France, pourquoi le Reich réquisitionne encore des ouvriers, alors qu'il pourrait faire travailler les Juifs au lieu de les garder internés… Il ne se doute pas de l'extermination qui se met en place dans les camps de la mort, au moins en 1942. Ensuite, quand il commence à comprendre, il ne change pourtant pas sa ligne de conduite, mais il la subit plus qu'il ne l'assume.

Le premier convoi de Juifs apatrides en France date du 27 mars 1942. Mais n'oublions pas qu'avant même le tournant de 1942, 3 000 Polonais ont déjà été internés en zone occupée. Le port de l'étoile jaune, toujours en zone occupée, est obligatoire à compter du 7 juin 1942. Pétain refuse cette mesure en zone libre, tout comme l'obligation de mentionner « Juif » sur la carte d'identité, comme le veulent les Allemands. Mais Vichy cède à cette dernière exigence après l'invasion de la zone libre en novembre 1942. Sur le port de l'étoile en zone libre toutefois, ni Pétain ni Laval n'ont cédé.

Aux demandes permanentes des Allemands de déporter les Juifs, la politique de Laval consiste à se servir des Juifs étrangers pour sauver les Juifs français, ou plutôt les Français israélites pour utiliser le terme exact. Il marchande constamment leur sacrifice. Mais sa politique n'a évidemment pas d'effet en zone occupée où les Allemands font aussi bien arrêter les Français israélites par la police française. Laval refuse de retirer leur nationalité aux Juifs qui ne sont français que depuis 1927.

En fait, Laval cherche à empêcher la déportation des Juifs français, voire à freiner celle des Juifs étrangers. Il se sert de ces derniers comme d'une monnaie d'échange. Alors qu'il n'est absolument pas antisémite, il a nommé le pire des antisémites à la direction des Affaires juives : Darquier de Pellepoix. À la différence de son prédécesseur, Xavier Vallat, nommé par Pétain, qui jugeait les Juifs nocifs et dangereux au point de vue religieux et politique, Darquier de Pellepoix est un raciste assumé comme les dirigeants nazis.

Après avoir pris l'initiative des mesures antisémites d'octobre 1940, Pétain demeure plus ou moins à l'écart. Mais il proteste contre ceux qui s'opposent à la répression, comme sa femme et surtout son collaborateur René Gillouin. Il est plutôt rassuré que la papauté ne dise rien sur ce sujet – à part une intervention du nonce apostolique, Mgr Valeri, lors des déportations de 1942 –, notamment au moment de la rafle du Vél' d'Hiv le 16 juillet 1942, date à laquelle 13 152 Juifs sont arrêtés. Pétain est scandalisé qu'« on s'indigne tant sur le sort des Juifs et pas sur celui des prisonniers », alors que ces derniers sont en captivité « depuis bien plus longtemps »…

Le fait de comparer le sort des prisonniers de guerre à celui des Juifs envoyés vers l'Est semble montrer que Pétain ignore à ce moment le sort tragique qui les attend. Saura-t-il par la suite que les Juifs étaient exterminés par les nazis ?

À la mi-1942, au moment de la rafle du Vél' d'Hiv et même encore bien des mois après, Pétain ignore tout de l'extermination des Juifs étrangers et des Français israélites. Même lorsque les évêques de France s'indignent, Mgr Saliège en tête, des rafles et des déportations brutales, il ne s'émeut pas plus. Quand le pasteur Boegner, président de la Fédération protestante de France, évoque devant lui le sort tragique des déportés, sait-il lui-même que l'extermination massive a commencé, que des chambres à gaz existent ? Je ne pense pas.

Il semble que Laval non plus ne l'ait pas vraiment perçu pendant longtemps. Voire la Résistance qui dans ses tracts donne des conseils aux déportés… À la fin de la guerre, en mai 1945, des milliers de parents et d'amis de Juifs déportés se rendent devant l'hôtel Lutetia, à Paris, pour lire la liste de ceux qui, espèrent-ils, sont encore vivants.

J'étais de ceux-là. Maman n'était pas sur les listes.

À la veille de son procès, Pétain, pour se défendre, argumente de sa plume qu'il a « toujours défendu les Juifs » et qu'il a permis à un grand nombre d'entre eux d'être épargnés. Il impute leur survie à son refus du port de l'étoile jaune en zone sud et à l'existence de cette zone non occupée.

Que pensez-vous de cet argument qui, aujourd'hui encore, est invoqué par ceux qui défendent Pétain ?

Il n'y a pas de doute : l'existence d'une zone libre a permis à un grand nombre de Français d'aider au sauvetage des israélites et d'une partie des Juifs étrangers. Ceux qu'on a dénommés après coup les « justes » ont été beaucoup plus nombreux qu'on l'a cru au regard des listes établies en Israël. Mais si l'existence de cette zone libre a permis de sauver des Juifs, il faut admettre qu'elle n'avait pas du tout été créée à cette fin. On peut même dire, à cet égard, que les Français qui ont sauvé des Juifs l'ont fait *malgré* les instructions de Vichy, et en dépit d'elles.

Il y a quelque duplicité de la part du maréchal Pétain d'avoir ainsi argumenté – quand il le fallait, ce vieillard avait tous ses esprits. Il faut rappeler aussi que la police et les forces de l'ordre françaises ont participé à l'arrestation des Juifs, pour autant que le gouvernement de Vichy entendît demeurer souverain et préférait gérer lui-même l'ignominie de cette politique, comme s'il lui restait de la sorte une once d'autorité.

Cette hantise de la souveraineté vis-à-vis d'un occupant intraitable a conduit à la condamnation par une bonne partie des Français de cette politique que d'aucuns n'attribuaient qu'à l'occupant. Et tout cela a abouti à une mise en cause de Vichy puis du Maréchal de sorte qu'un beau jour, la Résistance a totalement identifié Vichy à l'ennemi.

De ce qui précède, on serait tenté de caractériser l'antisémitisme de Pétain comme un antisémitisme d'exclusion et pas forcément d'extermination. Qu'en pensez-vous ?

Je ne sais pas si l'essentiel est de procéder à une classification des types d'antisémitismes. D'autant plus qu'en France, des plumes illustres telles que celles de Brasillach ou de Céline prônaient l'extermination. Pas Pétain, certes.

On a dit aussi plus haut que, s'il était globalement antisémite, il pouvait avoir à titre individuel bien des amitiés pour des Français israélites. Mais germait une pointe de racisme. Il y a quelques années, une rescapée des camps, Francine Lorch-Christophe, m'a écrit son histoire :

> J'ai 36 mois de camps de concentration. J'ai connu La Rochefoucauld, Angoulême, Poitiers, Drancy, Pithiviers, Beaune-la-Rolande, encore Drancy, Bergen-Belsen et le train fantôme.
>
> Mes souvenirs sont vivaces et je possède les *Ausweis* de ma mère qui était chef de baraque à Bergen-Belsen. Ma grand-mère, veuve très jeune, s'était remariée au colonel en retraite Charles Streiss, catholique, ce qui lui sauva la vie. Charles Streiss me considérait comme sa petite-fille ;

et quand il sut que ma mère et moi étions arrêtées, il chercha comment nous faire libérer. Il trouva un ancien subalterne, devenu le colonel Chapuis, au cabinet militaire du maréchal Pétain à Vichy. Il lui écrit, l'autre répond. J'ai lu cette lettre, avec cette phrase : « N'étant pas les maîtres… » Hein, un officier dit français !

Mais enfin il le fait venir à Vichy. Et voilà Charles Streiss qui parle :

– Il me fait recevoir par le Maréchal. Mes états de service avec Lyautey et en 1914 m'ouvrent la porte. Sans me regarder, le Maréchal me fait asseoir, en contemplation devant les projets d'affiches pour la fête des Mères, qu'il choisit selon ses goûts. Je lui explique : Marcelle et sa fillette, Francine, femme et fille d'officier prisonnier de guerre, jetées en prison. Pas de réaction. Je répète. Toujours rien. À la fin, n'y tenant plus, je lui montre les affiches, et je crie :

– Mais il s'agit aussi d'une mère, et de son enfant !

– Bah, des Juives…

Ça fait mal au ventre, non[3] ?

Au fond, l'antisémitisme de Pétain se situait à l'intérieur d'une sphère qui avait droit de cité en France. À cette nuance près qu'à la différence des antisémites hystériques, racistes ou non, ce petit monde n'a pas eu de responsabilités directes. Pétain si ! Sur ce terrain, les drames que la France a connus ne lui ont pas vraiment causé du tourment – à la différence de Laval, responsable ô combien ! d'une politique volontiers criminelle, mais constamment tourmenté. Pétain, toujours prudent et sensible à l'humeur populaire,

---

3. M. Ferro, *Revivre l'histoire*, Liana Levi/Arte editions, 1998, p. 107.

sachant bien que des voix s'élevaient contre, a su rester silencieux sur cette question – habileté ou indifférence ? Disons qu'il n'avait pas d'état d'âme.

Vous-même, Marc Ferro, avez été touché par l'extermination. Vous avez perdu votre mère, assassinée à Auschwitz. Sa photo est en permanence devant vous sur votre bureau. Quel regard avez-vous porté à ce moment-là sur la figure de Pétain ?

D'abord, jusqu'au milieu de 1942, je vivais en zone occupée et pour dire vrai, le régime de Vichy était quelque chose d'assez lointain, une zone libre et heureuse puisque non occupée par les Allemands. Le règne des Allemands était la réalité de l'époque, pas la Révolution nationale exposée en zone non occupée. On jugeait qu'il était heureux qu'une zone libre existe, dirigée par Pétain. Quant à sa politique, j'estimais qu'elle dépendait du bon vouloir des Allemands, mais seulement en zone occupée.

J'ai découvert que j'étais « juif » lorsque ma mère et moi avons dû nous présenter au commissariat de police du huitième arrondissement de Paris pour obtenir une carte d'identité. Nous nous y sommes rendus sans aucune appréhension mais en guise de Français israélite, je me retrouvais « Juif » !

Très vite, j'ai compris que la loi me définissait désormais comme Juif alors que ni moi ni ma mère n'avions jamais mis les pieds dans une synagogue, et n'avions aucune pratique liée à la religion. Quant à mon père, il était mort quand j'avais 5 ans, et jamais la question d'une religion quelconque le concernant n'avait été abordée. Évidemment, depuis, je me suis interrogé. Grec de Corfou, était-il juif ou orthodoxe ? Un cousin germain, Maurice, qui vivait à Alexandrie, était catholique… En tout cas, en 1941, aucun doute pour ma mère et moi : la convocation au commissariat n'était pas le fait de Pétain, mais des Allemands.

Le père de mon meilleur copain, « Doudou », André Bordessoule, journaliste au *Nouveau Cri*, qui m'aimait beaucoup, invita ma mère à venir le voir pour nous avertir du danger. M'ayant recueilli à Saint-Yrieix-la-Perche, près de Limoges, dont il était maire, il me fournit une carte d'identité où ne figurait pas le tampon « juif ». En un sens, cette zone libre avec Pétain et André Bordessoule m'ont sauvé la vie…

Ma mère a été arrêtée à Paris en 1942, à la sortie de la maison de haute couture Worth où elle travaillait. Il s'agissait d'une dénonciation d'un inconnu parce que son étoile jaune n'était pas assez visible. Elle a été transportée à Drancy et Pithiviers. La partie catholique de ma famille a en vain essayé de suivre sa trace jusqu'au moment où nous n'avons plus eu de nouvelles. Ayant une perception très claire de l'antisémitisme virulent de la presse d'extrême droite – *Gringoire, Je suis partout, Le Pilori* –, je sentais bien que cela dénotait une situation périlleuse pour ma mère ou moi-même. Mais je n'imaginais pas le pire. Et tant de personnes se sont proposées pour nous aider que la présence de cette générosité prédominait. Jusqu'à ce qu'ait lieu cette délation fatale.

Nous avions aussi la certitude que tous les drames que nous avons connus étaient liés à la présence allemande, à elle seule, même si ce sont des policiers français qui ont arrêté ma mère. Il était clair pour moi que ces policiers de zone occupée agissaient sur ordre des Allemands. Que ce soit la haute main du régime de Vichy qui, sous prétexte de sauvegarder sa souveraineté, ait participé à ces opérations, voilà ce qui à l'époque, ne me venait pas à l'esprit, même si on jugeait que Pétain ne faisait rien pour sauver les Français israélites.

L'autonomie de la politique de Pétain n'était pas pour moi ni mes camarades de classe à Paris un thème de discussion. La question, c'était les Allemands. Et j'insiste là-dessus pour autant qu'aujourd'hui, l'analyse de la politique de Vichy occupe plus de place dans les débats publics que le comportement de l'occupant. Il existe des dizaines de livres sur Vichy ou sur les Français durant l'Occupation allemande. Mais je cherche encore les études sur les Allemands eux-mêmes et sur leurs comportements et leurs crimes en zone occupée puis en zone libre après novembre 1942.

Ce n'est qu'après guerre que j'ai mesuré le degré de connivence du régime de Vichy avec les nazis. Comme historien, dans les années 1970, j'ai pu connaître par le menu la vérité des choses. Aujourd'hui, après avoir travaillé sur Pétain aux Archives nationales, aux États-Unis et au Canada, mon jugement est beaucoup plus sévère encore.

Mais cela ne doit pas faire oublier Châteaubriant et Ascq, les Glières et le Vercors, Tulle et Oradour – pour ne citer pour les principaux massacres perpétrés par les Allemands.

Chapitre 6

COLLABORATION ET DOUBLE JEU

Avec les persécutions, la politique de collaboration est l'un des principaux reproches qu'on adresse à Pétain. A-t-il voulu cette collaboration, ou lui a-t-elle été imposée, comme le prétendaient ses défenseurs ?

La politique de collaboration a été imaginée, sous l'égide de Pétain, au moment où il était évident que la Grande-Bretagne allait demander à son tour l'armistice et qu'une paix générale s'instaurerait. Or l'histoire a suivi un cours bien différent. De sorte qu'il faut distinguer plusieurs périodes dans ce que l'on appelle la collaboration.

La première, de l'armistice à octobre 1940, révèle un retournement des alliances ; la deuxième, qui commence avec le renvoi de Laval et la nomination de Darlan, fin décembre 1940, pose la question du « double jeu » ; la troisième, qui débute avec l'occupation allemande de la zone sud en novembre 1942, montre que la collaboration est devenue la garante de la survie du régime.

Pour Pétain, la collaboration fut avant tout un expédient : un expédient diplomatique d'abord, puis un expédient pour accomplir la Révolution nationale, et enfin un expédient pour ne pas être chassé du pouvoir.

Chez lui, l'idée d'une possible négociation avec Hitler est née très tôt, avant même la défaite. Dès le 4 juin 1940, il confie à William Bullitt, l'ambassadeur des États-Unis, que la guerre est perdue – Pétain imagine toujours le pire –, et il juge que si, d'homme à homme, lui qui a fait Verdun, il pouvait discuter avec Hitler, qui a lui aussi fait la guerre, ils se comprendraient assurément.

Pétain déteste les politiciens et négocier directement avec un ancien soldat est son idée fixe. Il ne s'agit pas là de collaboration puisque la guerre n'est pas finie, mais de l'idée que seul un vieux soldat comme lui, un maréchal, est en mesure d'en imposer à Hitler.

Pour Laval, la collaboration s'inscrit dans la tradition pacifiste. Dans les années 1930, avant la prise de pouvoir de Hitler, il est l'homme du rapprochement franco-allemand, celui qui se rend avec Aristide Briand à Berlin en 1931 pour rencontrer Stresemann et sceller la réconciliation. Une fois Hitler au pouvoir, il veut sublimer la nature du régime allemand alors qu'il est conscient de la spécificité du nazisme, contrairement à Pétain. Mais comme il est également persuadé que l'Allemagne va remporter la guerre, il veut faire de la France son pays associé dans la Grande Europe à venir.

Son pacifisme perdure d'ailleurs sous Vichy et malgré sa volonté d'aider l'Allemagne, c'est lui qui calme les velléités de Pétain ou de Darlan lorsque ceux-ci seront prêts à répondre par les armes aux Anglais après l'attaque de Dakar et le coup de main sur Saint-Nazaire.

Il existe une troisième version de la collaboration : celle de Marcel Déat, de Gaston Bergery et de Jacques Doriot qui, eux, sont pour l'intégration de la France dans une Europe fascisée sous l'égide de l'Allemagne nazie[1]. Leur pacifisme les rapproche de Laval et puisque l'Allemagne l'emporte, il faut se rapprocher du vainqueur.

L'armistice a été signé le 22 juin 1940. Il est convenu que la France soit découpée en deux avec une zone libre et une zone occupée jusqu'à Bordeaux qui est rétrocédé par les Allemands. La France conserve sa flotte, ses colonies et une armée de 100 000 hommes. Ce sont, jusqu'en 1942, les trois principaux atouts de Vichy pour se défendre ou pour négocier. Quand l'Allemagne envahit la zone sud en novembre 1942, il n'y a plus de flotte, puisqu'elle se saborde, il n'y a plus de zone libre puisqu'elle est occupée et l'armée de l'armistice est dissoute. Novembre 1942 constitue donc le grand tournant.

Parallèlement, l'attitude des Anglais persuade un peu plus Pétain de la nécessité de rencontrer Hitler. À peine l'armistice signé, Churchill cherche en effet à neutraliser la flotte française, craignant l'anglophobie de la marine (en particulier celle de Darlan qui la commande) et plus largement le ressentiment du commandement français.

Les généraux français jugent que l'Angleterre leur a fait défection en n'aidant pas Weygand lors de la retraite après la percée de Sedan. Ce faisant, ils oublient qu'on pourrait reprocher la même chose à la France qui n'a rien fait

---

1. On les a rencontrés à Vichy, le 10 juillet 1940. Cf. p. 102.

pour sauver la Pologne quand elle a été attaquée en septembre 1939, en dépit des accords entre les deux pays – les Polonais ont eu un sentiment d'abandon total, ce même abandon que les Français ressentent envers l'Angleterre.

Le 3 juillet 1940 a lieu le drame de Mers el-Kébir, du nom de ce port d'Algérie où la flotte britannique bombarde les forces navales françaises. L'amiral anglais Cunningham envoie un ultimatum, mais l'amiral français Gensoul n'en communique à Vichy que deux des cinq données, à savoir que les bateaux français doivent gagner les ports anglais ou combattre les Allemands. Or les Anglais avaient offert d'autres possibilités à l'amiral : appareiller vers les États-Unis, se rendre aux Antilles ou se saborder. En France, la marque du forfait commis à Mers el-Kébir a frappé l'opinion.

Churchill a agi parce qu'il craignait que les Allemands ne mettent la main sur la flotte française ou que celle-ci ne se laisse saisir, mais aussi parce qu'il existait un fort courant défaitiste en Angleterre et qu'il fallait commettre un geste irréparable pour continuer la guerre : s'aliéner la France. Le roi d'Angleterre George V tint alors ces propos unique dans l'histoire : « Nous sommes enfin seuls ! »

La guerre, comme un sport...

Le drame de Mers el-Kébir confirme en tout cas aux dirigeants français que l'Angleterre est fidèle à sa tradition de duplicité et aboutit à un déferlement d'anglophobie dans l'opinion. Pour Pétain, « Mers el-Kébir rend à la France sa liberté quant à sa politique vis-à-vis de l'Allemagne et de l'Italie ». Une phrase lourde de sens : Pétain veut rompre les rapports avec l'Angleterre alors que la paix n'est pas encore signée. Voilà le premier indice du retournement des alliances.

En ce début du mois de juillet 1940, le régime de Vichy n'est pas encore institué. Nous sommes encore dans l'ancienne structure de la IIIe République. Le pays est donc gouverné par Pétain qui, depuis le 16 juin, remplace Paul Reynaud à la tête du gouvernement, et par Weygand, le numéro 2, l'homme qui a le plus énergiquement poussé le gouvernement à l'armistice.

C'est Weygand qui prononce cette phrase maintes fois répétée : « L'Angleterre aura le cou tordu comme un poulet. » Je pense que l'on n'insiste pas assez sur le fait que tous les Français pensent alors la même chose. L'Angleterre est finie, elle va être écrasée par l'Allemagne. Personne ne peut imaginer un seul instant que Londres ait les capacités de poursuivre la lutte.

Et on le croit d'autant plus longtemps qu'on ne sait rien de la « bataille d'Angleterre » qui débute en août 1940. Jean Fayard, à la direction de l'information à Vichy, a reçu comme instruction de ne donner aucune nouvelle à la presse en provenance de l'Angleterre, notamment des actions de la Royal Air Force. Les Français ne savent rien de la résistance des Anglais, ni de leurs succès dans les airs – sauf en zone italienne, à Nice, où fut également connu l'appel du 18 juin du général de Gaulle quasiment ignoré partout ailleurs.

L'effondrement irrémédiable de l'Angleterre apparaît tellement évident que l'idée d'un retournement des alliances ne suscite pas la réprobation qu'elle a reçue depuis.

Pétain a dans l'esprit un retournement diplomatique, sans aucune portée idéologique. Il faut négocier avec Hitler avant que l'Angleterre perde la guerre pour ne pas être les dindons de la farce, pour sauver les meubles, avant qu'à son tour elle signe la paix avec l'Allemagne.

Pétain veut donc rencontrer Hitler pour discuter des conditions de la paix : le paiement des indemnités jugées trop élevées, le sort de l'Alsace-Lorraine, les bases en Afrique du Nord… Deux communiqués sont préparés au Quai d'Orsay pour répondre aux exigences allemandes. Le premier par François Charles-Roux, un libéral de gauche, et l'autre par Guérard, un proche de Laval. Le texte de Charles-Roux est très en retrait de celui de Guérard, ouvert à une négociation économique, politique, voire militaire. Or Pétain choisit le texte de Guérard où il est dit qu'en cas de rencontre, les négociations devront dépasser les conversations de Wiesbaden, celles des conventions de l'armistice, afin d'évoquer une politique plus générale que la seule sortie de la guerre.

Dans ce cadre, il est aussi envisagé l'échec des négociations et la rupture avec l'Allemagne. L'idée aurait été alors émise que le Maréchal devrait quitter la France. Or il n'existe qu'une seule trace écrite de cette hypothèse dans les mémoires de Paul Baudouin, l'ancien ministre de Reynaud, devenu ministre des Affaires étrangères. D'après lui, c'est Darlan, maître de la flotte, qui était chargé en cas de malheur d'assurer le départ de Pétain vers l'Algérie. Darlan évoquera également cet épisode en 1942, lorsqu'il passera de l'autre côté et rejoindra Alger.

Hitler reçoit assez mal le texte de Pétain. Il juge que la France ne s'est pas encore rendu compte qu'elle est entièrement vaincue. Néanmoins il donne suite. On envoie Baudouin, le ministre des Affaires étrangères, préparer la négociation, malgré les réclamations de Laval qui juge être davantage en mesure de discuter avec les Allemands. De fait, chacun mène son affaire de son côté.

Cette politique est appuyée par différents courants concurrents. Le premier se manifeste dès le 7 juillet 1940. C'est la « déclaration des 18 », énoncée par Bergery au sein de l'Assemblée dans un discours où suinte l'idée d'un dosage de la collaboration « pour tenter l'œuvre de la réconciliation ».

Le deuxième courant qui œuvre pour un retournement d'alliance regroupe les germanophiles qui souhaitent une association avec l'Allemagne nazie pour que la France devienne la fille aînée de l'Europe naissante.

Ceux qui préconisent cette participation de la France dans la future Europe sont Adrien Marquet, le maire de Bordeaux, Georges Bonnet, l'homme de Munich, ou encore Flandin, « l'homme du télégramme à Hitler ». Il avait en effet envoyé en 1938 un télégramme de félicitations à Hitler après Munich, parce que la paix était sauvée – on oublie toujours de dire qu'il l'avait également envoyé à Daladier, à Chamberlain et à Mussolini.

Ce foyer repose sur les anciennes activités de la société pour l'Amitié franco-allemande. Ce cercle pacifiste avait été fondé au début des années 1930, donc du temps de Weimar, par des hommes comme Fernand de Brinon, Pierre-Étienne Flandin ou encore l'écrivain Jules Romains.

L'âme de cette société, qui œuvrait pour l'amitié franco-allemande, était Otto Abetz, un francophile marié à une Française. Le cercle fut dissous à l'arrivée de Hitler au pouvoir, mais Abetz fut ensuite récupéré par le nazisme et nommé à l'ambassade de France à Paris. Le retour de l'Enchanteur... Mais Abetz n'était pas nazi d'origine.

Autrement dit, les deux principaux chantres de la collaboration n'étaient pas nazis : ni Abetz, ni Laval, un parlementaire classique, ancien radical passé à droite, qui n'avait rien d'un idéologue. Si bien que le foyer qui va aboutir à mettre sur place la collaboration n'a pas d'arrière-pensée idéologique.

Otto Abetz est très apprécié des germanophiles français et de tous les pacifistes tel le philosophe Alain. Il est l'Allemand qui sert Hitler, comme tout le monde dans le Reich, mais avec qui il est possible de discuter. Sa stratégie pour aider le régime nazi est simple mais efficace : il ne fait aucun prosélytisme pronazi mais de la propagande française en Allemagne.

Il invite des intellectuels français à y prononcer des conférences, et fait traduire les livres français en allemand. En 1933, avant le nazisme, il y avait eu 15 traductions en 1936, 44 en 1938, 81 en 1939, et 55 dans les six mois avant la guerre. Ses auteurs de prédilection sont Céline, Montherlant, Drieu La Rochelle, séduits par le nazisme, mais aussi Jules Romains. Son collègue Dietrich accomplit la même politique culturelle avec le cinéma. On invite en Allemagne Clouzot, Becker, Bresson, les comédiens Suzy Delair ou Albert Préjean.

Pour ces artistes, l'Allemagne est le pays de Goethe et de Wagner. D'aucuns tel Robert Le Vigan vont ainsi glisser sans effort vers la collaboration, sans être des militants. Parallèlement, il existe bien sûr chez Abetz une hiérarchie des choix pour la littérature : c'est ce que l'on appelle la *liste Otto,* qui interdira en France occupée les ouvrages « antiallemands », les livres écrits par des Juifs, et les films germanophobes tel *L'Équipage.*

Pendant ce temps, Pétain se prépare à son entrevue avec Hitler. Il demande à René Gillouin, son conseiller, de lui résumer *Mein Kampf.* Le 11 octobre, il déclare : « La France veut se libérer de ses amitiés ou de ses inimitiés traditionnelles. Elle recherche la collaboration dans tous les domaines, avec tous ses voisins. Si le vainqueur sait dominer sa victoire, nous les vaincus saurons dominer notre défaite. »

Mais le 23 octobre, tandis que se concocte par ces voies différentes la rencontre avec Hitler, Laval arrive tout joyeux à Vichy et avertit Du Moulin de Labarthète, le directeur de cabinet de Pétain, que Hitler verra le Maréchal le lendemain, là où lui, Laval, l'a vu hier. Pétain en apprenant cette nouvelle reste sans voix : 1. Laval a trouvé par lui-même le moyen de voir Hitler. 2. Il l'a déjà rencontré la veille. 3. Il invite Pétain à le voir le lendemain. 4. Il apparaît comme l'homme d'action et dessaisit Pétain du geste qu'il rêvait d'accomplir…

C'est à cet instant qu'est née la haine farouche de Pétain envers Laval. Pour toujours.

Quelles sont les arrière-pensées de Pétain et de Hitler lorsqu'ils se rencontrent à Montoire le 24 octobre 1940 ?

Si Hitler accepte de le rencontrer, prévient Pétain à son entourage, c'est qu'il veut attaquer la Russie et pour cela être tranquille à l'Ouest. Le Maréchal a parfaitement compris les raisons du Führer.

Le fait est que Hitler confie à Abetz que, puisqu'il ne parvient pas à écraser l'Angleterre, il va l'étouffer. L'étouffer, cela peut signifier occuper l'Afrique du Nord, avec l'Italie ; couper la route des Indes ; faire la guerre sous-marine ; ou attaquer la Russie, comme le pense Pétain.

Quand se déroule la rencontre le 24 octobre, Hitler a secrètement décidé d'abandonner la bataille d'Angleterre. Mais personne ne le sait. D'abord parce que très peu d'information circule, mais aussi parce que cela n'est pas pensable en octobre 1940. On est encore certain que l'Allemagne va gagner la guerre, peut-être pas en écrasant l'Angleterre aussi rapidement qu'on l'avait pensé, mais autrement, en attaquant la Russie par exemple.

En réalité, Hitler veut d'abord aller voir Franco en Espagne pour préparer une intervention en Afrique du Nord. Il n'a prévu de rencontrer Pétain que sur le chemin du retour. Il revient furieux de son entrevue avec l'Espagnol, pour ne pas avoir obtenu le libre passage de ses troupes vers le Maroc. « L'ingrat…, dit-il. Plutôt m'arracher quatre dents que de négocier encore avec Franco. »

C'est dans ce contexte qu'a lieu la rencontre à Montoire, une petite ville du Loir-et-Cher. Lors de l'entretien, Pétain est en retrait et froid, encore plus froid que d'habitude. Il aurait voulu rencontrer Hitler seul à seul, sans

154

Laval qui déclare de son côté qu'il souhaite une défaite de l'Angleterre. Mais le Maréchal « accepte avec gratitude l'offre de collaboration », manière de dire que ce n'est pas lui qui la demande. Et il attend, en échange de l'acceptation de cette offre, une compensation économique. C'est une tactique assez habile.

Au retour de Montoire, Pétain confie à son conseiller Du Moulin de Labarthète qu'il s'agissait « d'une simple conversation de principe ». Il affirme à d'autres que Hitler est « un rien du tout ». Laval au contraire est aux anges : « C'est formidable, un vainqueur qui vient proposer la collaboration ! »

Cinq jours plus tard, le 30 octobre 1940, Pétain annonce dans un discours radiodiffusé « qu'il entre dans la voie de la collaboration ». Il veut à la fois mettre les choses au point pour l'opinion française et affirmer que c'est lui, et non Laval, qui est à l'origine de cette politique : « C'est moi seul que l'histoire jugera » (cf. p. 278).

Pétain lance donc officiellement la collaboration, et la souhaite. Or, quelques semaines plus tard, il décide de se séparer de Laval...

Pétain n'a pas supporté d'être doublé. C'est la rancœur qui le conduit au renvoi du numéro 2 du gouvernement le 13 décembre 1940. À Vichy, il n'est pas le seul à vouloir se débarrasser du vice-président du Conseil.

Le régime est non parlementaire. Tous ceux qui ont incarné la IIIe République ont disparu, à l'exception de Laval justement qui est le parlementaire type. Ceux qui se sont saisis du pouvoir aux dépens du Parlement, notamment les hommes du 6 février 1934, veulent sa perte.

Inversement, Laval, même s'il en approuve les principes, ne se préoccupe guère de la Révolution nationale que veut accomplir Pétain. Lui, c'est un homme d'affaires, qui traite avec les Allemands, qui a une stratégie mondiale. Il existe ainsi deux mondes antagonistes à Vichy, ce que révèlent plusieurs épisodes.

Au lendemain de la rencontre de Montoire, le Gauleiter Burckel expulse 70 000 Lorrains vers la France non occupée. Si bien qu'on accuse Laval, l'homme de la collaboration, d'être le responsable des humiliations et des violations de l'armistice par les Allemands. C'est le début de son procès instruit par Vichy. On a pu aussi lui reprocher de faire des affaires avec les Allemands pour s'enrichir au moment où la France commence à connaître des restrictions. Cela constitue déjà deux griefs à son encontre.

D'autres lui en veulent pour son pacifisme, tel le général Huntziger qui souhaite mettre en place une collaboration militaire avec l'Allemagne contre les Anglais en Afrique. Or Laval y est opposé. Weygand, lui aussi, est hostile à cette collaboration militaire, mais pour des raisons inverses : au nom du respect de « l'armistice, rien que l'armistice ».

C'est dans ce contexte hostile que, le 10 décembre 1940, Laval débarque au Conseil des ministres, heureux d'annoncer une bonne nouvelle : le Führer accepte que les cendres du duc de Reichstadt, le fils de Napoléon, soient ramenées à Versailles la semaine suivante.

Pour Laval, ramener les cendres de l'Aiglon doit permettre au Maréchal de se rendre à Versailles et d'y rétablir le gouvernement. Jamais, en effet, il n'est venu à l'idée de personne que le gouvernement resterait à Vichy plus d'un mois ou deux. Pétain constate une fois de plus que Laval l'a humilié en prenant une initiative sans l'en avertir.

Devant ces affronts répétés envers le Maréchal, le renvoi de Laval est programmé par les conseillers les plus intimes de Pétain, ceux qui connaissent son ressentiment : Alibert, Du Moulin de Labarthète, Peyrouton...

L'idée est la suivante : faire arrêter le même jour Déat à Paris, dont le journal *L'Œuvre* milite pour une collaboration plus active, et Laval à Vichy. Entre-temps, il faut dessaisir Laval de sa fonction.

Le 13 décembre 1940, Pétain demande à tous ses ministres de signer une lettre de démission. Puis, coup de théâtre, il annonce qu'il en accepte deux : celle de Laval et celle de Ripert. Le renvoi de Ripert, le ministre de l'Éducation nationale, à qui Pétain pouvait « reprocher » de n'avoir pas maîtrisé les manifestations en faveur du général de Gaulle à l'Étoile le 11 novembre 1940, était surtout un geste en direction de Hitler, et peut-être une sorte de compensation au renvoi de Laval.

« Monsieur le Maréchal, vous êtes une girouette ! » s'écrie Laval, furieux, lors de son arrestation par les hommes de Pétain. Au même moment, Du Moulin de Labarthète envoie le mot de passe donnant l'ordre d'arrêter Déat à Paris : « Madame la Maréchale a bien franchi la ligne de démarcation. » Le ministre de l'Intérieur qui avait oublié la teneur du mot de passe semble pris de court : « Comment, elle a franchi la ligne ? Mais pourquoi ? »…

Dès le 17 décembre 1940, Abetz débarque à Vichy, à l'hôtel Sévigné, avec une dizaine de SS, menace Pétain et fait libérer Laval : « Les gens de Vichy ont oublié qu'il existe une armée allemande. »

***

C'est en décembre 1940, avec la chute de Laval, qu'apparaît la notion de « double jeu » mené par Pétain. Quelle en est la réalité ?

Le renvoi de Laval revêt une importance capitale, non pas quant à la politique de collaboration puisqu'elle va se poursuivre avec ses successeurs, Flandin et Darlan, mais pour autant que ce geste public apparaît, à tort, comme le signe que Pétain a voulu mettre fin à la collaboration. Laval était l'orateur, l'avocat, celui qui ne cessait de défendre la collaboration, contrairement à Pétain qui parle peu, sauf par communiqué. Pour les Français, son renvoi signifie la fin de la collaboration. C'est effectivement à ce moment-là qu'est né l'idée d'un « double jeu ». S'agit- il d'un mythe ?

Avant de renvoyer Laval, Pétain avait écrit à Hitler une première lettre, le 9 décembre 1940, pour l'informer de sa décision :

Après les entretiens de Montoire qui ont fait naître en France de grandes espérances, je reste plus que jamais partisan de la politique de collaboration, seule susceptible d'assurer à l'Europe une paix définitive que Votre Excellence et moi avons le ferme désir de réaliser. Mais cette politique de collaboration est plus facile pour le vainqueur que pour le vaincu.

En ce qui me concerne, l'adhésion totale de la nation contribuerait certainement à en assurer la réussite. Pour réussir ce résultat, ma présence à Paris me paraît indispensable, mais je rencontre des oppositions qui jusqu'à ce jour m'ont empêché d'effectuer ce déplacement. Parmi les oppositions, je relève certaines intrigues de mon ministre des Affaires étrangères, intrigues qui jointes à d'autres raisons graves m'amènent à ne plus avoir confiance en lui. Son maintien au pouvoir ne manquerait pas de susciter des difficultés et peut-être même des troubles de nature à compromettre notre politique. J'ai décidé en principe de me séparer de lui, mais en raison des relations qu'il entretient avec votre gouvernement, je désire avoir votre adhésion.
Je voudrais aussi avoir votre agrément pour la désignation comme son successeur de monsieur Pierre-Étienne Flandin. Ce nom me semble devoir être une garantie de sincérité pour les efforts que la France continuera à faire en vue de la réalisation de nos projets...

Cette lettre n'a pas été envoyée. Mais Pétain en a rédigé une seconde qu'il a remise plus tard à Otto Abetz. Un paragraphe, ici en italique, en fut supprimé :

J'ai hésité à me séparer de lui [Laval] car je reconnais à sa juste valeur le rôle prépondérant qu'il a joué dans la préparation et les débuts de la collaboration franco-allemande, mais nos divergences de conceptions touchant le fonctionnement du gouvernement et les méthodes à employer pour l'épuration de l'administration et du pays, *ses attaques sournoises et continues à l'égard de la plupart de ses collègues, la défiance que le pays manifestait progressivement envers lui, les risques que son impopularité faisaient courir à la politique de collaboration, enfin ses pratiques irrégulières de travail et l'ignorance quasi complète dans laquelle il laissait ses collègues et moi-même touchant les négociations de Paris,* rendaient inévitable une crise accusant l'impossibilité de le conserver auprès de moi comme mon principal collaborateur.

À lire cette lettre, Laval aurait donc constitué un obstacle à la politique de collaboration. Mais la phrase supprimée montre surtout les vraies motivations de son renvoi : la rancœur de Pétain envers celui qui a tenté de se substituer à lui.

Il y a cependant à la même époque plusieurs contre-points, qui ne sont que des propos, mais qui laissent supposer que Pétain a imaginé un double jeu.

En décembre 1940, juste avant le renvoi de Laval, Pétain reçoit l'ambassadeur du Canada, Pierre Dupuy, mandaté par lord Halifax, le ministre des Affaires étrangères anglais. Lors de cet entretien, Pétain s'exclame : « Ah, si de Gaulle, au lieu d'attaquer Dakar, avait fait quelque chose contre les Italiens ! » C'est une phrase lourde de sens. De Gaulle a toujours un petit ascendant sur Pétain malgré leurs disputes et leurs brouilles.

À Du Moulin de Labarthète, son homme de confiance, Pétain explique : « Et maintenant l'armistice, rien que l'armistice. – Comme la Suède ? – Oui, comme la Suède, neutre, désarmée, comme nous. » Ici, il ne s'agit plus de collaboration, ni militaire, ni économique.

Toujours en décembre 1940, Bergery qui a été nommé ambassadeur à Moscou avertit les Soviétiques : « Pétain souhaite maintenant une paix sans vainqueur ni vaincu. » Encore un signe.

En janvier 1941, les Anglais remportent une petite victoire en Libye. Pétain leur rend hommage en Conseil des ministres : « Les Anglais sont tenaces. Je leur tire mon képi. »

À Dupuy, lors d'un deuxième entretien, Pétain demande de dire au ministre des Affaires étrangères britannique lord Halifax « qu'il faut que nous maintenions l'atmosphère de tension entre nous comme un écran de fumée ».

Au nouvel ambassadeur des États-Unis, l'amiral Leahy en janvier 1941, Pétain annonce : « Nous sommes de véritables frères et nous sommes sous leurs bottes ! » Le Maréchal aime se montrer en sa compagnie à Vichy. Les deux hommes sont en très bons termes car on se souvient que Pétain, depuis la guerre de 14-18, a une grande estime pour les Américains. Lors de sa conversation, Pétain s'indigne : « Et maintenant, pour toutes mesures, Vichy doit demander un visa ! »

Les mesures de surveillance des Allemands sur les Français se multiplient en effet en cette fin d'année 1940 et pour franchir la ligne, même les ministres doivent demander une autorisation. J'ai franchi cette ligne trois fois, et je peux témoigner que ce n'était pas simple. La première fois, en 1941, en payant un passeur, dans le coffre arrière d'une Citroën. La deuxième fois en prenant une ligne secondaire de chemin de fer, près d'Argenton-sur-Creuse. La troisième fois, en me cachant dans une barque sur le Cher.

Pour les Français de l'époque, la ligne de démarcation constituait, avec le ravitaillement et le retour des prisonniers, la préoccupation principale.

Enfin, Pétain donna en septembre 1940 son assentiment à la mission du professeur Rougier, pour dire aux Anglais qu'« il ne leur en voulait pas ». Mais celle-ci s'est enlisée dans les bureaux de l'administration et n'a jamais été « le contrepoids à Montoire » que Rougier revendiqua et qu'à son procès Pétain fit valoir.

Ajoutons que, deux ans plus tard, Churchill eut un échange très intéressant avec son ministre des Affaires étrangères Eden. Nous sommes en juin 1942, Churchill juge qu'il faut ménager Pétain tandis qu'Eden pense qu'il faut rompre avec lui.

Voici la lettre envoyée par Churchill :

> Quels que soient les sentiments de dégoût et de mépris que nous pourrions avoir et qui sont légitimes vis-à-vis de la politique de Vichy [...], on doit mesurer quelles sont les chances de cette hypothèse [le débarquement en Afrique du Nord] et elles ne semblent pas totalement négligeables [...]. Le gouvernement de Vichy que ce soit sous Darlan, Laval ou même Doriot peut-être doit donner des gages de semaine en semaine à ses maîtres

allemands. Leur seule alternative, c'est l'installation d'un Gauleiter et l'occupation complète.

De mon point de vue personnel [...], je ne pense pas que le gouvernement de Vichy ait fait plus que ce qui était absolument nécessaire pour l'éviter. Ils ont subi Oran, Dakar, la Syrie, Madagascar[2], le blocus anglais et nos raids aériens en faisant montre des signes de colère les plus restreints possible.

[...] J'ai toujours été prêt à ne pas faire de concessions à Vichy et à agir contre eux et j'ai toujours été sûr que Vichy, d'une manière ou d'une autre, courberait le dos et s'en accommoderait. Quand je regarde vers l'avenir, à une date que je ne peux pas fixer mais qui ne me semble pas très éloignée, lorsqu'un grand changement aura lieu dans les masses françaises et que la certitude d'une victoire alliée se manifestera, il se produira alors un changement définitif dans l'action du gouvernement de Vichy.

Anthony Eden lui rétorque qu'un rapprochement entre l'Angleterre et Vichy serait désastreux car « des centaines et des milliers de Français qui prennent des risques et meurent pour la cause de la Résistance » ne le supporteraient pas.

Le 14 juin 1942, voici ce que Churchill répond à son ministre des Affaires étrangères :

Cela ne suffit pas à me retirer l'espoir qu'un jour on aura avec nous la flotte française en Afrique et que l'invita-

---

2. Craignant un débarquement japonais, les Anglais se saisirent de Madagascar en 1942, puis ils remirent l'île aux dirigeants gaullistes.

tion sera faite aux Anglais et aux Américains d'entrer en Afrique du Nord. Cela ne modifie pas le fait que, pour l'instant, sous une forme ou une autre, Vichy est la seule instance qui peut nous offrir ces merveilleux cadeaux.

La situation est tellement monstrueuse et pleine d'anomalies que les vues tranchantes telles que vous les développez n'en recouvrent pas tous les aspects, il y a beaucoup plus dans la politique anglaise envers la France que de tromper Pétain et de soutenir de Gaulle. [...] Il nous faut apporter notre aide à toutes les forces de la Résistance française, où qu'elles puissent être, quelle que soit leur allégeance.

Ainsi, en 1942, Churchill n'exclut pas de pouvoir compter sur Pétain et lui tire même son chapeau. Or Churchill déteste Pétain. Il est le premier à avoir dit, en juin 1940, « cet homme est dangereux, c'est un défaitiste ». C'est donc là un calcul politique qui présuppose que Vichy fait ce qu'il peut et qu'il n'a pas tout cédé, malgré les coups. Cela ne correspond plus guère au jugement actuel sur ce régime.

Ces différents points ne prouvent pas le double jeu, mais ils pointent un certain trouble perceptible chez Pétain, ou peut-être l'idée d'un jeu de bascule. Cet homme très prudent veut toujours avoir quelques cartes à jouer au cas où la situation se renverserait. Il laisse donc des portes ouvertes avec les Anglo-Saxons. Cela n'empêche pas qu'avec Darlan, la collaboration va être encore plus poussée qu'avec Laval.

De son côté, comment Hitler interprète-t-il le renvoi de Laval par Pétain ? Croit-il à un double jeu de Pétain ?

La colère de Hitler est un fait connu et reconnu. Hitler, qui à ce moment rencontre Mussolini, lui dit : « Le gouvernement français a congédié Laval, et les raisons qui me furent communiquées sont fausses. » Les motivations de Pétain (la rancœur personnelle) semblent si dérisoires que Hitler subodore un double jeu...

Or, dès le 10 décembre 1940, avant même le renvoi de Laval, le Führer avait organisé l'opération « Attila », l'occupation de la zone libre (qui aura finalement lieu en novembre 1942)... Alors que s'échafaudait le renvoi de Laval, Hitler prévoyait la rupture. Il avait même projeté de faire assassiner Weygand, qui était selon lui l'âme du complot contre Laval. Mais il n'a pas donné suite.

Afin de résoudre la crise entre Berlin et Vichy, Otto Abetz demande à Laval de présenter ses excuses au Maréchal ! Laval s'y résout et lui écrit, mais d'après des témoignages, Pétain n'a jamais ouvert sa missive. Abetz obtient tout de même une rencontre pour que les deux hommes s'expliquent. Elle a lieu le 8 janvier 1941 à La Ferté-Hauterive. Leur dialogue est intéressant : il n'est aucunement question de la politique de collaboration !

Pétain explique à Laval les raisons de son renvoi : 1. Vous êtes impopulaire. 2. Vous ne m'informiez pas assez. 3. Votre anglophobie risquait de nous conduire à la guerre contre l'Angleterre.

Laval, lui, formule sa haine de l'Angleterre car il pense que ce sont les anglophiles qui ont monté Pétain contre lui. Il est en colère : « J'acclamerai le jour où Churchill, Eden, Duff, Cooper et Hore Belisha seront lynchés. »

Pétain prône la collaboration. Or les Français soutiennent Pétain. Cela signifie-t-il que les Français soutiennent la collaboration ?

Nous avons vu que la collaboration est lancée en octobre 1940. Or les grands voyages de Pétain à la rencontre des Français de la zone « libre » ont lieu après. La poignée de mains à Montoire n'a donc en rien freiné l'enthousiasme délirant constaté lors des voyages de Pétain à Marseille et ailleurs, même si les milieux dirigeants du pays pouvaient avoir eu, d'emblée, une réaction négative. La plupart des Français n'ont pas réagi à la collaboration. Encore une fois, n'oublions pas que lorsque celle-ci a été annoncée, on croyait que la guerre était terminée.

Mais l'historien suisse Philippe Burrin a bien montré que la collaboration pouvait être tolérée ou acceptée, voire approuvée, à partir de trois visions de la situation. Pour les uns, la défaite et le retournement d'alliance figuraient une sorte d'action de la providence qui allait permettre une régénération générale du pays. La « divine surprise » de Maurras – pourtant antiallemand comme Pétain – et la position de la droite cléricale montraient que la collaboration allait permettre sous son manteau cette régénération qu'était censée incarner la Révolution nationale.

D'autres adoptent une posture « réaliste » : l'avenir de l'Europe, c'est l'Allemagne. Malgré le désespoir de la défaite, s'intégrer à une Europe allemande peut justifier cette rupture avec le passé, indépendamment de la fascination qu'exerce pour certains son régime.

Pour d'autres enfin, notamment pour Pétain qui est également animé par la première de ces trois perspectives, la collaboration est un expédient avec, sous la manche, l'idée qu'on pourra pratiquer un double jeu dès que les circonstances le permettront.

Mais la dureté des exigences de l'occupant s'est très vite manifestée et a pesé dans l'esprit des Français davantage que la Révolution nationale. Croisées, les mesures répressives de Vichy et le resserrement de l'occupation allemande ont rapidement suscité une hostilité sans mélange – sauf pour une minorité – envers l'occupant. Les Allemands et la répression ont fait 8 morts en 1940, 51 en 1941, 236 au début de 1942 plus 353 otages. À cette date, les nazis avaient fusillé 27 000 personnes en Serbie... Mais le tour de la France viendra.

Après les exécutions de résistants à Châteaubriant en octobre 1941, et le discours de Laval en avril 1942, « Je souhaite la victoire de l'Allemagne[3] », qui crée un choc dans l'opinion, ainsi que les persécutions contre les Juifs dès 1942, la collaboration est honnie par la majorité des Français. Pétain n'en reste pas moins populaire dans la mesure où, par plusieurs gestes, il paraît vouloir jouer un double jeu. De sorte que la responsabilité retombe sur Laval ou sur la Milice de Darnand qui sympathisent

---

3. Voir le texte en annexe p. 283.

avec les Allemands. Nous reviendrons sur la réalité de ce double jeu plus loin.

Entre-temps, pour succéder à Laval, Pétain avait choisi Flandin, lui même assez pro-allemand. Dans les études sur Vichy, il est en général très peu question de cet intermède « Flandin », qui a tout de même duré deux mois...

La politique de Flandin n'a pas laissé tellement de traces. Pétain avait en effet proposé de remplacer Laval par Flandin dans sa lettre au Führer lui annonçant le renvoi de Laval. C'était un geste de soumission : personne ne lui a demandé de soumettre le choix de ses ministres à l'ennemi. À nouveau, à la chute de Darlan, en mars 1942, Pétain soumettra son projet de cabinet au Führer, mais aussi aux Américains...

Flandin est choisi parce qu'il est réputé avoir été « l'homme du télégramme à Hitler », comme on l'a vu précédemment. Il a aussi été contre la déclaration de guerre et a dénoncé le « parti de la guerre de Londres » et la « juiverie internationale ».

Alors que les relations avec les Allemands sont coupées, il peut apparaître comme l'homme de la réconciliation. Pourtant rien n'y fait : Flandin, qui veut rencontrer Ribbentrop, le ministre des Affaires étrangères allemand, n'obtient pas de réponse. Ceux qui veulent collaborer poussent à cette réconciliation, comme Huntziger, le ministre de la Guerre, selon lequel « les Allemands doivent renforcer l'autorité de Pétain, en faisant quelques concessions. Nous pourrions en échange leur livrer du matériel de guerre ».

Une étrange conception débute de la collaboration.

Mais Hitler a mis la France en quarantaine. Il ne veut plus discuter avec Vichy. S'il est en effet très peu question de Flandin dans les livres sur cette période, c'est aussi en raison de cette glaciation qui a comme figé les relations entre Vichy et l'Allemagne.

En réalité, le froid de Hitler envers la France n'est pas dû uniquement au renvoi de Laval.

La France a reçu un véritable coup sur la tête et les Français, traumatisés, ne perçoivent pas que la carte de la guerre a changé depuis l'armistice. Or, en décembre 1940, Hitler a perdu la bataille d'Angleterre, puis il a reçu une gifle de la part de Franco et même des menaces de Molotov. Cette série d'événements amoindrit son éclatant apogée. C'est le moment, le 18 décembre 1940, où Hitler signe le lancement du plan Barbarossa. Autrement dit, il ne pense plus qu'à une chose : la guerre à l'Est.

Face à cette glaciation, Pétain répète que la France doit rester neutre (tout en prônant la collaboration). Et il ajoute : « Je n'accepterai jamais un nouveau Francfort », c'est-à-dire la paix de 1871, une paix de fin de guerre. Neutre, oui, désarmé, oui, mais pas la paix, par respect pour les Anglais.

« La France n'est plus une grande puissance, elle n'est plus que la première des puissances moyennes, les gens qui proclament le contraire sont des idéologues, des phraseurs, d'anciens clients de la SDN, des hommes qui n'ont pas vu la misère de nos berceaux, le vieillissement de nos foyers, la haine, l'effroyable haine qui régit les rapports sociaux. Nous sommes neutres pour le moment, neutres, désarmés, faisons une politique de neutres, de neutres désarmés. »

Ce passage illustre les deux Pétain ; celui qui se préoccupe de la misère des Français et celui qui exprime sa rancœur.

Quoi qu'il en soit, le gouvernement Flandin, peu apprécié des Allemands, ne réussit pas à établir un rapprochement avec Berlin. Et Pétain n'apprécie pas non plus Flandin : il lui reproche d'avoir réintroduit des parlementaires dans les affaires de l'État, de sorte qu'aucune véritable entente ne s'établit entre les deux hommes.

Le 9 février 1941, Darlan succède à Flandin, et devient vice-président du Conseil et ministre des Affaires étrangères. Et cette fois, la collaboration est bel et bien relancée...

Dès le 25 décembre 1940, sous le gouvernement Flandin, Darlan a eu une entrevue avec Hitler. On en connaît le déroulement grâce au commandant Stehlin qui faisait l'interprète. Ce dernier souligne l'extrême violence de Hitler durant cette rencontre ; il fulmine à la fois contre Pétain et contre Abetz. L'amiral Darlan lui répond : « J'ai toujours été partisan d'une entente avec l'Allemagne. » Stehlin ajoute : « Je venais d'assister à une réunion semblable à celles qu'avaient subie Schuschnigg et Hacha[4]. »

_____

4. Lorsque, à Vienne puis à Prague, Hitler en fureur insulte et humilie les dirigeants autrichiens et tchèques, qui tombent en syncope.

Plus que tout Darlan est anglophobe. Comme nombre de marins le sont, mais aussi pour des raisons personnelles : on l'a mal reçu à la cour d'Angleterre lors du mariage de la reine en 1939 car son titre d'amiral de la flotte n'existe pas en Grande-Bretagne...

Devant Hitler, l'« amiral courbettes » se conduit de façon veule, juge Stehlin. Le 11 mai 1941, il rencontre de nouveau le Führer à Berchtesgaden, et ouvre ainsi la discussion : « C'est aujourd'hui la fête de Jeanne d'Arc qui a chassé les Anglais. »

Au pouvoir, Darlan est prêt à céder beaucoup par crainte de Laval qui, à Paris, pourrait constituer un contre-gouvernement – ses partisans l'y engagent. Il se fait donc encore plus collaborateur que lui. D'autre part, Darlan explique qu'il n'est pas un politicien mais un stratège. Il a deux ou trois idées principales. La première, l'officielle, qu'il défend devant Pétain, est celle du « donnant donnant » avec les Allemands.

En réalité, Ribbentrop, Abetz et d'autres ont bien montré que Darlan cédait toujours plus qu'on ne lui en demandait : « Laval, on lui demande une poule, il nous donne des œufs. Darlan, on lui demande des œufs, il donne la poule. »

Darlan est aussi un homme ambitieux, calculateur et rusé. Il est le premier à dire ouvertement en 1941 qu'il faut régler le problème avec l'Allemagne tout de suite pour éviter le triomphe du communisme en Europe.

Il explique aussi qu'il ne faut pas qu'un seul Allemand mette les pieds en Afrique du Nord pour éviter que les Arabes voient les vainqueurs en uniforme. Personne n'avait jamais vu loin de cette façon.

C'est dans ce contexte que s'ouvrent les négociations qui aboutissent aux protocoles de Paris signés par Otto Abetz et Darlan le 27 mai 1941. Jamais Vichy n'était allé aussi loin dans la collaboration militaire...

Darlan demande aux Allemands de supprimer la ligne de démarcation, de permettre l'installation du gouvernement à Versailles et le retour de prisonniers (80 000 à 100 000 prisonniers sur plus d'un million).

En échange, en Afrique du Nord, le gouvernement français s'engage à laisser le Haut Commandement allemand utiliser le port de Bizerte comme port de déchargement des ravitaillements et des renforts en matériel pour les troupes italiennes (cf. p. 280). Il se dit prêt à permettre aux navires allemands d'utiliser comme point d'appui le port de Dakar. En Syrie, il élabore une véritable collaboration militaire, la France cédant son matériel à l'Irak qui se soulève contre les Anglais.

Darlan dresse ainsi les troupes de Vichy contre celles du général de Gaulle présentes en Syrie et met la France en quasi-état de guerre avec l'Angleterre.

Il restait à faire ratifier ces protocoles par Pétain, pris entre deux feux. D'un côté, Weygand, qui préconise la résistance aux Allemands ; de l'autre, Darlan qui fait constamment de la surenchère pour qu'aboutisse « sa grande politique », à savoir une Europe sous direction allemande, avec une France comme premier servant.

Pétain déteste Weygand et éprouve au contraire une certaine sympathie pour l'amiral. Il prend connaissance du « grand dessein » de Darlan et l'approuve parce qu'il est lui aussi favorable à l'idée de participer à une croisade contre le bolchevisme.

Pétain est ainsi porté à soutenir l'attaque contre la Russie qui se profile. Il pense que le rapprochement avec l'Allemagne, habillé de la sorte, passera mieux auprès des Français. Cela revalorise la collaboration.

Après le 22 juin 1941, date à laquelle la Wehrmacht envahit l'URSS, Pétain soutient la création d'une légion française contre le bolchevisme, la LVF. Mais Hitler ne tient pas tellement à récupérer des soldats français… On n'en retient donc que 15 000 alors que Abetz avait parlé de 30 000… C'est une humiliation pour Pétain. Très peu de Français auront « l'honneur » d'aller se battre aux côtés des Allemands contre la Russie sous uniforme allemand.

Au total, Pétain approuve la politique de Darlan mais, comme toujours, prudemment. Après coup, il va nier être l'auteur du discours qu'il a prononcé pour féliciter les volontaires français de la LVF : « En participant à cette croisade dont l'Allemagne a pris la tête, acquérant ainsi de justes titres à la reconnaissance du monde, vous contribuez à écarter de nous le péril bolchevique. […] À la veille de vos prochains combats je suis heureux de savoir que vous n'oubliez pas que vous détenez une part de notre honneur militaire. »

À l'été 1941, les victoires allemandes sont telles que la France se retrouve face à une Allemagne surpuissante. Pétain se dit prêt à reconnaître publiquement Hitler comme chef de l'Europe. Le 20 octobre 1941, il rédige un projet de lettre pour célébrer le premier anniversaire de Montoire.

Il y félicite le Chancelier : « La victoire de vos armes sur le bolchevisme offre plus encore qu'il y a un an à cette collaboration un motif de s'affirmer désormais en des œuvres pacifiques, pour la grandeur d'une Europe transformée. Sur ces chemins de la haute civilisation le peuple allemand et le peuple français sont assurés de se rencontrer et d'unir leurs efforts. »

En réalité, Hitler n'est pas dupe. Au moment où la victoire de l'Allemagne sur l'URSS ne fait pas de doute, on sent en France croître une résistance de plus en plus grande à la collaboration. Aux réseaux qui depuis 1940 commençaient à organiser une résistance en coordination ou non avec de Gaulle, dont les appels, désormais, sont bien entendus, s'ajoute en effet, après la rupture du pacte germano-soviétique, la résistance communiste. Désormais, à quelques groupes communistes isolés qui résistaient malgré le pacte, se substitue un mouvement massif, institutionnel, commandé par le Parti. On compte 54 actions en juillet 1941, 73 en août, 134 en septembre, 162 en octobre.

En réaction aux sabotages et autres actions contre les Allemands, l'extrême droite fascisante se mobilise, notamment Déat et Doriot qui se livrent à une surenchère collaborationniste et accusent Vichy d'anglophilie. La « fascisation » d'une partie de la droite se précise.

Devant la colère de ceux qui poussent au fascisme et les attentats qui commencent, Pétain sent une atmosphère délétère progresser dans l'opinion. Le 12 août 1941, pendant l'entracte de *Boris Godounov*, au grand casino de Vichy, il fait diffuser son discours sur le « vent mauvais ».

> Français,
> J'ai des choses graves à vous dire. De plusieurs régions de France, je sens se lever depuis quelques semaines un vent mauvais. L'inquiétude gagne les esprits, le doute s'empare des âmes. L'autorité de mon gouvernement est discutée, les ordres sont souvent mal exécutés.
> Dans une atmosphère de faux bruits et d'intrigues, les forces de redressement se découragent [...]. Mon patronage est invoqué trop souvent, même contre le gouvernement, pour justifier de prétendues entreprises de salut, qui ne sont en fait que des appels à l'indiscipline. Un véritable malaise atteint le peuple français. Les raisons de ce malaise sont faciles à comprendre [...].
> Les uns se sentent trahis, d'autres se croient abandonnés. Certains se demandent où est leur devoir ; d'autres cherchent d'abord leur intérêt.
> La radio de Londres et certains journaux français ajoutent à ce désarroi des esprits. Le sens de l'intérêt national finit par perdre de sa justesse et de sa vigueur [...].
> Nos relations avec l'Allemagne sont définies par une convention d'armistice, dont le caractère ne pouvait être que provisoire. La prolongation de cette situation la rend d'autant plus difficile à supporter qu'elle régit les rapports entre deux grandes nations.
> Quant à la collaboration offerte au mois d'octobre 1940 par le chancelier du Reich, dans des conditions dont j'ai apprécié la grande courtoisie, elle est une œuvre de longue haleine et n'a pu encore porter tous ses fruits.

Sachons surmonter le lourd héritage de méfiance légué par les siècles de dissensions et de querelles, pour nous orienter vers les larges perspectives que peut offrir à notre activité un continent réconcilié.

C'est le but vers lequel nous nous dirigeons. Mais c'est une œuvre immense, qui exige de notre part autant de volonté que de patience. D'autres tâches absorbent le gouvernement allemand, des tâches gigantesques où se développe à l'Est la défense d'une civilisation et qui peuvent changer la face du monde [...].

Le trouble des esprits n'a pas sa seule origine dans les vicissitudes de notre politique étrangère.

Il provient surtout de notre lenteur à construire un ordre nouveau ou plus exactement à l'imposer. La révolution nationale dont j'ai récemment dessiné les grandes lignes n'est pas encore entrée dans les faits. Elle n'y a pas pénétré parce que entre le peuple et moi qui nous comprenons si bien, s'est dressé le double écran des partisans de l'ancien régime et des serviteurs des trusts.

Les troupes de l'ancien régime sont nombreuses. J'y range sans exception tous ceux qui font passer leur intérêt personnel avant les intérêts permanents de l'État – maçonnerie, partis politiques dépourvus de clientèle mais assoiffée de revanche, fonctionnaires attachés à un ordre dont ils étaient les bénéficiaires et les maîtres ou ceux qui ont subordonné les intérêts de la patrie à ceux de l'étranger. Un long délai sera nécessaire pour vaincre la résistance de tous ces adversaires de l'ordre nouveau, mais il nous faut, dès à présent, briser leurs entreprises, en décimant leurs chefs.

Si la France ne comprenait pas qu'elle est condamnée, par la force des choses, à changer de régime, elle verrait s'ouvrir devant elle l'abîme où l'Espagne de 1936 a failli disparaître et dont elle ne s'est sauvée que par la foi et le sacrifice […].

L'autorité ne vient plus d'en bas. Elle est proprement celle que je confie ou que je délègue.

Je la délègue en premier lieu à l'amiral Darlan, envers qui l'opinion ne s'est montrée ni toujours favorable, ni toujours équitable mais qui n'a cessé de m'aider de sa loyauté et de son courage.

Et Pétain conclut, après avoir annoncé douze mesures pour empêcher les attentats : « En 1917, j'ai mis fin aux mutineries. En 1940, j'ai mis un terme à la déroute. Aujourd'hui c'est de vous-même que je veux vous sauver. À mon âge, lorsqu'on fait à son pays le don de sa personne, il n'est plus de sacrifice auquel on veuille se dérober. Rappelez-vous ceci : un pays battu, s'il se divise, est un pays qui meurt. Un pays battu, s'il sait s'unir, est un pays qui renaît. »

Avec ce discours inattendu et fracassant s'ouvre une ère de répression que l'histoire a identifiée avec l'époque « Pucheu », du nom du nouveau ministre de l'Intérieur. Ce technocrate, ancien membre du PPF de Doriot, va jusqu'en avril 1942, tenir d'une main de fer son ministère contre les communistes, voire les collaborateurs de Paris.

Face aux attentats menés contre les Allemands, et aux actes de résistance, Vichy choisit donc de s'associer à la répression menée par les occupants...

Le 21 août 1941, le futur colonel Fabien a abattu de deux balles de revolver l'aspirant Moser sur le quai du métro Barbès à Paris. Sitôt alerté, Hitler ordonne l'exécution de cent otages choisis parmi les prisonniers incarcérés. Mais Pucheu, le ministre de l'Intérieur, demande aux autorités allemandes de pouvoir créer une cour spéciale pouvant envoyer à la mort des détenus déjà jugés au moment des faits qui leur étaient reprochés. Six exécutions capitales seraient effectuées au plus tard au mois d'août.

Face à la recrudescence des attentats, Pucheu veut maintenir un semblant de souveraineté et tenter de réduire le nombre des exécutions. De cette manière, en effet, Vichy et le Maréchal participent à la répression de la Résistance.

Cette série d'attentats suivie de représailles nazies suscite des divisions jusqu'au sein de la Résistance.

De Gaulle, après réflexion, condamne les attentats : « Dans cette phase terrible de sa lutte contre l'ennemi, il faut que le peuple français reçoive un mot d'ordre. [...] Or, actuellement, la consigne que je donne pour le territoire occupé, c'est de ne pas tuer d'Allemands. Cela pour une seule et très bonne raison, c'est qu'il est en ce moment trop facile à l'ennemi de riposter par le massacre de nos combattants désarmés. »

Et de commenter : « Il est absolument normal et absolument justifié que les Allemands soient tués par des Français.

Si les Allemands ne voulaient pas recevoir la mort de nos mains, ils n'avaient qu'à rester chez eux [...]. Du moment qu'ils n'ont pas réussi à réduire l'univers, ils sont sûrs de devenir chacun un cadavre ou un prisonnier. Mais il y a une tactique à la guerre et la guerre doit être conduite par ceux qui en ont la charge, d'où la consigne que je donne. »

C'est le moment où avec Jean Moulin, le général Delestraint et Pierre Brossolette, de Gaulle et la France libre comprennent qu'une action générale déclenchée au moment du débarquement ne pourrait suffire. Et laisser faire la déportation sans réagir ferait le jeu du communisme.

Quelques semaines plus tard survient la tragédie des fusillés de Châteaubriant. Cette fois, le Maréchal est amené à intervenir. Les 22 et 23 octobre, 98 otages, dont 27 de Châteaubriant, sont exécutés en moins de 48 heures en représailles d'un autre attentat contre un officier allemand le 3 septembre 1941.

« Nous sommes déshonorés, je vais me constituer prisonnier », s'écrie Pétain, qui prépare ses bagages avec l'idée de franchir la ligne de démarcation et de s'offrir aux Allemands à la place des autres otages. Cela rappelle l'épisode des Bourgeois de Calais pendant la guerre de Cent Ans… Mais le ministre de l'Intérieur Pucheu le persuade in extremis de ne pas accomplir ce geste qui signerait la fin de la collaboration… – et il sélectionne la première liste des sacrifiés.

Cet épisode symbolise toute la complexité des rapports du maréchal Pétain avec les Français. À l'annonce des exécutions, il manifeste une indignation qui n'est pas feinte. Mais, quoi qu'il arrive, il veut maintenir le fil direct avec les Allemands. Le 23 octobre, le Maréchal fait donc volte-face et déclare qu'« il faut faire cesser cette tuerie ».

« Vous n'avez pas le droit de reprendre les armes pour frapper les Allemands dans le dos. Dressez-vous contre les complots, aidez la justice. Un coupable retrouvé et 100 Français seront épargnés. »

Enfin, pour mettre fin au divorce avec l'Allemagne qui dure depuis le renvoi de Laval, Pétain commet un acte pour le moins équivoque : après avoir donné le gage de révoquer Weygand de ses fonctions de Délégué général du gouvernement en Afrique du Nord, il demande à discuter avec une haute personnalité du Reich. Il lui est accordé de rencontrer Goering, le chef de la Luftwaffe, le 1er décembre, à Saint-Florentin, dans l'Yonne.

La légende rose de Vichy a présenté cette entrevue comme un moment fort de la résistance du Maréchal aux exigences allemandes en matière de politique extérieure. Pétain a en réalité tenté de se raccrocher à la collaboration avec de bons mots. « J'ai un nouveau plan de collaboration, en 11 points », explique-t-il même à Goering. Il lui glisse de force dans la poche son plan où il n'est pas question de la participation de la France à la guerre contre l'Angleterre, encore moins de la lutte contre le bolchevisme ou d'une défense en commun du continent africain.

La phrase clé du texte souligne que la politique de collaboration n'aurait de sens aux yeux de l'opinion que si celle-ci avait « d'un coup la révélation éclatante des avantages que cette collaboration comportait ».

La liste des revendications est toujours la même : la France doit se voir confirmer la souveraineté de son gouvernement sur toute l'étendue de son territoire, les prisonniers de guerre doivent être libérés, sans compter les aspects économiques…

Goering ne veut pas en entendre parler : « Vous estimez que tous les avantages que nous a valus une guerre des plus coûteuses doivent être rayés d'un trait de plume en échange d'une vague promesse de collaboration du peuple français ! […] L'attitude générale du peuple français nous laisse perplexe. »

Il rentre furieux à Paris. Il refuse même de se rendre à la grande réception qu'Abetz avait organisée à l'ambassade. Puis il décide de donner lui-même une réception dans les salons de l'Aéro-Club, « à condition expresse qu'aucun membre du gouvernement français n'y soit invité ».

L'entrevue ratée entre Pétain et Goering intervient au moment où la situation générale se transforme profondément. Nous sommes en décembre 1941, Moscou n'a toujours pas été pris, et les Allemands découvrent la puissance technique des Soviétiques. Ils sont effrayés par les T34 qui font sauter leurs chars Tigre « comme des boîtes d'allumettes ».

Mais cette déconvenue semble compensée par l'arrivée d'un nouvel allié pour l'Allemagne : le Japon, qui attaque les États-Unis le 7 décembre 1941 à Pearl Harbor, et y détruit une partie de leur flotte. Notons que, dès le lendemain, c'est Hitler qui déclare la guerre aux États-Unis. Ainsi, au regard de l'opinion allemande, il garde l'initiative.

Printemps 1942, irrités contre la France, les Allemands s'impatientent : « Pourquoi ne faites-vous pas passer en conseil de guerre Paul Reynaud et Georges Mandel, les responsables de la guerre ? ». Les Allemands veulent en effet montrer que la France, celle du traité de Versailles de 1919, est responsable de la guerre. C'est ainsi que s'ouvre le procès de Riom en février 1942.

Dès l'été 1941, Pétain avait fait se réunir un Conseil de justice politique entièrement nommé par lui pour un simulacre de jugement des hommes de la IIIe République. Daladier, Reynaud, Mandel, Blum et Gamelin, en attendant le verdict, étaient internés au fort du Portalet, dans les Pyrénées.

À Vichy, les ministres sont divisés sur l'idée d'un nouveau jugement, cette fois public. Certains, tel le ministre de la Justice Barthélemy, pensent qu'un procès ne servira à rien puisque ces hommes ont déjà été condamnés. D'autres, au contraire, comme Lucien Romier, l'ancien directeur du *Figaro*, ou encore Pucheu et Maurras, sont pour la tenue d'un vrai procès à Riom, indépendamment des sanctions déjà prises par Pétain. Pour Romier, « le jugement du conseil de justice ne saurait suffire, on n'était plus au temps de Saint Louis ».

Pétain se rallie à la majorité, qui est favorable. Mais le procès va très vite révéler ses effets pervers pour les rapports entre Vichy et l'Allemagne car il s'ouvre sur un malentendu.

Pour Pétain, nul doute que les responsables de la guerre sont les Allemands et il s'agit de juger à Riom les hommes de la IIIe République en tant que responsables de la défaite. Les Allemands, eux, sont contre ce procès de la défaillance française qui amoindrit leur victoire. Ils veulent que soit condamné le bellicisme des dirigeants français.

Ajoutons que Gamelin, le principal responsable de la défaite en tant que généralissime, refuse de parler : « Je ne peux pas dénoncer mes camarades et faire l'inventaire des erreurs commises par les uns et les autres. » Puisque l'aspect militaire de la défaite n'est pas examiné, il ne reste plus que l'aspect politique. Voilà qui convient assez bien à Pétain : on va pouvoir accabler Blum et le Front populaire. Mais cela n'intéresse pas du tout les Allemands.

D'autant plus que les accusés déstabilisent l'accusation. Les juges ne connaissent pas bien les dossiers, contrairement à Blum et Daladier, qui préparent leur défense depuis plus d'un an. Leur procès est celui du Front populaire ? Les deux hommes montrent qu'avant 1936, leurs prédécesseurs avaient fait passer la défense du franc avant la défense de la France...

En réalité, Léon Blum et Édouard Daladier réussissent à réinterpréter quelque peu le passé à leur avantage. En 1935 encore, Blum avait déclaré que le péril hitlérien n'était pas imminent. Daladier, lui, n'avait cessé de préconiser une politique militaire défensive, comme Pétain. Il n'était pas plus responsable que les militaires des erreurs stratégiques commises depuis de longues années. Mais il pouvait d'autant mieux rejeter les responsabilités sur les militaires que le prédécesseur de Gamelin, le général Maurin, était opposé aux plans d'équipement au prétexte qu'une arme chassait l'autre, et qu'un tank ou un canon était démodé par le suivant... Ces arguments contradictoires avaient fini par paralyser toute décision au sommet. Voilà l'origine du retard de la France en 1939.

Le procès de Riom était en train de se transformer en réquisitoire contre les responsables militaires d'avant 1939... On se rapprochait de l'époque où Pétain avait été l'un d'eux. Une caricature de Ralph Soupault, dans *Le Petit Parisien* du 25 février 1942, présentait Léon Blum en procureur, avec à côté de lui Daladier qui d'un doigt vengeur s'adressait à un homme qu'on ne voyait pas et disait : « Accusez Pétain, levez-vous ! »

En fait, c'est Daladier qui a le mieux attaqué le Maréchal avec ce que l'on a appelés les « 8 flèches » :

1. Pétain n'a pas réuni le Conseil supérieur de la guerre en 1934 et il n'y avait plus d'organe central pour diriger la défense nationale à partir de 1934.

2. Quand le nazisme émerge, en 1934, Pétain déclare que la situation n'est pas grave.

3. Quand les Allemands en 1934-1935 proposent des discussions sur le désarmement, le gouvernement Doumergue, dont Pétain fait partie, les rejette.

4. Pétain réduit les crédits pour les armements et pour les camps d'instruction pour les jeunes.

5. Pétain préface en 1939 un livre du général Chauvineau, *Une invasion est-elle encore possible ?,* où il dénonce notamment les grandes offensives de blindés.

6. Pétain s'oppose à la prolongation du service militaire en 1934.

7. Puis Pétain réclame cette prolongation mais une fois qu'il n'est plus au gouvernement.

8. Si un homme a désarmé la France, ce n'est pas lui, Daladier, mais bien le maréchal Pétain.

Vous qui nous disiez avoir été très en colère en 1940 contre les hommes de la IIIᵉ République, que pensez-vous de leurs arguments ?

À l'époque, j'étais surpris que Daladier et Blum puissent ainsi se défendre, mais surpris aussi qu'on n'impute rien aux militaires. Je gardais le sentiment que Blum et surtout Daladier n'avaient pas montré la fermeté nécessaire pendant la guerre d'Espagne (1936-1939) et à Munich, en 1938. Ma colère portait plus encore contre le ministre des Affaires étrangères de l'époque, Georges Bonnet, munichois à tout crin. Aujourd'hui, je n'ai pas tellement changé d'opinion sur ce point, tout en sachant qu'ensuite, Blum et Daladier ont fait de leur mieux pour rattraper le retard en armement.

Quant à Gamelin, qui avait foncé en Belgique en pressentant qu'il s'agissait d'un désastre, et qui s'est évaporé lors du procès, comment juger son inaction et son refus de témoigner ? Dans ses mémoires, il fait pourtant preuve d'une intelligence très vive des faits et des circonstances.

Mais je dois dire que ce qui m'a surtout frappé dans les comptes rendus du procès de Riom, c'est l'incapacité des juges à maîtriser les dossiers, à la différence des hommes politiques. Et qu'il s'est produit un léger retournement dans l'opinion en leur faveur au regard du courage qu'ils ont montré au procès.

Toujours est-il que la réaction allemande fut immédiate. On s'offusqua que le Troisième Reich fut déclaré responsable de la guerre et agresseur par les accusés. Selon un journal allemand : « Le grand procès de la France fait fausse route. Il devait être la meilleure occasion de montrer au peuple la nécessité de retrouver totalement une politique étrangère... Il ne traite pas cette question cruciale : la guerre était-elle nécessaire ? »

Pour Hitler, « le trait essentiel de ce procès est que l'on n'y consacre pas un seul mot aux responsabilités des accusés dans le déclenchement de la guerre. On parle de négligence dans la préparation mais pas de la folle décision qui a causé la guerre ».

Le docteur Grimm, représentant à Vichy de Hitler, fait savoir à Pétain que « le Führer exige la fin du procès ». Ce à quoi Pétain répond : « Mais cela nous regarde ! » Le message fut néanmoins compris et le procès ajourné le 15 avril 1942.

L'irritation de Hitler envers Pétain ne retomba pas pour autant. Le 13 mai 1942, d'après des propos enregistrés par son conseiller Martin Bormann, il s'exclame : « Pétain, c'est un vieux ténor qui a perdu sa voix. »

Le procès de Riom déclenche une crise entre l'Allemagne et Vichy au moment même où la tension monte sur le terrain des opérations militaires. Car une nouvelle fois, la situation a changé : la « guerre éclair » allemande a échoué deux fois, contre l'Angleterre en 1940 et maintenant contre la Russie.

Les Allemands décident dès lors de modifier du tout au tout leur relation économique avec la France. Ils étaient jusqu'à présent des « touristes » en France, et n'avaient exigé que des réparations par accommodement, des demandes qui n'obéraient pas les fondements de l'économie.

Désormais, les autorités d'occupation définissent jusqu'aux conditions de travail permettant de développer la productivité et la rentabilité. Ils veulent exercer en France une sorte de protectorat économique.

Dans ce contexte, le règne de Darlan apparaît comme un échec dans la mesure où il avait voulu être l'homme du donnant-donnant. Le donnant-donnant a beaucoup donné et n'a rien reçu. On aurait pu croire que les Allemands auraient été heureux de l'avoir comme interlocuteur. En fait, ils préféraient Laval, un « ennemi loyal », à Darlan qui négocie, louvoie, etc.

Ce dernier apparaissait à Hitler et à Goering comme un ambitieux sans étoffe, qui poursuivait la double ambition de devenir l'amiral de la flotte européenne contre l'URSS et le président de la République ! Malgré ses « courbettes », Darlan n'avait plus leur confiance.

C'est alors qu'une rencontre eut lieu entre Laval et Goering. « La situation devient grave. Le Führer peut vous proposer de redevenir Premier ministre et l'exiger du maréchal Pétain. Mais refusez », conseille Goering au Français. « Si le Maréchal vous offrait de revenir au pouvoir, ce serait pour vous trop tard ou trop tôt. Vous avez été un ennemi honnête, et par conséquent ce serait pour vous un suicide politique que de prendre le pouvoir maintenant. Vous seriez responsable de tout ce qui va se produire. »

Le même discours que Franco tenait à Pétain.

Le 26 mars 1942, Laval fait état de cette conversation à Pétain et l'avertit des menaces allemandes. D'après les témoignages, « ce jour-là Pétain a eu peur » de cette nouvelle Allemagne puissante dont il n'a toujours pas identifié le caractère nazi, lui qui en est resté à la « belliqueuse » Allemagne.

D'après ses confessions de 1945, Laval a eu quant à lui des états d'âme ; il a hésité à reprendre le pouvoir. Il souhaitait le refuser mais il « a voulu sacrifier sa personne à la France ». Cela ne sonne pas faux, mais son appétit du pouvoir n'est jamais rassasié. Cela ne légitime rien, bien sûr. Mais je crois qu'indépendamment de toutes les turpitudes qu'il a commises, Laval a le sens du martyr. Bientôt, il aura sa fiole de cyanure dans la doublure de son manteau.

Pour lui, et il le dit explicitement, il n'y a que deux politiques possibles : ou bien les Américains gagnent et de Gaulle a vu juste, ou bien c'est lui qui a raison et l'Allemagne va gagner. « Si je me trompe, je serai pendu. »

De Gaulle dit la même chose : il n'y a que deux politiques, la sienne et celle de Laval. Pétain n'est qu'une ombre.

Laval accepte finalement de revenir au pouvoir parce qu'il croit être le seul à pouvoir freiner les demandes allemandes.

En 1944, Goering dira de lui : « Laval, pas de sympathie pour les Allemands, pas de sympathie pour les

Anglais, pas de sympathie pour les Kirghizes, ne colla-borera jamais avec nous. » Et Hitler : « Un trait commun entre de Gaulle et Laval, le premier tente d'obtenir par la force, le second tente de l'avoir par la ruse. » Hitler considère Laval et de Gaulle comme deux antiallemands, mais chacun à leur façon.

Quant à Pétain, plus le temps passe, plus il est désem-paré. Il n'éprouve de fermeté que lorsqu'il s'agit de se débarrasser de Laval. Darlan démissionne le 17 avril 1942, mais il reste le dauphin de Pétain et garde la haute main sur la défense nationale.

Laval devient donc le 18 avril 1942 chef du gouverne-ment, uniquement responsable envers Pétain. Ce qui est maintenant nouveau dans les rapports avec les Allemands, c'est que la France « doit filer doux », comme le dit Goeb-bels. Elle n'a plus le droit que de moduler l'application de décisions qui ne sont plus les siennes. Pétain accepte le choix Laval : « Je le reprendrai pour gagner du temps. »

Quelques jours après le retour de Laval, Darlan, le 23 avril 1942, envoie un télégramme secret aux Améri-cains : « Si Laval obtenait le dessus, lui, Darlan, commet-trait un acte public qui le ferait reconnaître des Américains. Dans le cas où Pétain n'aurait plus le contrôle des affaires face à Laval, Darlan s'en irait alors aux colonies. Stop. »

J'ai trouvé ce télégramme aux archives américaines (US Archives, Washington, 851/00, n° 2765). C'est un docu-ment capital car il constitue un indice supplémentaire de la détermination de Darlan de passer, dès la fin d'avril en 1942, en Algérie et pas seulement en novembre comme on n'a pas cessé de le répéter. Quand son retournement apparaîtra en clair, lors du débarquement allié, sa popularité en métropole n'y gagne rien. Car les résistants, en leur ensemble, jugent ignominieux que ce soit lui, Darlan, qui incarne la future libération du pays.

À l'automne 1942 apparaît l'une des décisions les plus impopulaires mises en place par Vichy : le Service du travail obligatoire (STO). Quel est le rôle de Pétain dans l'élaboration de cette mesure ?

Avec le passage du Blitzkrieg à la guerre longue, le problème central pour les Allemands est d'exploiter davantage les pays vaincus pour accroître la puissance de frappe de la Wehrmacht. L'Allemagne a besoin de main-d'œuvre et la France apparaît comme un bon réservoir. On a d'abord fait appel à des volontaires à l'époque de Darlan. Mais c'est un échec : en 18 mois, seuls 150 000 Français se sont portés volontaires. En mars 1942, un mois avant l'arrivée de Laval, il n'y a que 62 000 Français en Allemagne contre 130 000 Hollandais, 120 000 Belges, 63 000 Danois.

Laval propose dès lors l'idée de la Relève qui consiste à proposer l'échange d'ouvriers dont l'Allemagne a besoin contre le retour de prisonniers. C'est dans ce même discours, le 22 juin, qu'il déclare qu'il « souhaite la victoire de l'Allemagne ». Le choc...[5]

Si je puise dans mes souvenirs personnels, je me rappelle très bien que j'avais en première un camarade, Jacques

_____

5. Voir p. 283.

Charpentier, dont le père était prisonnier. Il était dit que pour trois volontaires, un prisonnier reviendrait. Mon ami nous a expliqué qu'il partait pour libérer son père. Tout le monde en a eu les yeux mouillés. C'était un beau geste. Personne n'a pensé que c'était une forme de collaboration !

En 1941, aller travailler en Allemagne n'était pas déshonorant. Il n'y avait plus de travail en France.

C'est ce que n'a pas compris Georges Marchais lorsqu'on lui a reproché, dans les années 1970, d'être allé volontairement travailler en Allemagne. Au lieu d'expliquer que cela n'était pas considéré comme une trahison à l'époque, le secrétaire du PC a préféré nier. Il faut dire qu'avant juin 1941, c'était l'époque du pacte germano-soviétique et s'expliquer à la fois sur l'attitude du Parti et la sienne n'était pas aisé.

Avec la Relève, les affiches de propagande se sont mises à vanter le travail en Allemagne, contre un salaire bon et sûr, et contre l'échange de prisonniers : 50 000 prisonniers pour 150 000 travailleurs, 1 contre 3.

Mais le 1er septembre 1942, seuls 17 000 hommes avaient répondu à l'appel. Le Gauleiter Sauckel, chargé d'approvisionner la machine de guerre allemande en main-d'œuvre, exige alors 250 000 Français. Devant ce coup de poing sur la table, Laval a une syncope et doit être transporté à l'hôpital.

La Relève ne fonctionne pas vraiment mais Pétain ne dit rien… Habilement, il va accueillir les prisonniers libérés dans les gares, comme on le voit dans les actualités filmées. Mais pour le reste, il laisse faire Laval.

Face à cet échec, et sous la pression de Sauckel, Laval édicte le 4 septembre 1942 la loi du STO. Sans dire qu'il s'agit d'aller travailler en Allemagne, la loi réquisitionne les citoyens de 18 à 50 ans, et les femmes célibataires de 21 à 35 ans, sous le contrôle des préfets et de la police.

Grâce au STO, 60 000 personnes environ ont rejoint les maquis : « C'est Sauckel qui peuple les maquis » (Laval).

Comme j'étais le plus jeune à la faculté de Grenoble (classe 44/2), je me rappelle que dans le hall, j'étais le seul garçon. Les classes 42 et 43 étaient soit au STO, soit au maquis, ou bien se cachaient.

Pour coincer les jeunes gens qui ne partaient pas travailler en Allemagne, il était fait appel à la police, aux Allemands et au SOL, le Service d'ordre légionnaire de Joseph Darnand. Désormais, le rejet de Vichy rejoignait le rejet des Allemands. Le STO et la phrase de Laval (« Je souhaite la victoire de l'Allemagne ») ont produit un double choc dans l'opinion.

Mais pour la majorité des Français, le Maréchal n'y était pour rien.

***

En 1942, les Américains qui sont entrés en guerre tâtent le terrain pour savoir où débarquer en Afrique du Nord. Pétain est-il au courant ?

Tout cela est top secret. Même de Gaulle n'en sait rien. Pourtant à la fin mai 1942, les Allemands flairent que les Américains préparent un débarquement. Personne ne sait où.

Pétain est d'accord avec Rahn, le représentant militaire allemand à Vichy, pour défendre l'Afrique noire contre une attaque des Anglo-Saxons. Laval, au contraire, n'a jamais voulu une collaboration militaire, seulement une collaboration économique. Sur le plan militaire, Laval dit toujours non aux Allemands.

En mars 1942, l'opération de sabotage menée par les commandos britanniques à Saint-Nazaire échoue. C'est un test qui se termine très mal car des habitants, croyant à un vrai débarquement, se sont précipités pour venir en aide aux Anglais. Au passage, on peut noter ce que cela dénote de l'état d'esprit des Français.

Il y a des représailles. Aussi, lors du débarquement à Dieppe, au mois d'août, les Anglais et les Canadiens ont prévenu par tracts la population qu'il ne s'agissait que d'une « répétition ». C'est un deuxième revers pour les Alliés, mais autrement plus grave que le coup de main de Saint-Nazaire.

À cette occasion, Benoist-Méchin, le ministre le plus collaborateur de Vichy, propose à Laval de monter une alliance militaire avec les Allemands pour défendre les côtes françaises. Laval refuse, mais devant son insistance lui dit : « Allons voir le Maréchal. » Or, à sa grande surprise, celui-ci accepte !

Rédigée par Laval, approuvée par Pétain, écrite par Benoist-Méchin, une lettre envoyée aux Allemands signifie que le Maréchal est prêt à s'engager militairement avec les Allemands. Dès qu'il peut faire le contraire de ce que veut Laval, il s'y emploie.

Selon l'historien Philippe Burrin, participer à la défense des côtes aurait aussi permis à Vichy de prendre pied en zone occupée. Cette hypothèse me semble plausible.

193

Ajoutons qu'au mois d'août 1942, les Allemands plantent leur drapeau dans le Caucase, ils approchent de Stalingrad tandis que les Anglo-Américains ont perdu Singapour et les Philippines et n'ont remporté qu'une victoire dans les îles Salomon. L'Allemagne semble toujours invulnérable.

Mais l'épique évasion du général Giraud le 17 avril 1942 met une nouvelle fois Vichy en difficulté avec les Allemands. Le général Giraud mesurait 1,92 mètre, mais on disait « que sa cervelle ne s'était pas développée au même rythme que sa taille ». Dans ses instructions à ses soldats, il répétait : « Si je suis encerclé et attaqué par cent tanks… je les détruis en détail. » Avec des idées aussi nettes, il fut prisonnier à la première bataille en Belgique !

Giraud a tenté de s'évader trois fois. La quatrième fois, il réussit et il est accueilli triomphalement par Pétain à Vichy : c'est le seul général cinq étoiles en France.

Cependant tout comme Laval et Benoist-Mechin, le Maréchal redoute les représailles allemandes. L'idée de Laval est que Giraud pourrait se rendre aux Allemands, pour faire un geste. En échange on pourrait demander le retour de prisonniers. Le général accepte mais uniquement si on libère tous les pères de famille, soit environ 500 000 hommes. Aux objections, Giraud répond : « Mais je les vaux ! »

La négociation n'aboutit pas et Abetz de commenter : « Ce sont des hommes comme cela qui vous font perdre la guerre. »

On demande alors à Pétain de donner l'ordre écrit à Giraud de se rendre. Pétain refuse : que diront les Français s'il ordonne au plus grand général de retourner en Allemagne ! Giraud disparaît alors une deuxième fois. Darlan lui a procuré un avion pour qu'il puisse s'évader. On le retrouve, on rediscute, il s'évade à nouveau et file à Lyon à bord d'une voiture que lui donne Darlan en prévenant Laval ! Et Giraud à Lyon rencontre le représentant des États-Unis…

Les Allemands sont furieux. Avant de partir, Giraud a laissé un mot au Maréchal lui jurant fidélité. Un vrai roman ! Et voilà que Giraud se retrouve à Gibraltar… Pendant ce temps-là Churchill et Roosevelt discutent du choix du représentant de Vichy en Afrique du Nord. Leur première idée est de nommer Weygand qui s'est toujours opposé aux Allemands. Mais il refuse. Il reste deux prétendants : Giraud, le glorieux évadé, ou Darlan.

Nous sommes en octobre 1942. À cette date, Giraud a disparu deux fois. On sait qu'il est en contact avec les Américains mais on ne sait toujours pas qui les Américains ont choisi entre lui et Darlan. En fait, le 17 octobre, ils finissent par désigner Giraud, mais personne ne le sait, ni Giraud lui-même, ni Pétain, ni Laval.

Au même moment, Pétain confie à son vieux complice Serrigny : « Darlan est un renard, je souhaite une relève. – Qu'est-ce qu'une relève ? questionne Serrigny. – Un retournement. » Dans le même temps, Laval a envoyé son homme-lige à Alger pour rencontrer les Américains. Il n'y a donc pas que Darlan qui cherche à se rapprocher des Alliés…

Le 8 novembre 1942 a lieu l'appel radio « Allô Robert, ici Franklin », signifiant que le débarquement en Afrique du Nord va commencer. À Alger, le diplomate américain Robert Murphy, qui rencontre Darlan (arrivé sur place peu avant) en même temps que Giraud, se voit signifier : « Je vous avais dit que si vous étiez 50 000, je vous tirerais dessus, et que si vous étiez 500 000 je serais avec vous. » Murphy répond : « C'est les 500 000 ! » (Ils sont en réalité environ 100 000.)

Au même moment, parvient de Vichy un télégramme de Pétain : « Ouvrez le feu. » Il avait toujours averti : « Les amis doivent frapper à la porte avant d'entrer quand on les invite. »

À Vichy, c'est Laval qui reçoit le premier le message du président Roosevelt, diffusé depuis 3 heures du matin :

> Comme ami de longue date de la France et du peuple français, ma colère et ma sympathie vont croissant chaque jour qui passe quand je considère la misère, le besoin et l'absence de leur foyer de la fleur des jeunes hommes de France. Vu l'humiliation subie par votre pays aux mains des Allemands et la menace qui pèse sur les colonies, afin d'anticiper sur l'agression allemande, j'ai décidé d'envoyer de puissantes forces armées américaines en Afrique du Nord pour y coopérer avec les délégations locales de Vichy.

Ce message, qui reconnaît la légitimité de Pétain en Afrique du Nord, s'est substitué à un message plus aimable auquel Churchill s'était opposé. Le président américain s'y adressait à Pétain en l'appelant « Mon cher vieil ami »…

Le matin, le chargé d'affaires Tuck porte officiellement au Maréchal le message de Roosevelt. Et il a la surprise de voir que Pétain lui tend sa réponse, toute prête, écrite par Laval et le consul général d'Allemagne von Nidda :

> C'est avec stupeur et chagrin que j'ai appris cette nuit l'agression de vos troupes contre l'Afrique du Nord. J'ai lu votre message. Vous invoquez des prétextes que rien ne justifie. Vous attribuez à vos ennemis des intentions qu'ils n'ont jamais manifestées par des actes. J'ai déjà déclaré que nous défendrions notre empire s'il était attaqué ; vous savez que nous le défendrons contre tout agresseur quel qu'il puisse être. Vous savez que je tiendrai parole.
>
> Dans notre malheur, j'ai protégé notre empire en demandant l'armistice et c'est vous, agissant au nom d'un pays auquel tant de souvenirs nous attachent, qui avez pris une si cruelle initiative. Il y va de l'honneur de la France. Nous sommes attaqués. Nous nous défendrons. C'est là l'ordre que j'ai donné.

Tuck lit ce message puis les deux hommes vont pour se séparer. Le chargé d'affaires câble à Washington ce qui se passe alors :

> J'informai le Maréchal que je transmettais immédiatement le texte de sa réponse à mon gouvernement et que je transmettais aussi le télégramme qu'il avait adressé à ses troupes, à savoir que le gouvernement comptait sur elles et qu'elles devaient étouffer ou prévenir toute tentative de dissidence.
>
> Comme je me levais pour prendre congé, le Maréchal me prit les deux mains dans les siennes, me regarda droit dans les yeux et sourit. Il m'accompagna jusque dans

l'antichambre et retourna d'un pas guilleret vers son bureau en fredonnant un petit air.

Walner, attaché d'ambassade, complète ce témoignage en restituant les réactions de Tuck une fois revenu à l'ambassade américaine ;

Comment le vieux a-t-il pris l'affaire ?
– Après les instants pénibles de la protestation, lui répondit Tuck, le père Pétain a eu un geste aimable. Il semblait soudain avoir rajeuni de vingt ans. Ses yeux bleus étaient clairs et pétillants. Le débarquement paraissait être loin de lui déplaire. Il semblait heureux comme un pape, il m'a raccompagné en chantant.

À Londres, enfin, le général de Gaulle réagit à l'annonce du débarquement dont on lui avait soigneusement caché la destination : « Voilà la guerre gagnée, grâce à la France… » De son côté, Laval commente : « Le Maréchal est vieux et usé. Les choses n'entrent plus dans son esprit vraiment. »

C'est alors qu'un télégramme d'Alger apprend que le général Juin, en accord avec Darlan, a signé un cessez-le-feu avec les Américains. Ce cessez-le-feu n'est pas signé *Darlan*, mais *Darlan, François-Xavier*, le code qui signale qu'il parle à titre privé. Il avait tiré sur ordre, il s'exprime maintenant en son nom.

Peu à peu le pouvoir se dissout dans la tempête générale. Craignant la réaction des Allemands, Laval part rencontrer Hitler à Berchtesgaden avec une ampoule de cyanure dans sa doublure. Nous sommes toujours le 8 novembre 1942.

Pétain, Weygand, Ménétrel, Rochat, Jardel, réunis à Vichy, sont tendus, anxieux, et reçoivent les informations au compte-gouttes. Faut-il faire annuler le cessez-le-feu de Darlan ? Pétain imagine alors le communiqué que voici :

« En l'absence de Darlan, il [Pétain] prend le commandement en chef de toutes les forces armées. » Et il ajoute : « Je n'ai pour l'instant qu'une consigne à donner ; que chacun fasse son devoir avec discipline, dans l'ordre et dans le calme. »

Ce message permet tout au plus de gagner du temps... Guérard, l'homme de Laval, le fait compléter par cette instruction que le Maréchal lit à la radio à 14 h 50 : « J'avais donné l'ordre de se défendre contre l'agresseur, je maintiens cet ordre. »

Avant 17 heures, Vichy reçoit un télégramme de Darlan : « Reçu votre message, j'annule mon ordre et me constitue prisonnier de guerre. »

Nous sommes le 10 novembre 1942, la tension est insupportable. Laval n'est plus là. Or le docteur Ménétrel écrit dans ses notes que Pétain a secrètement envoyé un télégramme à Darlan pour lui dire qu'il garde toute sa confiance et que ne comptent que les messages non officiels, les autres étant écrits sous la contrainte.

Si beaucoup d'historiens doutent de l'existence de ce deuxième télégramme, il semble clair que Pétain est pris entre des forces qui le font plier tantôt dans un sens, tantôt dans un autre. Ses sympathies vont vers les Américains, mais dès que la menace de l'invasion de la zone libre par les Allemands semble imminente, il est prêt à tout leur concéder afin, comme il dit, de « sauvegarder ce qui peut l'être ».

En Allemagne, Hitler s'indigne auprès de Laval qui vient d'arriver : Giraud a violé la parole d'honneur donnée à Pétain. Il semble encore ignorer le retournement de Darlan. Il fait comprendre à Laval que la France doit choisir entre l'alignement clair et définitif sur l'Axe ou la perte de l'Empire colonial, dont certains territoires reviendraient à l'Italie, comme la Tunisie. Laval tente de gagner du temps : « Nous n'avons rien à céder à l'Italie, fait-il valoir, car nous n'avons pas perdu la guerre contre elle »…

Le 11 novembre 1942, Hitler finit par envoyer un télégramme à Pétain pour le prévenir qu'il envahit la « zone sud ». Quand les troupes allemandes franchissent la ligne de démarcation le 12 novembre 1942 au matin, que faire ? Des militaires comme le général de Lattre de Tassigny veulent intervenir avec leur petite troupe. Mais on les en empêche.

Pétain voudrait protester contre cette violation de l'armistice. Mais le général Bridoux, ministre de la Guerre, ordonne aux armées de ne pas s'opposer aux Allemands. L'amiral Platon, de son côté, demande d'attendre deux heures avant de protester : « Vous êtes la honte de la France », lui répond Weygand.

Une note d'Abetz transmise à Laval exige maintenant que Vichy constate l'état de guerre avec les États-Unis, que les pleins pouvoirs soient donnés à Laval et que le Maréchal fasse une proclamation pour dire que la France n'est ni contre les Allemands, ni à leurs côtés, mais avec les Allemands ; qu'une légion impériale est constituée ; que la dissidence est flétrie ; que sa confiance avec Laval est entière.

Le 15 novembre, Pétain délègue à Laval « tous les pouvoirs qui sont nécessaires à un chef de gouvernement pour lui permettre de faire face aux difficultés que traverse la France ». L'acte constitutionnel, daté du 17 novembre 1942, lui donne le pouvoir de signer seul lois et décrets.

De l'armistice, il ne reste plus rien... La zone libre n'existe plus, l'armée de l'armistice est dissoute, il n'y a plus d'Empire puisqu'il est passé aux Américains et à la dissidence (une partie chez de Gaulle, une partie chez Darlan, une partie avec l'amiral Esteva). Quant à la flotte, elle se saborde le 17 novembre. Pétain confie à Stucki le représentant de la Suisse à Vichy : « Je ne suis plus qu'un moribond... »

À Londres, de Gaulle émet un commentaire. Au fond, dit-il, Pétain a maintenant deux cartes : la carte « Laval » qui le protège de Hitler et la carte « Darlan » qui le protège des Américains. Ainsi Pétain n'a plus d'autorité mais il est tout de même protégé par cette nouvelle donne.

Désormais, le Maréchal est surtout tenu à l'écart de tout, notamment du Conseil des ministres dont Laval ne lui communique même plus la date. Il est devenu un souverain-potiche. Comme il n'a plus à signer les décrets, il n'est fait appel à lui qu'occasionnellement, quand son intervention est indispensable. On lui demande par exemple de recopier à la main une condamnation de Giraud pour désertion et il obtempère.

Je crois qu'il a un peu perdu ses esprits durant ces journées d'angoisse. C'est aussi à cette époque que tout le monde le presse de partir à Alger. Mais le Maréchal refuse toujours, avec des arguments qui varient selon ses interlocuteurs.

À Weygand : « Je ne partirai pas, je suis responsable du sort et de la vie des Français, des prisonniers, des travailleurs en Allemagne, j'ai fait le don de ma personne à la France. » Une noble réponse.

À Serrigny, son vieux copain, qui lui dit qu'il a un avion à sa disposition : « Pas à mon âge. »

Au général Revers : « Je ne peux pas partir, je serai remplacé par Déat ou par un Gauleiter. » C'est la version officielle qu'il répétera durant son procès. Cette idée était très répandue à l'époque : si Pétain part, la France va être « polonisée ». Je ne sais pas d'où venait cette certitude car, au fond, nous n'avions pas de connaissance exacte des événements en Pologne. Ce n'est qu'après la guerre que nous avons appris l'étendue des massacres, la destruction des élites… Reste que cet argument imaginé par Laval paraissait crédible.

Au général Georges, Pétain s'exclame : « Si je pars en Afrique, c'est toute l'Afrique qui va flamber à son tour ! »

Au prince Sixte de Bourbon-Parme : « Un maréchal n'abandonne jamais son armée, il la sauve ou meurt avec elle. »

À son ami Jardel, un de ses directeurs de cabinet : « Partez tous, moi je reste. » Là, c'est le goût du martyre.

Au général de La Porte du Theil, responsable des Chantiers de jeunesse, qui lui dit qu'il sera acclamé à Alger : « Oui, ou je serais fusillé. »

Mais c'est au général de Lannurien qu'il donne les explications les plus complètes :

> J'avais trois solutions : partir, rentrer tranquillement dans ma maison, renoncer. La première était la plus facile, la plus médiocre des solutions. Le geste aurait fait plaisir à l'amour-propre de beaucoup de Français. Quel est le lendemain ? La France était encore là.
>
> Je ne suis pas parti à Alger ? À Alger, je coiffais tous les Français, c'est une affaire entendue, et ensuite me retourner vers Hitler et lui dire : « Voilà, c'est fini, nous sommes à d'autres jeux, je reprends les armes avec mes alliés. Il reste quelque chose entre nous, quelque chose que je reprendrai un jour, dans un certain nombre d'années, cette chose je vous l'abandonne en ce moment, faites-en ce que vous voudrez, c'est la France. »
>
> Et la troisième solution ? On a amené là, dans le champ d'à côté, un avion. Serrigny est venu de Paris me presser de partir, je n'avais qu'un pas à faire, un mot à dire, je ne suis pas parti, je ne suis resté que pour la France, pour que la France vive. Les Allemands pourront m'emmener de force, les Français me faire passer en Haute Cour s'ils le désirent, mais moi, tant que je serai libre, je ne partirai pas.

Quelle est la vraie raison, selon vous ?

Je pense que Pétain veut rester en France parce qu'il juge que c'est sa raison d'être. Dans son pays, il est toujours très populaire à cette date et s'identifie à son propre mythe : le vieillard qui reste pour aider les Français à supporter leur misère. Même s'il peut être fusillé, ce qu'il craint aussi. À ses yeux, Darlan est un renard, Laval une ordure, il est le seul à pouvoir sauver la France.

Dans sa prison en 1945, après son jugement, il répète encore : « Je ne pouvais pas quitter la France. Malgré tout, pour les Boches, je restais le vainqueur de Verdun et cela me permettait souvent de leur résister. Ce serait à recommencer, je ferais la même chose dans l'intérêt de mon pays. »

Du débarquement de novembre 1942 à celui du 6 juin 1944, Pétain semble contradictoire, désemparé, désorienté... A-t-il encore une ligne ?

Pétain reste chef de l'État. Mais il est plus que jamais obsédé par son ressentiment envers Pierre Laval, qui a tous les pouvoirs et qui se substitue constamment à lui.

En décembre 1943, Laval est retourné voir Hitler pour trouver un modus vivendi. Mais Hitler ne cède sur rien. Laval lui demande-t-il de supprimer la ligne de démarcation ? Il refuse. Il freine également la création d'une phalange africaine que l'amiral Esteva et Laval voulaient envoyer en Tunisie pour résister aux troupes du général britannique Montgomery qui arrivaient d'Égypte. Il refuse également de dissoudre le Parti populaire français (PPF) de Doriot, ainsi que les groupements de Déat. Bref, les fascisants de Paris. Hitler estime qu'il n'a pas à se mêler de cela.

Laval se trouve donc un peu isolé. Mais à la différence de Pétain, il reste persuadé que l'Allemagne gagnera la guerre. Même si les Alliés tentent de débarquer, le mur de l'Atlantique les repoussera. Des échos, vrais et faux, lui parviennent sur les missiles allemands V1 et V2 qui doivent être lancés sur Londres, et même sur New York. Non seulement il souhaite la victoire de l'Allemagne pour ne pas être fusillé, mais il y croit pour de bon. Du coup, il continue à jouer le jeu : « L'Allemagne ne pourra jamais perdre la guerre. Il ne saurait être question d'une percée du mur de l'Atlantique. Hitler a quelque part une réserve de 100 divisions. »

Ce qui est étonnant c'est que cet homme très habile et intelligent, au courant de tout, a sur ce terrain-là l'attitude d'un croyant : « Il croit. »

Pourtant, le cours de la guerre évolue très vite. Après la capitulation de l'armée allemande à Stalingrad en février, le grand changement du printemps-automne 1943 est la capitulation de l'Italie. En juillet, Mussolini est renversé ; en septembre, la paix est signée. Les Allemands occupent en France la zone italienne et cela change la situation du tout au tout.

J'y étais. Je me rappelle qu'à Grenoble, quand les Italiens passaient avec leurs chapeaux à plumes sous les fenêtres des filles du lycée, ils criaient : « *Gaziella !* *Gaziella !* » Les filles les attendaient et leur jetaient des verres d'eau en riant. Les soldats italiens étaient charmants. Des Français, pour se protéger de la milice, allaient se réfugier auprès d'eux. Honte à Vichy qui avait protesté auprès de Rome… Lorsque les Allemands sont arrivés, ils ont chassé ou fusillé les Italiens encore présents et tout a brusquement connu la terreur de l'occupation.

Après Stalingrad, Pétain commence à comprendre que le régime nazi n'est pas un bloc et sent qu'avec les militaires allemands, la discussion est plus facile qu'avec Ribbentrop. Il se rapproche du général von Neubronn, qui représente l'armée allemande à Vichy, et imagine que l'armée, en raison des défaites, pourrait bien chercher à se débarrasser de Hitler.

Les militaires allemands lui conseillent plutôt d'écrire au Führer pour lui expliquer que la situation est intenable en France, qu'il faut changer de relation, etc. Mais il ne parvient pas envoyer cette lettre qui doit passer par l'ambassade. À cette date, début 1944, Pétain est vraiment sous surveillance.

Au même moment, l'amiral Platon, le plus collaborateur des hommes de Pétain, rencontre, avec l'aval du Maréchal, les milieux fascisants de Paris et la SS. Et il se noue curieusement une connivence par cet intermédiaire entre Pétain et les SS… Il s'agit de se débarrasser de Laval, « cet enjuivé », opposé à toute entrée en guerre contre les Anglais et les Américains.

C'est précisément fin 1943 que se manifeste un durcissement des collaborationnistes de Paris et parallèlement la lente fascisation du régime de Vichy. Celle-ci a pour

drapeau Joseph Darnand, qui a prêté serment de fidélité au Führer et qui, *manu militari*, épaule les efforts de
Déat ou Doriot en faveur d'une révolution sociale de type
fasciste. À cette date, fin 1943-début 1944, les actions de
terreur de la Milice, notamment contre les Résistants, font
bien de cette organisation l'équivalent d'un parti unique.
Ses méthodes se rapprochent de plus en plus de celles
des SS.

Or depuis plusieurs mois, le paradoxe est que Pétain
veut « retourner » la situation. Comment faire ? Il pense
que la seule solution consiste, une fois de plus, à se débarrasser de Laval. Sachant qu'un certain nombre d'anciens
parlementaires à Lyon s'inquiètent de la situation en
Afrique du Nord, où de Gaulle a pris le dessus sur Giraud,
il pense qu'il a une carte à jouer. Ces parlementaires crai-
gnent que de Gaulle et les communistes ne l'emportent
car les Soviétiques l'ont officiellement reconnu...

Conseillé par Lucien Romier, le directeur du *Figaro*,
l'idée vient alors à Pétain de redonner le pouvoir à l'Assemblée nationale, au cas où il lui arriverait quelque chose.
Ce projet est mis sur pied par l'amiral Auphan qui établit
un plan de redressement de la politique française (fin de
l'envoi de travailleurs en Allemagne, la milice destituée,
un conseil de régence en cas d'arrestation du Maréchal)
et qui prononce cette phrase : « Les Américains ne sont
pas nos pires ennemis. »

Pétain avertit Laval de la première tranche de son
plan : le retour de l'Assemblée nationale.

« Mais c'est une très bonne idée, Monsieur le Maréchal. Le Parlement, vous savez, c'est mon affaire », lui

répond Laval. Mais il ajoute : « J'avoue que je ne vous comprends pas. Je croyais que vous étiez contre le Parlement. Et maintenant vous voulez lui donner le pouvoir ? » Pétain ne sait trop quoi répondre.

En fait, Laval a compris ses manœuvres et par l'intermédiaire d'Abetz, il prévient Hitler. Les Allemands lancent alors un ultimatum à Pétain sur trois points :

1. Toutes les décisions prises par un éventuel nouveau gouvernement doivent être soumises aux Allemands.

2. Laval est chargé de remanier le gouvernement de telle façon que cela satisfasse Hitler.

3. On doit éliminer du gouvernement tous ceux qui sont opposés à la collaboration.

S'il n'accepte pas ces conditions, le Maréchal peut démissionner.

Laval, Abetz et Hitler sont convaincus que Pétain devant des conditions aussi dures va quitter le pouvoir. En conséquence, ils préparent un placard daté du 3 décembre 1943 que j'ai retrouvé aux Archives : « Le départ du maréchal Pétain a ouvert un champ libre à la vraie France [...] À l'origine de son départ, il y a la tragédie personnelle d'un vétéran. »

Le texte signé Abetz fait plus d'une page, c'est un véritable réquisitoire contre Pétain : « Il a lui-même saboté la politique qui pratiquée honnêtement aurait permis un nouveau relèvement de la France. »

Ou encore : « Sa personne a servi à couvrir des machinations de la camarilla militaire et d'intrigants de l'acabit du docteur Ménétrel et de ses acolytes anglo-américains.

En les tolérant [...] il a mis le pays au bord de la banque-route, extérieure et intérieure. »

Ce désaveu incroyable et inconnu n'a pas été rendu public car contrairement à ce que pensaient les Allemands, Pétain a cédé sur tous les points de la négociation...

Pendant cette crise, Pétain envisage d'annoncer à la radio tout ce qu'il doit céder à l'Allemagne. Mais ne sachant pas ce que le Maréchal va dire, un commando allemand débarque à Vichy le 4 décembre 1943, pour l'empêcher de parler.

Laval constitue alors son gouvernement, comme cela était prévu avec Hitler. Et Pétain signe la nomination de tous les ministres, sauf celle de Marcel Déat, qui entre au gouvernement sans son aval officiel (il faut noter que Déat, resté à Paris, s'entretiendra un mois plus tard avec Pétain, et ce qui est surprenant, c'est qu'ils tomberont d'accord sur bien des points[6]...).

Tous ces soubresauts témoignent d'une telle désta-bilisation du régime que peu nombreux sont ceux qui se représentent comme candidats au Conseil national de Vichy, comme le note le médecin de Pétain, Ber-nard Ménétrel – lui-même devient de plus en plus anti-allemand tout en restant totalement antisémite. Quelle impasse pour une politique qui mène on ne sait plus où...

Ce n'est pas tout. Devant l'écroulement du pouvoir et la montée de la Résistance, l'ultradroite se réveille et

---

6. Le texte figure in Abetz, *op. cit.* et est analysé dans Burrin, *op. cit.*, 2003.

se prépare à constituer un gouvernement anti-Laval avec Henriot, Déat, Doriot, et Brinon, qui ont publié à leur tour un « Plan de redressement » à l'automne 1943. Mais Hitler continue de refuser un gouvernement dirigé par les fascistes français. Il reste fidèle à la nécessité d'un gouvernement Pétain.

C'est que, avant d'être nazi, Hitler est raciste, et pas seulement raciste contre les Juifs ou les Polonais mais raciste allemand. Il ne veut pas que l'Allemagne partage avec d'autres fascistes la domination du monde.

Au début de l'année 1944, dans ce contexte de crises et de complots, à l'heure où un débarquement des Alliés s'annonce dans le nord de la France, que fait concrètement Pétain ?

On sait qu'il n'est plus libre de ses mouvements, qu'on lui a coupé l'accès à la radio, où il n'a pas pu parler en décembre 1943. Il ne peut même plus aller dans sa propriété de Villeneuve-Loubet. Cecil von Renthe-Fink, le remplaçant d'Otto Abetz et désormais nouveau représentant du Führer, « son gardien », le surveille de très près. En apparence, Renthe-Fink est un homme très policé, une sorte d'aristocrate, ce que Pétain apprécie. Mais il est surtout nazi, contrairement à Abetz, et intraitable.

Pétain ne sait plus trop que faire pour sortir d'une situation où les Allemands l'enserrent de plus en plus. On sait, car il l'a dit à son directeur de cabinet Tracou, qu'il voudrait se rapprocher des Américains et empêcher de Gaulle, qui règne désormais à Alger, d'être le compagnon de leur victoire. Pétain lâche : « Je céderais bien ma place à de Gaulle », alors que par ailleurs, il dit et répète à tout venant que c'est un ingrat, un ambitieux…

Au commandant Tracou comme à Pierre Laval, le Maréchal avait prévenu : « Giraud ? De Gaulle n'en fera qu'une bouchée. » Et à Laval : « Les communistes ? De Gaulle est bien plus malin qu'eux. » Et il ajoute : « J'ai bien des amis aux États-Unis… » Le problème, pour lui, c'est qu'il sait que Laval fait lui aussi des démarches auprès des Américains à travers son homme de confiance Alfred Mallet, et il ne veut pas une fois de plus être doublé…

La Résistance intérieure, parallèlement, devient de plus en plus présente. Les chiffres d'arrestations par Vichy sont éloquents : entre novembre 1942 et novembre 1943, on assiste à 4 376 arrestations en zone nord et 2 066 en zone sud (1976 en zone italienne). 52 000 cas sont examinés par les autorités et 642 personnes sont fusillées. En 1944, la principale question est donc la montée de la Résistance ou plutôt, pour Pétain, celle du « terrorisme ». Il manifeste son rejet violent de la plupart des formes de résistance, au point qu'il remet en février 1944 à Renthe-Fink la copie d'une note interne, afin que les Allemands acceptent d'armer la Milice de Darnand. C'est une manière de donner des gages aux Allemands.

Mais ces derniers ne veulent pas donner d'armes à la Milice, craignant qu'elle les retourne un jour contre eux. Le général Bridoux fournit alors aux miliciens les armes – qu'on avait cachées jusque-là aux Allemands, dès 1940 – par-dessus les épaules de Laval. Ces armes qui devaient

servir un jour contre les Allemands sont finalement utili-
sées contre ceux qui les combattent...

Quand il parle des Résistants, Pétain évoque chaque
fois les mutineries de 1917, expliquant qu'il les avait
réduites avec le minimum de dégâts. Quand il parle de
« ses enfants », une fois, deux fois, trois fois, ce sont les
prisonniers ou les paysans, jamais les résistants... Il pense
sincèrement qu'une montée en puissance de la Résistance
peut susciter des représailles épouvantables. Il juge qu'elle
manque d'armes et que face aux Allemands, elle ne peut
pas faire grand-chose. Et puis cette résistance-là, spon-
tanée, indisciplinée, où les communistes jouent un rôle
important, cela, non !

Le 23 mars 1944, il condamne en des termes vengeurs
leurs actions : « Chaque jour des crimes sont commis,
qu'inspire une haine fratricide encouragée par l'étranger.
Des Français, hommes, femmes, enfants, sont assassinés.
Des paysans attaqués. Des villages entiers vivent dans la
terreur d'actes de banditisme, de vols et de pillage, dont
les victimes n'osent même plus se plaindre. Des groupes
armés presque toujours dirigés par des étrangers et qui
prétendent défendre un idéal patriotique menacent l'ordre
public et la sécurité de nos foyers. »

Quelques jours plus tard, il précise auprès du préfet
de la Corrèze : « Je veux bien croire qu'il y a au maquis
des gens sincèrement patriotes et il y a aussi des communistes qui ne travaillent que pour leur parti interna-
tional. »

C'est l'époque du maquis des Glières. Un drame. Lorsque se soulève ce maquis, juste après le parachutage d'armes depuis Londres, la Milice, soutenue par les Allemands, mène l'assaut à la fin du mois de mars. C'est un massacre. Et le comportement de Pétain reproduit alors celui qu'il avait eu lors des massacres de Châteaubriant en 1941 : d'abord quelques bonnes paroles sincères de pitié et de compassion – et même de révolte. Puis un retournement et la condamnation. Deux textes parus à quelques semaines d'écart témoignent de la différence entre les intentions et les actes. L'un avant les Glières, l'autre après.

Voici le premier, au début du soulèvement. Le 19 février 1944, Pétain se confie : « Il faudrait que je puisse aller voir ces jeunes gens, ma carrière ne m'a pas préparé à ce genre de guerre mais je pourrais aller leur donner quelques conseils utiles ; ils ne peuvent rien faire de bon tant qu'ils restent groupés, il suffira d'une division allemande pour les mettre en pièces ; il faut tâcher de les ramener sans leur faire de mal. »

Le paradoxe à cette date est que les Allemands sont en fait exaspérés par la politique de Laval, « qui suit les traces de Darlan ». Il a réussi à soustraire 90 000 hommes du STO, qui devaient partir en Allemagne. Il est aussi parvenu à ne pas dénaturaliser les 70 000 Juifs, français depuis 1927. Il vient de réaliser que ces Juifs, redevenus étrangers, seraient aussitôt déportés hors de France…

Dans ce contexte, alors que le débarquement s'annonce sur les côtes françaises, les Allemands exigent de Pétain une intervention publique à la radio pour mettre en garde les Français contre toute action contre l'occupant. « Non, et non ! » répète Pétain. Mais devant la pression exercée par Renthe-Fink, il cède et enregistre en avance le 28 avril 1944 un texte – le second – qui leur donne satisfaction :

> Notre pays traverse des jours parmi les plus douloureux qu'il ait connus. Excités par des propagandes étrangères, un trop grand nombre de ses enfants se sont livrés aux mains de maîtres sans scrupules qui font régner chez nous un climat avant-coureur des pires désordres. Des crimes odieux qui n'épargnent ni les femmes ni les enfants désolent des campagnes, des villes et même des provinces hier paisibles et laborieuses. Le gouvernement a la charge de faire cesser cette situation et s'y emploie. Mais c'est mon devoir de vous mettre en garde contre cette menace de guerre civile qui détruit ce que la guerre étrangère a épargné jusque-là.
>
> Ceux qui poussent la France dans cette voie invoquent leur prétention de la libérer. Cette prétendue libération est le plus trompeur des mirages auxquels vous pourriez être tentés de céder. Quiconque participe aux groupes de la Résistance compromet l'avenir du pays. Il est dans votre intérêt de garder une attitude correcte, loyale, envers les troupes d'occupation. Ne commettez pas d'actes susceptibles d'attirer sur vous de terribles représailles, vous précipiteriez la patrie dans les pires malheurs.

Le Maréchal a tout de suite conscience d'avoir commis un faux pas et il le dit au représentant de la Suisse, Walter Stucki, devenu en quelque sorte son confident. « J'ai trop cédé… », reconnaît-il. Il lui exprime sa haine de Renthe-Fink et de Laval, et sa nouvelle résolution : « Je ne quitterai pas Vichy. » Il se doute en effet que les Allemands concoctent un déplacement du gouvernement vers Nancy en cas de débarquement.

Cette intervention du 28 avril 1944, les propos avec Stucki, la condamnation du terrorisme... voilà qui devient le centre des préoccupations de Pétain au printemps 1944.

De son côté, Philippe Henriot, ministre de l'Information, stigmatise à la radio avec un talent jamais atteint « les terroristes qui tuent et les Alliés qui bombardent ». Même les amis de Pétain jugent qu'il en fait trop... Mais le Maréchal ne leur a-t-il pas précédemment déclaré son admiration : « Il est bien Henriot, non ? »

Au printemps 1944, la France redevient un théâtre de guerre. Comment Pétain voit-il son rôle ?

À cette époque, en effet, les Alliés multiplient les bombardements et la plupart des villes françaises vont en subir les ravages :

1942 : 488 bombardements, 2 713 morts
1943 : 788 bombardements, 7 458 morts
1944 : 7 744 bombardements, 36 000 morts

Je peux témoigner que nous savions s'il s'agissait de bombardements américains ou britanniques car les premiers lançaient leurs bombes en pluie, de très haute altitude, alors que les Britanniques visaient des objectifs avec plus de précision, en descendant, pour remonter ensuite. Je peux également préciser au vu d'une correspondance abondante reçue lors de la diffusion d'« Histoire parallèle », sur Arte, en 1993 et 1994, que bien des populations bombardées se sont retenues d'exprimer leur souffrance et leur désespoir sachant « que c'était pour la bonne cause ». Car se plaindre en 1944 eût semblé être hostile à la libération. Cinquante ans après, ceux qui m'écrivaient pouvaient enfin ouvrir leur cœur, par ces lettres vraiment poignantes.

C'est dans ce contexte que l'idée vient aux Allemands de laisser Pétain rendre visite aux villes bombardées pour leur dire sa solidarité et sa souffrance. Du 26 avril au 30 mai 1944, Pétain visite un grand nombre de cités martyres, chaperonné de très près par Renthe-Fink. Il est heureux de sentir que sa popularité est intacte. À 88 ans, ces bains de foule le régénèrent, d'autant que ces voyages s'émaillent d'un certain nombre d'incidents : Pétain prend plaisir à commettre toutes sortes d'espiègleries qui confirment aux Français qu'il est bien le prisonnier des Allemands ; et que, aucun doute, il ne peut pas les souffrir. À Melun, par exemple, il s'adresse aux enfants des écoles :

> « Qui est en cage, vous ou moi ? »
> Les enfants : « C'est nous qui sommes en cage. »
> Pétain : « C'est vous, mais c'est moi aussi. Nous le sommes tous. »

À Paris, sur l'esplanade de l'Hôtel de Ville, quand il se tient aux côtés du cardinal Suhard :

> C'est la première visite que je vous fais aujourd'hui, j'espère revenir plus tard… Et alors je n'aurai pas besoin de prévenir mes gardiens… Je serai sans eux et nous serons tout à l'aise ; à bientôt j'espère.

Le Maréchal était en uniforme et tout se passait comme si sa présence annonçait une future libération, d'autant qu'on chantait *La Marseillaise* et qu'on épiait la colère que ne pouvait réprimer Renthe-Fink aux bons mots du Maréchal.

Quelques jours après sa visite à Paris, Pétain se rend à Nancy. Voici le témoignage d'un habitant de la ville, P. Bourdon, alors étudiant :

> Vers 17 heures, je revenais avec un condisciple d'un examen et la place Stanislas était à moitié pleine d'une foule contenue à une vingtaine de mètres de l'hôtel de ville par un cordon de forces de l'ordre. Je me souvins alors d'un entrefilet de trois ou quatre lignes parues le matin dans le quotidien local annonçant la venue à Nancy vers 17 heures de la garde personnelle du Maréchal, sans absolument aucune précision. Ayant fini nos examens, nous nous joignons aux badauds et demandons à nos voisins ce qu'il y avait à voir à part des gens en uniformes... Réponses évasives : « Il paraît que Pétain doit venir. » Mais personne n'était sûr de rien. Effectivement, au bout d'une demi-heure environ Pétain arrive avec sa suite, disparaît dans l'hôtel de ville et apparaît, frénétiquement applaudi par la foule qui alors remplissait les 9/10 de la place.
> Allocution... dont le point fort, aussi applaudi que la première apparition au balcon, fut : « Dans quelques jours de graves événements vont se produire sur le territoire national ; aucun Français ne doit se mêler à ce conflit, autrement ce serait lamentable pour vous et pour la France. Acceptez les épreuves qu'on vous envoie ; ces épreuves sont terribles mais elles le seront d'autant

moins que les Français n'y prendront pas part. » Re-applaudissements…

Puis, à cet instant, deux chasseurs allemands survolent la place Stanislas à très faible altitude, dans un fracas étourdissant. Longue huée de la foule… Et Pétain, l'air goguenard : « Je vois qu'on s'intéresse à nous (à vous ?) » Re-huée de la foule…

À ce moment, une personnalité de sa suite a tapé sur l'épaule du Maréchal ; il s'est retourné ; on lui a parlé ; et quand il a refait face à l'assistance, il était rouge comme un gamin pris en faute et il a bredouillé : « Mais ceux-là ne vous feront aucun mal[7]. »

Quelques jours plus tard, le 6 juin 1944, alors qu'il se trouve à Saint-Étienne, les Alliés débarquent en Normandie. Mais Pétain ignore que la politique américaine a accompli un vrai virage : on ne négociera pas avec lui. Les Américains se sont tournés vers de Gaulle… pour le détacher des Russes et des Britanniques qui l'ont plus soutenu jusque-là.

Vous citez des espiègleries… S'agit-il d'une posture, voire d'imposture, de la part de celui qui a lancé trois ans et demi auparavant la politique de collaboration avec Hitler ?

Ni posture, ni imposture. Pas même inconséquence. Mais sa logique est bien de montrer qu'il n'est pas libre et de rappeler le rôle qu'il s'attribue, celui de père protecteur.

En 1944, le débarquement ouvre une période de grande violence. Il s'effectue dans un fracas de bombardement, de

---

7. M. Ferro, *Revivre l'histoire, op. cit.*, p. 121 et suivantes.

bruit et de fureur. Mais pendant une quinzaine de jours, les Alliés restent localisés sur un tout petit territoire. Cela ne veut pas dire que le débarquement a échoué ou qu'il a réussi, mais cela signifie que les Allemands ont le temps de réagir.

Toutes les forces allemandes de France foncent vers le nord-ouest et, du même coup, les Résistants français se trouvent aux prises avec un formidable défi : ils n'ont toujours pas reçu beaucoup d'armes et le régime d'occupation aboutit à une « polonisation » de la France.

C'est brutal. Après coup, la rumeur nationale a parlé des « résistants de la dernière heure ». Certes, ce fut le cas en août et septembre 1944, mais pas au mois de juin 1944. En juin et jusqu'à la Libération, jamais la vie en France n'a été aussi dangereuse. Il n'y a pas eu de moments plus durs pendant l'Occupation que durant ces mois de juin, juillet et août 1944.

Il faut à cet égard aussi mettre fin à ce mythe destructeur qui s'est répandu lorsque la presse est redevenue libre, à savoir que sans la Résistance, les Américains auraient quand même gagné la guerre. C'est vrai. Mais sans la bataille d'Angleterre aussi ! Il ne faut pas croire que seuls les bombardements et l'avance des Alliés et des Russes ont été le terrain de la bataille. La bataille s'est produite à tous les niveaux, et après guerre, les chefs alliés ont jugé que l'aide de la Résistance intérieure n'avait pas eu de prix : aussi bien Eisenhower et Montgomery.

Dans les faits, les Allemands avaient fini par obtenir de Pétain la déclaration du 28 avril dans laquelle il condamnait avec force toutes les initiatives de la Résistance. Ils veulent un nouveau message après le 6 juin dans lequel il serait proclamé que dans cette guerre, l'Allemagne défend l'Europe contre le bolchevisme. Laval est d'accord pour cette formulation mais Pétain la refuse.

Il déclare quand même : « Si l'armée allemande prend des dispositions dans la zone des combats, les Français devraient en accepter la nécessité. Nous ne sommes pas dans la guerre. »

Laval reprend le même texte en indiquant : « Nous ne sommes pas dans la guerre. » Ils sont tous les deux d'accord pour insister sur la neutralité de la France, l'un parlant de l'Europe et du bolchevisme ; l'autre non.

C'est alors que surviennent les drames de Tulle le 9 juin, et d'Oradour, le 10 juin 1944. Les Allemands sont en train de remonter vers le nord ; le commandement avait reçu l'ordre d'exécuter tous les ennemis de la Wehrmacht, civils ou militaires. Le général Lammerding va ainsi exécuter 4 000 des 9 000 partisans capturés. Parmi eux, se trouvent les habitants d'Oradour.

Pétain est indigné. Il convoque Renthe-Fink et lui lance : « Vous brûlez des villages, vous tuez des enfants, vous couvrez votre pays de honte, vous êtes une nation de sauvages ! » Renthe-Fink lui ayant rappelé qu'il n'était plus en odeur de sainteté dans l'entourage de Hitler, Pétain se lance vers son assistant et avec une vigueur incroyable le jette hors du bureau. Puis il fait remettre au général von Neubronn une lettre de protestation destinée au Führer.

Le drame d'Oradour est connu assez vite, et suscite une émotion plus grande encore que d'autres massacres comme celui du Vercors en juillet, ou celui d'Asq près de Lille. Ce fut le seul massacre où tout un village, femmes et enfants compris, a été massacré, dans l'église où il s'était réfugié. Et puis parmi les fusilleurs, il y avait des Alsaciens.

En 1953, à Bordeaux, s'est tenu leur procès. Ces Alsaciens avaient été mobilisés de force, mais pour les Limousins il fallait les punir. Les Alsaciens répétaient qu'ils étaient des « malgré-nous », ce qui est vrai pour la plupart, et qu'ils étaient des victimes avant d'être des bourreaux. Ils furent condamnés à 5 à 8 ans de travaux forcés ou de prison, puis rendus à la liberté.

**

De nombreux massacres couvrent le territoire français en 1944. En demandant aux Français de ne pas être dans la guerre, Pétain parvient-il à limiter les drames, sert-il de bouclier ?

Je ne pense pas que les appels de Pétain en ce sens aient eu un grand effet, d'autant qu'on est à une date où l'on appelle les classes 42 et 43 au STO, ce qui n'a pu que susciter des vagues d'appels à l'action – dans le sens de la résistance. Si bouclier il y a eu, cela ne tient pas au discours et à l'action de Pétain mais à l'existence de cette zone libre qui permettait de mieux se soustraire à certaines des exigences de l'ennemi ou du régime.

Bien que militairement occupée par les Allemands – qui étaient aidés par la police française – l'administration et la société française formaient une sorte de coussin protecteur.

Or cette zone libre, puis militairement occupée, ce n'est ni Pétain ni Vichy qui l'ont acquise à la force des poignets. Son existence découlait d'un choix de Hitler qui jugeait nécessaire de disposer d'une base arrière dans la guerre soit contre l'Angleterre soit contre la Russie. On peut juger qu'il y a eu un effet tampon lié à la présence du Maréchal – le sort de la Pologne, des Pays-Bas, en témoignent. Mais ce tampon, c'est l'occupant qui tenait à le laisser en place ; considérant à tort ou à raison que globalement, cela lui était plus profitable, grâce notamment aux capacités que la France continuait à détenir et qui aidaient économiquement la société allemande.

Du reste, malgré les appels de Pétain à l'abstention, la multiplicité des représailles allemandes, avant comme après Oradour, montrent bien qu'on assiste à une lente « polonisation » de la France, même si elle n'atteint pas les mêmes degrés d'horreur et qu'elle commence beaucoup plus tard.

Quelques jours après le drame d'Oradour, une petite vie politicienne reprend au sommet de ce qui reste de l'État, à Vichy, avec cette question : qui gouverne ? Et comment organiser la transition ? N'est-ce pas confondant… Le 5 juillet 1944, l'extrême droite fascisante, c'est-à-dire Platon, Déat, Doriot envisagent à nouveau un coup de main pour se débarrasser de Laval et de Pétain qui ne prennent pas les mesures énergiques qu'ils souhaitent en terme d'aide envers l'Allemagne.

Autant la Résistance se raidit avec le débarquement, autant les collaborationnistes se raidissent également. À la suite de l'exécution à Paris de Philippe Henriot, le 28 juin 1944, Platon convoque Bichelonne, Déat, Brinon, Cousteau et Benoist-Mechin pour former un nouveau gouvernement. Pétain qui l'apprend convoque Platon le 9 juillet et lui dit : « Mon ami, vous feriez mieux de rester chez vous à la campagne et vous tenir en dehors de tout cela. »

Le 12 juillet 1944, durant la dernière réunion du gouvernement de Vichy, est proclamée bien haut la neutralité de la France. Laval fait savoir qu'il s'oppose à ce que la Milice soutienne les Allemands en Normandie. Il croit pourtant toujours en la victoire du IIIe Reich. D'une part, parce que le 13 juin, les premiers V1 ont atteint Londres – même si les dégâts ne sont pas aussi considérables que les Allemands l'imaginaient et que peu de V1 fonctionnent… Mais on attend les V2. D'autre part, tout le monde pense, à tort, que la technologie allemande est de loin la plus avancée. En réalité, les Russes ont des tanks supérieurs à ceux des Allemands et qui les surclassent aussi en nombre. Mais cela, on l'ignore. Laval pense enfin que les réserves scientifiques de l'Allemagne sont telles que les Anglais et les Américains ne feront pas le poids.

Mi-juillet, Laval tente une opération que Jean-Pierre Azéma a appelée de « politique fiction » : restaurer la République. Laval a organisé la chute de la IIIe République, mais c'est un pur parlementaire. Son bain de foule, il n'en jouit pas dans la rue mais dans l'enceinte du Parlement. Avec 83 députés, son idée est de charger l'ancien président du Conseil Édouard Herriot de reconstituer l'Assemblée, le radical Queuille étant choisi comme président de la République. Laval obtient des Allemands de libérer Herriot.

Sont réunis à table Herriot, Abetz, Laval et la femme d'Abetz, qui est française, pour mettre tout cela au point. Nous connaissons le dialogue de ce repas. « Pétain a congédié le Parlement, dit Herriot. Pas question de parler avec lui. Toi, Laval, au moins tu t'expliques. Je te serre la main. À Pétain, jamais. Il est l'ennemi de la République. Je n'ai pas plus confiance en lui qu'en de Gaulle. Ce sont des ambitieux. »

L'entrevue n'aboutit à rien : Herriot refuse l'« opération Laval ». Pétain, qui a été averti de cette opération, ne veut ni rejoindre Laval à Paris, ni discuter avec Herriot qu'il déteste. Il craint d'être enlevé et pense qu'à Vichy, au moins, il est protégé par les ambassades étrangères.

Le 11 août 1944, alors que les troupes franco-américaines se préparent à débarquer en Provence, Pétain lance même autour de lui la formule : « Plutôt de Gaulle que Herriot. » Et il charge l'amiral Auphan d'une lettre destinée aux Américains :

> Je donne pouvoir à l'amiral Auphan pour me représenter auprès du Haut Commandement anglo-saxon en France et, éventuellement, prendre contact de ma part avec le général de Gaulle ou ses représentants qualifiés, à l'effet de trouver au problème politique français au moment de la libération du territoire une solution de nature à empê-

cher la guerre civile et à réconcilier tous les Français de bonne foi.

Si les circonstances le permettent, l'amiral Auphan m'en référera avant toute décision d'ordre gouvernemental. Si c'est impossible, je lui fais confiance pour agir au mieux des intérêts de la patrie, pourvu que le principe de légitimité que j'incarne soit sauvegardé. Si je ne suis plus libre, Auphan fera ouvrir le pli qui a été remis par moi-même en 1943 au vice-président du Conseil d'État et au procureur général près de la Cour de cassation.

Comme en l'a vu, plusieurs indications montrent d'un côté son admiration pour de Gaulle et de l'autre son ressentiment. À Tracou, il répète plusieurs fois que « c'est regrettable qu'il [De Gaulle] soit suffisant, car nous avons au fond les mêmes idées ».

Pendant que l'amiral Auphan tente de joindre le général de Gaulle, qui l'éconduit, ainsi que le général Eisenhower, Pierre Laval s'efforce par tous les moyens de faire venir Pétain à Paris, tandis que son entourage prend mèche avec la Résistance pour imaginer un enlèvement. Renthe-Fink lui fait alors savoir que s'il s'échappe, on bombardera Vichy. « Je n'ai pas le droit de laisser bombarder les enfants et les femmes de Vichy par les Allemands pour entrer dans l'histoire avec un peu plus de gloire », répète Pétain à Ménétrel qui souhaitait que la Résistance l'enlève.

Renthe-Fink et le général von Neubronn montent alors un coup de force et viennent enlever Pétain. La garde désarmée laisse passer le Maréchal en chantant *La Marseillaise*. Alors que la ville de Paris est libérée, Pétain est transféré par les Allemands à Morvillars, près de Belfort. Comme prisonnier. Quelle déchéance…

À l'été 1944, que pensent les Français de Pétain ? Le soutiennent-ils ?

À Morvillars, le maire accueille Pétain et fait un discours en son honneur devant les Allemands :

> Monsieur le Maréchal,
> C'est l'âme ardente de nos plus grands poètes français qui nous a appris que la seule récompense digne des grands hommes, c'est l'ingratitude.
> Vous avez pu croire que votre œuvre n'a pas été comprise. Vous avez remarqué cependant que la population, qui a été prévenue de votre arrivée, s'est portée d'un élan spontané vers votre passage pour manifester sa sympathie à l'égard du chef vénéré que vous restez.
> Ce soir, c'est le conseil municipal qui veut traduire officiellement ses sentiments et vous présenter ses hommages. Ces sentiments, ces idées, ce sont ceux que vous avez jetés dans nos cœurs. Ils germent lentement. Le blé que nous semons dans nos champs demeure de longs mois avant de présenter ses blancs épis à la clarté du soleil […].
> Nous savons qu'il n'y a qu'une France, celle de nos ancêtres, celle qu'ont bâtie nos rois, celle qu'ont construit les ouvriers de nos cathédrales, la France des paysans de nos campagnes. Et cette union entre les gens de l'ancienne France, vous la retrouvez intacte chez nous, paysans et ouvriers se coudoient et se soutiennent. Unis dans les jours sombres ils le resteront dans les jours heureux.

Vous avez montré le chemin de l'honneur. Fidèles à votre appel, nous saurons nous grouper dans les voies de l'ordre. [...]. Nous nous acheminerons vers la réconciliation, la rénovation de la France par le pardon des injures et l'amour de tous les nôtres.
Vous nous avez donné l'exemple, Monsieur le Maréchal. Quelle sera donc votre récompense ? Claudel nous disait que l'ingratitude était la seule qui soit possible. Mais non, Dieu, et lui seul, pourra vous donner cette récompense vraiment digne de vous et de votre œuvre.

Les Français qui étaient là l'acclament.

Mais le sort de Pétain n'est plus vraiment à l'ordre du jour. Pour lors, on pense d'abord à la libération et au fait que demain les jours seront meilleurs. Il faut à cet égard souligner, comme le montre le film *Le Chagrin et la Pitié,* que l'un des principaux soucis des Français c'est « manger ». Les réquisitions des Allemands étaient devenues drastiques. Ils surveillaient les fermes à un œuf près !

Dès 1942, à Grenoble, en zone libre, où je me trouvais, à la cantine des Jeunesses catholiques, un panneau indiquait : jours pairs, rutabagas, jours impairs, blettes. Pas de viande, ni de beurre. Mon plus vieil ami Albertin, qui avait un peu plus de famille que nous, a reçu un jour un pot de miel. On l'a liquidé en un quart d'heure à trois.

Au maquis, en juillet 1944, quand on était dans les bois, il n'y avait plus rien à manger. Dans mon groupe, nous étions vingt-cinq environ et avons eu un jour à partager qu'une boîte de sardines. On descendait donc dans la plaine chez les paysans pour qu'ils nous donnent un peu de nourriture. J'avais repéré une grande bâtisse, une sorte de couvent où nous sommes allés de nuit. On a escaladé les murs et nous avons été reçus par la principale du couvent avec beaucoup d'hostilité et des menaces : on était des terroristes, portant un uniforme 6ᵉ BCA. Je lui ai tendu de l'argent comme il était prévu et elle nous a finalement donné quelques biscuits et des fruits.

J'ajoute, pour la petite histoire, que six ans après, alors que je revenais d'Algérie avec ma femme, en voiture, nous sommes passés devant le couvent. La grille était ouverte. En revoyant les murs que nous avions franchis, je me suis demandé comment nous avions pu les escalader. Dans la cour, arrive la supérieure. Je la reconnais et lui rappelle l'épisode de 1944. « Mes petits maquisards ! s'écrie-t-elle. Je suis si heureuse que vous soyez vivants ! Vous voyez, on m'a donné la Légion d'honneur pour l'aide que je vous ai apportée. » Ça ne s'invente pas.

Revenons à Pétain. Quand on l'emmène en Allemagne, le 7 septembre 1944, le Maréchal met au point son dernier message aux Français, écrit par Henri Massis, un vieux maurrassien vichyssois, auteur en 1936 avec Brasillach des *Cadets de l'Alcazar*. Il a corrigé le texte, en se contentant comme à son habitude, de faire à la main des rectifications de style. C'est dans ce message qu'apparaît l'expression « de l'épée et du bouclier » qu'il a soulignée : « S'il est vrai que de Gaulle a levé hardiment l'épée de la France, l'Histoire n'oubliera pas que j'ai tenu patiemment le bouclier des Français. »

Cette proclamation est placardée début septembre dans l'est de la France.

Déjà lors d'un entretien de juin 1944 avec le romancier académicien Martin du Gard, Pétain s'était justifié : « Si j'étais parti, les SS auraient éliminé tous les Juifs. J'ai protégé également les réfugiés alsaciens et les communistes. »

Bien avant son départ vers Sigmaringen, dans le Bade-Würtemberg, où il réside de septembre 1944 à avril 1945, Pétain a commencé à préparer sa défense avec le docteur Ménétrel, son vrai conseiller, qu'il ne quitte plus. « Je ne pensais pas qu'à la fin ce serait un médecin qui gouvernerait la France », a commenté Laval.

La défense de Pétain s'articule autour de quatre points principaux. D'abord il affirme qu'il a joué un double jeu, notamment après la rencontre avec Hitler à Montoire, avec l'envoi de Rougier à Londres, et en rappelant les bons sentiments qu'il a manifestés auprès des Américains.

Deuxièmement, sur les conseils de Ménétrel, il a fortement condamné au mois d'août 1944 les « excès » de la milice. On possède le compte rendu de son échange avec Darnand. Celui-ci est suffoqué et lui rétorque : « Mais vous m'avez soutenu et félicité et maintenant que les Américains sont aux portes de Paris, vous me condamnez. On aurait pu s'y prendre plus tôt ! » Darnand a bien compris les raisons de ce retournement.

Le troisième point de défense consiste à insister sur les liens existants avec les maquis, puisque celui d'Auvergne avait projeté d'enlever Pétain à Vichy.

Quatrième point, Pétain fait valoir qu'il a toujours cherché à rester en rapport avec les Américains, d'où la mission du colonel Gorostarzu, que Pétain a envoyé à Lisbonne avant le débarquement. À cette date, les Américains avaient déjà décidé qu'ils n'auraient plus aucun rapport avec Pétain, mais celui-ci l'ignorait.

Les dernières semaines, Pétain n'emploie plus le terme de « collaboration ». Il parle de « réconciliation franco-allemande ». Il est très attentif au choix des mots.

Il demande également à Laval de démissionner. Ce qu'il refuse. « Je ne peux pas puisque vous avez suspendu vos fonctions en disant que dès que vous quitteriez la France, vous ne les exerceriez plus… »

Dans ce vide de Sigmaringen, certains restent passifs comme Laval et Pétain, lequel commence à prendre ses habitudes. En revanche, d'autres internés s'agitent : Déat, Doriot et Brinon. Comme il n'y a plus d'instance gouvernementale, que Paris est libéré et que les Allemands reculent, Hitler prête de nouveau attention à ce qui se passe en France. Il charge Brinon, qui a toujours été dans les cercles franco-allemands, de constituer un gouvernement. Mais Pétain refuse de le recevoir.

À Sigmaringen, paradoxalement, la fermeté de Pétain ne cesse de croître… Le Maréchal retrouve une certaine vigueur et un courage nouveau. Il tient bon. Quand Hitler apprend que Pétain ne veut pas recevoir Brinon, il déplore : « Sans Pétain, il n'y a pas de solution. » Et de son côté, le Maréchal exulte : « Que Brinon s'occupe des affaires courantes », c'est-à-dire des prisonniers, des déportés… Brinon s'indigne : « Vous me demandez de protéger ceux que vous avez persécutés ! »

Pétain le dégrade et lui retire sa francisque. Le 4 octobre 1944, Brinon l'avertit : « Monsieur le Maréchal, vous détruisez dans l'histoire tout ce que vous avez été. Vous refusez d'aller au bout de votre logique : lutte contre le bolchevisme, Révolution nationale, Europe nouvelle. » Il vide son sac dans une lettre qui sera lue en partie au procès.

Pétain finit par demander de retourner en France pour « sauver son honneur », se justifier. C'est son acte le plus courageux. Le 21 avril 1945, des généraux allemands le font passer en Suisse avant que Stucki obtienne que Pétain puisse rentrer en France – contre l'avis de De Gaulle qui craint que le Maréchal ne soit fusillé et eut préféré qu'il fut jugé par contumace.

Durant son trajet, à Pontarlier, la foule lui envoie des crachats, des pierres et l'insulte. Nous sommes le 26 avril 1945.

Six mois avant, à Morvillars, non loin de là, on l'acclamait…

Chapitre 7

LA DÉCHÉANCE, LA SOUFFRANCE
ET L'HONNEUR

En 1940, le maréchal Pétain avait 84 ans. Son âge peut-il expliquer, ou même en partie excuser, les errements de sa politique ?

Je ne crois pas à l'explication de l'âge, sauf pendant les journées de novembre 1942 et après son procès. Durant l'Occupation, beaucoup de Français répétaient le mot de Laval : « Pétain tient le rôle d'une potiche. » Le Maréchal pouvait en effet apparaître effacé face à un homme aussi actif que l'était Laval à l'âge de 57 ans. Mais Laval s'est fait duper par Pétain, à plusieurs reprises !

En juin 1942 par exemple, quand il prononce à la radio son discours « Je souhaite la victoire de l'Allemagne[1] ». Dans sa première mouture, Laval avait écrit : « Je *crois* en la victoire de l'Allemagne. » Mais Pétain lui a rétorqué : « Vous ne pouvez pas croire, vous n'êtes pas militaire, et donc pas compétent. » Et Laval corrige : « Je *souhaite* la victoire… », ce que Pétain a laissé passer. Or, comme on l'a vu,

---

1. Cf. en annexe p. 283.

le Maréchal corrigeait toujours tous les textes. Cette gaffe a confirmé l'idée selon laquelle Laval avait été l'architecte principal de la collaboration, si décriée par les Français.

Herbert Lottman, dans son portrait de Pétain, raconte qu'en 1942 le Maréchal visite un hôpital à Lyon. Il se tourne vers son accompagnateur et lui demande : « Où sommes-nous ? Qu'est-ce que je fais ici ? » On lui répond : « Vous êtes le maréchal Pétain et vous visitez l'Hôtel-Dieu de Lyon… » Alors, Pétain se ressaisit et reprend sa visite : « Ah ! Cela va mieux, mon ami, continuons ! » N'a-t-il pas eu beaucoup d'absences ?

Il a effectivement des absences et des moments de faiblesse car il ne supporte plus les longues réunions. Quand une question l'ennuie, il n'écoute pas. Que Pétain, à 86 ans, ait des absences, est-ce vraiment surprenant ? On peut dire que c'est l'âge… Il a de la repartie, pourtant, pour quelqu'un d'âgé (quand son avocat Jacques Isorni lui conseille de préparer son testament, il lui répond : « Ah, vous avez aussi pensé à ma situation après ma mort ? »).

Mais il a davantage de repartie que de réflexion. Toute sa vie, il a été coutumier des lieux communs. Quand on lui demande pourquoi il supprime les partis politiques, tout en refusant le parti unique, il répond qu'un parti ne peut pas être unique car c'est, par essence, une « partie » de quelque chose… Des esquives de cette sorte, on en retrouve constamment, ce qui donne l'impression qu'il n'a pas de pensée politique structurée.

Il apparaît donc éteint au milieu des hommes politiques, et superficiel au milieu des intellectuels.

En fait, je pense que l'âge de Pétain n'a réellement joué que lors de la crise de novembre 1942, quand pendant des jours et des nuits entiers ses ministres se sont réunis pour savoir comment réagir face à l'ultimatum de Hitler, consécutif au débarquement des Alliés en Afrique du Nord. Durant ces réunions qui n'en finissent pas, Pétain est fatigué et ne suit plus.

Au printemps 1945, lorsque, après la défaite allemande, il veut être jugé, on lui conseille de préparer sa défense. Sur une feuille de papier, il liste différents arguments de manière très lucide ! Pourtant, quelques semaines plus tard, à son procès, on le voit somnoler... Mais tout en somnolant, il entend ce qui se dit et fait deux interventions très maladroites qui le perdent. On y reviendra. Au fond, il n'aura laissé voir sa déchéance que durant son procès.

Philippe Pétain a été hésitant toute sa vie, pas seulement à la fin. On a vu par exemple qu'il était en 14-18 opposé à la conception de l'offensive à tout prix. Il se gaussait : « Attaquons... attaquons... cons comme la lune ! » Il aimait ces plaisanteries qui le faisaient passer pour un homme peu fiable auprès des autres généraux. À l'âge de 60 ans, déjà, il était considéré comme âgé ! À Verdun, en 1916, on opposait la jeune génération (le général Mangin par exemple) aux vieux comme Pétain.

Sa prudence, sa méticulosité, sa passivité ont toujours donné l'image d'un vieil homme... Mais il s'agit en réalité d'un trait de caractère. En 1944, après le débarquement, il reste sur la défensive quand il demande aux Français :

« Ne sortez pas de votre trou. Faites comme à Verdun, ne courez pas de risques inutiles. » Sa réaction attentiste convient d'ailleurs à beaucoup de Français : « On attend les Américains ! » Comme en 1917 !

Son âge joue surtout sur son image. Pour l'opinion publique, Pétain ne peut pas être un ambitieux ! Les Français sont rassurés par ce vieillard ferme et pacifique.

Il rassure aussi en prononçant des discours de clarté, sans rhétorique ni langue de bois. Certaines de ses formules, comme « Je hais les mensonges qui nous ont fait tant de mal », laissent une profonde impression. Pétain est un bon orateur et un grand metteur en scène quand il s'adresse à la nation. En juin 1941, son discours sur « la mémoire courte » a beaucoup impressionné. « Rappelez-vous… », disait-il aux Français tout en passant un disque de son discours de juin 1940, lorsqu'il demandait l'arrêt des combats.

À l'époque, de Gaulle n'avait pas ces dons ; il parlait sans élan, de façon saccadée. Dans ce registre, le plus désagréable était sans conteste Paul Reynaud, dont la voix était agressive et haut perchée. Les deux autres grands orateurs durant l'Occupation ont été Maurice Schumann à Londres, et Philippe Henriot, à Paris, le plus redoutable.

Pétain joue d'ailleurs de son âge aux Actualités filmées. Il a suivi des leçons à la Comédie-Française. Il prend une voix chevrotante. Il articule bien, on dirait aujourd'hui que c'est un « professionnel ». Son âge rassure, mais il reste attentif à son allure, à sa tenue. Il sait qu'il est un très bel homme. Il a de beaux yeux bleus, une carrure d'athlète, de l'allure. Il se montre très attentif aux signes de l'âge. S'il était aussi « âgé » que la légende voudrait le faire croire, aurait-il dans les écoles de jeunes filles de Vichy soulevé sa canne où s'accrochaient des petites filles, et dit : « Regardez, je peux vous soulever. »

Cet homme que l'on voudrait potiche a des signes de vitalité plus nombreux qu'on le croit.

Juste avant la Seconde Guerre mondiale, le commandant Loustanau-Lacau, l'un de ses proches collaborateurs, qui a écrit nombre de ses discours, a laissé de lui un portrait de plain-pied :

> C'est le prince de l'équilibre. Il porte en lui la commune mesure humaine. Ni trop grand, ce qui déroute, ni trop petit, ce qui diminue. La tête, un tiers entre les épaules, exactement proportionnée. Ni saillie, ni étirements, ni aplatissements, aucune de ces anomalies heureuses ou fâcheuses qui marquent cependant cette normalité anormale des traits dont un sculpteur désespère… Peut-être des yeux plus rapprochés qu'on ne s'y attendait… Des yeux bleu de mer à la lumière froide et qui clignent sous l'émotion, la surprise, la fatigue, l'inquiétude. Des rides sans rudesse, aucun ravage ; cette peau, relustrée en clinique, aurait 40 ans. Elle n'est ni blême, ni rose, c'est la peau de l'homme blanc, blanche comme celle d'un Sénégalais est noire. […] Le teint sans tuberculose, sans cancer, sans syphilis, le teint d'un foie en ordre…

De Gaulle écrira que « l'âge le livrait aux manœuvres de gens habiles à se couvrir de sa majestueuse lassitude ». En ajoutant : « La vieillesse est un naufrage… » Son grand âge ne le laissait-il pas plus démuni qu'un autre face à son entourage ?

Le poids de l'entourage est un argument vieux comme l'histoire. On lui prête à l'envi un pouvoir qu'il n'a pas. C'est toujours la faute de l'entourage. Par ailleurs, plus on vieillit, moins on cède le pouvoir. Après la guerre, Churchill, sûr d'être battu, se présente néanmoins aux élections. Et c'est son adversaire, par dignité, qui s'est désisté. Après avoir été renversé, Mussolini revient sur le devant de la scène et fonde la république de Salo ! Il est très rare de voir des hommes politiques renoncer au pouvoir et dire : « Place aux autres ! », sauf le légendaire Cincinnatus. Pétain est d'ailleurs resté à la tête de l'État jusqu'au bout. Prisonnier en Allemagne, il veut faire signer un papier à Laval pour qu'il lui donne sa démission…

On peut malgré tout attribuer à l'âge le fait que pour Pétain, le dernier qui parlait avait souvent raison. Nous avons vu son attitude après les premiers attentats de l'été 1941 commis par les communistes contre les troupes d'occupation allemandes, avec l'épisode tragique des otages de Châteaubriant.

Dans un premier temps, il veut s'offrir en victime à la place de ceux qui allaient être fusillés par les Allemands. Il fait faire ses valises et pense réellement qu'il va se rendre. Mais sur l'intervention de Pucheu, le ministre de l'Intérieur, non seulement il met fin à ce projet, mais il condamne les « terroristes ». Il s'agit manifestement d'une absence de détermination due à l'âge. Mais pas seulement à l'âge ! Il veut aussi perpétuer la collaboration…

Et il a commis plusieurs fois des palinodies de ce genre.

L'érotisme que dégageait l'homme Philippe Pétain a redoublé en 1940. Pétain n'a cessé que très tard de fréquenter de petites maîtresses. Un vrai signe de vitalité…

C'était un « homme à femmes ». Dès son entrée en Belgique en 1914, il notait sur son carnet le profil de l'hôtesse qui l'hébergeait pour quelques nuits. On le savait coureur et célibataire. Serrigny, son adjoint d'alors, savait quelle était la meilleure de ses conquêtes à chaque moment de l'année. À Verdun, selon un témoignage obtenu en 1986, une habitante me raconta indignée qu'au lieu d'être à son quartier général de Souilly, « il était toujours avec sa petite poule ».

On a dit ce qui s'est passé entre lui, Nini et Mella. À Paris, en 1940, pendant la « drôle de guerre », un compagnon de ses plaisirs, diplomate brésilien, m'a raconté que lors de ses voyages depuis Madrid, plutôt que de comploter, il se rendait avec lui au « One-two-two », la maison close bien connue de la rue de Provence à Paris. À Vichy, le docteur Ménétrel s'était arrangé pour lui amener des « petites femmes » par une entrée qui les rendait invisibles à sa femme légitime. Mais cela aussi a pris fin avec l'occupation de la zone libre par les Allemands en 1942. Il avait 86 ans. Il expliquait que pour tenir ainsi, « il fallait être entraîné… »

***

Cinq ans après l'avoir appelé au pouvoir, la France va donc juger Pétain, l'homme que l'on considère désormais comme un traître. Comment s'annonce le procès ?

Le procès s'inscrit dans un climat de guerre civile, pour autant que l'idée de juger Pétain n'a pas surgi avec la libération. Dès le 3 septembre 1943, à Alger, on a estimé qu'il fallait qu'il rende des comptes. En métropole, on savait que le ministre de l'Intérieur Pucheu avait été fusillé en Algérie, et que si les Alliés gagnaient la guerre, le régime de Vichy serait jugé à son tour. Un climat de tension régnait dès le débarquement.

D'autre part, la Résistance était frustrée de ses combats, en ce sens qu'elle se plaignait fréquemment de ce qu'Alger et la France libre, qui avaient pendant trois ans exalté le patriotisme de tous les Français, n'envoyaient pas assez d'armes. Avec les résistants de l'intérieur, de Gaulle faisait le coup du mépris.

Au Vercors, nous avions appris le 13 juillet 1944 que le débarquement en Provence n'aurait pas lieu le 14 juillet comme prévu. Nous étions furieux et avions le sentiment d'être abandonnés. Puis le 14, les armes étaient tombées du ciel, ce qui a alerté les Allemands qui nous ont aussitôt attaqués. J'ai moi-même été mitraillé dans un champ alors que je tentais de récupérer un des cartons parachutés.

Nous étions en colère contre de Gaulle. On ignorait que la faute était celle de l'état-major allié qui avait fait reporter la date du débarquement en Provence au 15 août.

Après la libération de Paris, les communistes voulaient un procès pour tous les collaborateurs. Ils étaient plus violents encore que les autres Résistants car ils cherchaient à faire oublier leur attitude au début de la guerre, au moment du pacte entre l'URSS et l'Allemagne.

À la Libération, en 1944, bien avant l'ouverture du procès, une épuration sauvage a lieu, menée par des résistants qui voulaient régler leurs comptes avec les collaborateurs. Du coup, en réaction à cette épuration, il se produit une sorte de Thermidor, comme sous la Révolution française, quand en 1794, après la Terreur, Robespierre et ses partisans avaient été renversés : on se dresse contre les excès de la Résistance. Et la presse se déchaîne contre ses crimes.

Sur le moment, le ministre de l'Intérieur Adrien Tixier a exagéré les chiffres de l'épuration en l'évaluant à 105 000 fusillés. Les journaux de droite ont renchéri : « Non, ce n'est pas 100 000 mais 150 000 fusillés. » On sait maintenant qu'il y en eut 10 000 en réalité, dont 767 après jugement.

J'ai moi-même été très marqué par le souvenir de ce déchaînement à Paris contre la Résistance, et notamment par la défense par François Mauriac, au nom du droit de se tromper, de journalistes et d'écrivains qui avaient été collabos tel Brasillach. Les dénonciateurs étaient transformés en victimes !

Nous étions libérés mais on faisait le procès des Résistants… Un scandale. Et j'observais avec tristesse que pour autant que de Gaulle désarmait les groupes FTP de peur d'un coup d'État, il rendait visite à de nombreuses villes comme Toulouse, Agen mais pas à Grenoble, celle qui, après le massacre des Français du Vercors, symbolisait la Résistance.

De 1944 à 1945, il régnait donc un climat de guerre civile. Nous étions à mille années lumière du 11 novembre 1918 et de l'unanimité nationale d'alors. Le jour de la victoire, le 8 mai 1945, n'a pas été un jour de fête à la différence de celui de la libération de Paris, ou de Lyon… On réalisait que les prisonniers revenaient mais pas les déportés, dont on ignorait encore le sort au moment de la Libération à l'été 44. On voyait monter le conflit entre les communistes et les gaullistes.

La libération du pays semblait avoir été acquise par les forces françaises de l'extérieur, elles seules. À Lyon, après avoir quitté les bois, vers la fin août 1944, nous devions rejoindre une unité qui avait débarqué dans le Midi. Avant d'attaquer Lyon, on nous avait entraînés dans un camp et on attendait le signal pour marcher sur la ville où nous sommes finalement entrés dans la nuit du 1er au 2 septembre 1944. La population nous a sauté au cou.

On nous a regroupés pour nous faire défiler à pieds, pas en jeep. Après un premier tour de Lyon : « Repos ! Deuxième tour ! » On recommence, il fallait montrer qu'on était nombreux ! Nous étions épuisés et j'entends encore un couple, près de moi, commenter : « Ils défilent quand même moins bien que les Allemands… »

Dans ce climat de nervosité et de rancœur, le procès s'ouvre le 23 juillet 1945, après deux mois et demi d'instruction seulement. S'est-il déroulé de manière satisfaisante ?

Le procès s'ouvre à Paris et il faut bien noter que Pétain a voulu s'y rendre, malgré le souhait du général de Gaulle qui voulait l'épargner et faire un procès par contumace puisqu'il était passé en Suisse.

Roosevelt est mort le 12 avril 1945, Mussolini le 28 avril et Hitler le 30 avril.

Nous sommes entrés dans une autre époque de l'histoire, la guerre est finie. Le gouvernement de Gaulle veut que le procès Pétain enracine sa légitimité. En effet, de Gaulle n'est légitime que si Vichy a trahi. Donc la trahison est le premier motif de l'accusation, suivi de la collaboration.

La majorité des jurés veut condamner Pétain. Le parrain de ma fille, qui en faisait partie, m'a raconté qu'ils pensaient plus à condamner ou à absoudre qu'à faire la lumière sur la politique de Vichy. Quant à la magistrature, qui avait juré fidélité à Pétain, elle voulait surtout se montrer autonome par rapport au nouveau gouvernement.

Chacune de ces instances avait donc ses propres enjeux.

Ses lignes de défense, Pétain les avait écrites à la plume sur un petit papier que j'ai trouvé aux Archives.

« J'ai toujours résisté aux Allemands, donc je ne pouvais être que favorable à la Résistance. »

« Je ne pouvais pas l'approuver en tant que chef de l'État en présence de l'ennemi. »

« Il fallait distinguer résistance aux Allemands et prétextes à crimes. »

« Comme de Gaulle, j'ai désapprouvé les attentats. »

« Je n'ai pas cherché à avilir la Résistance étant moi-même un résistant. »

Comme on voit, il avait tous ses esprits. Mais, en se défendant, Pétain va émettre des contrevérités absolues. Sur la Résistance, par exemple, certes il a eu par trois fois des mots pour les fusillés, mais en public il a toujours retourné sa position. Il a toujours stigmatisé les actes de Résistance, qu'il appelait des actes de terrorisme.

Avant le début du procès, il a été interrogé. Et durant ces interrogatoires, sa défense évolue.

Sur son arrivée au pouvoir le 10 juillet 1940, il réplique qu'il n'a pas agi seul : « Je n'étais pas parlementaire, tout le monde a poussé à la roue. Le principal auteur de toute cette organisation était certainement Monsieur Laval, et dès lors, je ne pouvais désigner que lui comme chef du gouvernement. » Il cherche en permanence à se défausser sur Laval.

Sur les tribunaux spéciaux avec clause de rétroactivité qui ont entraîné des condamnations de Résistants dès 1942 : « Tout cela s'est passé à mon insu, je n'en ai gardé aucun souvenir. J'ai essayé de réunir l'Assemblée pour lui présenter un projet de Constitution qui ressemblait étrangement à l'ancienne mais l'ennemi s'y est opposé. » Il esquive la question et répond sur son projet de 1943.

Sur la défaite et l'armistice : « Comment aurais-je pu faire autrement ? Si je n'avais pas demandé l'armistice, il se serait passé en France ce qui s'est passé en Pologne. » Comme on l'a vu, c'est Laval qui a le premier comparé la France et la Pologne. Mais Hitler ne voulait pas que la France devienne la Pologne : il voulait faire de la Pologne un territoire allemand et exterminer sa population. À cette époque on ne pouvait pas le savoir…

Sur les persécutions et les lois raciales : « J'ai toujours de la façon la plus véhémente défendu les Juifs. Ces persécutions se sont faites en dehors de moi. Je me suis opposé au port de l'étoile jaune et j'ai dit à Darquier de Pellepoix qu'il était un tortionnaire. » Mais son antisémitisme l'a conduit à prendre des mesures contre les Juifs dès le mois d'octobre 1940. Il n'y a que sur l'étoile jaune en zone libre qu'il a tenu bon.

Sur la mobilisation des Français au profit du Reich : « Tout ce trafic se faisait à Paris et était l'œuvre de Laval. Et puis il y a eu moins de travailleurs là-bas qu'on a dit, et de ma conversation avec eux en Allemagne, j'ai gardé l'impression qu'ils n'étaient pas maltraités. »

Sur la légion antibolchevique : « Je ne me suis jamais occupé de recrutement. Pour le message, il n'est pas de moi et on a surpris ma signature. » Pétain fait semblant de ne pas avoir lu le texte où il salue la légion antibolchevique, à l'été 41. Nous savons pourtant qu'autant il n'écrit pas ses textes, autant il les lit. Qu'il n'ait pas parcouru un discours aussi important, cela semble peu vraisemblable. Était-il fatigué, sénile, signant n'importe quoi ? C'est possible. Mais que les Français participent à côté de la Grande

Allemagne à une croisade contre les bolcheviques n'était pas pour lui déplaire. Pétain oublie ce qu'il veut oublier.

Sur la fameuse journée du 8 novembre 1942 durant laquelle les Américains débarquent en Afrique du Nord : « Je ne me rappelle pas avoir écrit à Hitler que je ne pouvais que m'incliner devant sa décision. » C'est pourtant lui qui l'a écrit. L'écriture ne trompe pas. Et puis c'est son style.

En fait, ses avocats sont divisés. Payen et Lemaire veulent plaider la sénilité. Mais Jacques Isorni glisse à l'oreille du Maréchal : « La France est derrière vous, elle vous aime. C'est le vainqueur de Verdun qu'elle veut voir et pas un homme abattu. » Seul Isorni a voulu aborder deux problèmes qui n'ont pas été traités durant le procès : la Résistance et les Juifs. L'accusation ne portait pas en effet sur ces sujets mais sur l'armistice et la collaboration. Isorni, qui avait été Résistant, savait qu'il valait mieux exorciser les crimes commis pendant la guerre que d'éviter d'en parler (cf. p. 289).

Le 23 juillet 1945, Pétain pénètre dans l'enceinte de la Haute Cour au Palais de justice. Il a décidé de lire ces quelques lignes de défense, puis de garder le silence :

> C'est le peuple français qui, par ses représentants réunis en Assemblée nationale le 10 juillet 1940, m'a confié le pouvoir, c'est à lui que je suis venu rendre des comptes.
> La Haute Cour, telle qu'elle est constituée, ne représente pas le peuple français, et c'est à lui seul que s'adresse le Maréchal de France, chef de l'État.
> Je ne ferai pas d'autre déclaration.

Je ne répondrai à aucune question.

Mes défenseurs ont reçu de moi la mission de répondre à vos accusations qui veulent me salir, qui n'atteignent que ceux qui les profèrent.

Ayant passé ma vie au service de la France, aujourd'hui âgé de 90 ans, jeté en prison, je veux continuer à la servir, en m'adressant à elle une fois encore. Qu'elle se souvienne. J'ai mené ses armées à la victoire en 1918. Puis, alors que j'avais mérité le repos, je n'ai cessé de me consacrer à elle [...].

Lorsque j'ai demandé l'armistice, d'accord avec nos chefs militaires, j'ai rempli un acte nécessaire et sauveur.

Oui, l'armistice a sauvé la France et contribué à la victoire des Alliés en assurant une Méditerranée libre et l'intégrité de l'empire.

Le pouvoir m'a alors été confié légitimement et reconnu par tous les pays du monde, du Saint-Siège à l'Union soviétique. De ce pouvoir j'ai usé comme d'un bouclier pour protéger le peuple français. Pour lui, je suis allé jusqu'à sacrifier à mon prestige. Je suis resté à la tête d'un pays sous l'Occupation [...].

Pendant que le général de Gaulle, hors de nos frontières, poursuivait la lutte, j'ai préparé les voies à la libération, en conservant une France douloureuse mais vivante. [...]

Des millions de Français pensent à moi qui m'ont accordé leur confiance et me gardent leur fidélité. Ce n'est point en ma personne que vont l'une ou l'autre mais pour eux comme pour bien d'autres à travers le monde, je représente une tradition qui est celle de la civilisation française et chrétienne face aux excès de toutes les tyrannies [...].

L'accusation entreprend alors un procès totalement déconnecté de la réalité historique. Pour charger Pétain et légitimer de Gaulle, il faut montrer que le Maréchal a pris le pouvoir dans des conditions antirépublicaines. On réunit tout un dossier pour montrer qu'il s'agit d'un complot mis sur pied depuis 1936 pour prendre le pouvoir. Or on a vu que cela est faux. Il y eut des campagnes de presse en 1935-36 en faveur de Pétain, mais celui-ci y était tout à fait étranger. Les avocats n'ont aucun mal à faire tomber ces accusations fabriquées.

Ensuite, pour expliquer l'armistice, on fait appel à des témoins : Daladier, Reynaud, Weygand. Quand Paul Reynaud accuse Maxime Weygand d'être le responsable de l'armistice, celui-ci lui répond : « Si vous étiez un vrai chef, il fallait me limoger », etc. À l'issue de ce duel, Reynaud apparaît un peu ridicule et Weygand en sort vainqueur. Mais le procès de Pétain est devenu le procès de la IIIᵉ République !

Arrive alors Laval. Il apparaît comme un homme aux abois, vieilli de quinze ans. Mais il a toute sa tête. Il répond à trois questions.

L'armistice ? « Mais ce n'est pas moi qui étais ministre ! » Et c'est vrai. Laval n'a rien à voir avec l'armistice. Comme au procès de Riom, l'accusation tombe à faux. C'est un peu comme de mauvais journalistes qui interrogeraient un professionnel de la politique.

Les Juifs ? « Mais ce n'est pas moi qui ai fait la loi : c'est Pétain et Alibert ! » Là encore, ce n'est pas totalement faux. Il explique que c'est lui qui a discuté à chaque fois avec les Allemands pour essayer de réduire le nombre de

Juifs qu'ils voulaient arrêter. En fait, nous avons vu que pour sauver les Juifs français, il a sacrifié les Juifs étrangers. Mais ce n'est pas lui qui en est à l'origine : c'est Pétain pour les lois et les Allemands pour les arrestations.

Le retournement des alliances et la collaboration ? Réponse de Laval : « L'armistice était signé. Par conséquent, changer les alliances, ce n'était pas un retournement puisque nous n'étions plus en guerre ! »

J'ai plusieurs fois insisté dans les pages précédentes sur le fait qu'il faut garder à l'esprit qu'en octobre 1940, au moment de Montoire et de la collaboration, pour tous, la guerre était finie, et remportée par les Allemands. Après, la collaboration prendra un autre sens : fascisation, persécutions, lâchetés et abus… Mais en 1940, les Français ne s'en sont pas rendu compte. Autant, nous avions tous été marqués par Mers el-Kébir, la flotte française coulée par les Anglais en juillet 1940, autant Montoire et le retournement des alliances, personne ne s'en était préoccupé. C'est juste après, en novembre et décembre que Pétain a été acclamé dans toute la France non occupée.

Laval conclut sa défense : « Quant au 10 juillet 1940, c'est le Maréchal qui m'a demandé de gérer le changement de régime. Mais cela a été voté par l'Assemblée, 569 voix contre 80. »

Laval se défend donc très bien. Mais il est tellement détesté, que cela ne change rien. « Je ne puis admettre qu'on me considère comme le mauvais génie du Maréchal », finit-il par lancer. Et c'est vrai qu'il n'a pas été son mauvais génie, mais celui qui, par goût du pouvoir, a voulu prendre sa place. Il a toujours considéré Pétain comme une potiche et s'est toujours jugé comme le seul politique du gouvernement de Vichy.

Un premier incident se produit durant le procès lorsque Pétain dit ne pas se rappeler de l'affaire de Dieppe, c'est-à-dire de l'échec du débarquement anglais. Or Pétain a envoyé un télégramme à Hitler pour le féliciter de sa victoire et lui proposer de défendre les côtes françaises s'il le fallait.

Deuxième incident : Pétain dit ne pas se rappeler non plus de René Gillouin, un de ses plus fidèles soutiens, quand Isorni évoque le problème des Juifs et des hommes qui, autour du Maréchal, ont tenté de limiter les dégâts.

Surtout, arrive à la barre le général de Lannurien. Cet aveugle de guerre, pétainiste depuis 14-18, passe pour un bon orateur et surtout pour un fervent admirateur du Maréchal : « Si par malheur on dégradait cet homme, si on lui arrachait ses boutons, ses galons, ses étoiles, une fois jouée l'infâme comédie, quand il passerait devant les rangs, courbé par l'âge, pâli sous l'affront, mais la tête haute, loin d'être diminué il en serait grandi, et le soir nous penserions tous que c'est nous, nous seuls et la France avec nous que nous aurions salis... »

Des applaudissements fusent, le président crie au scandale, puis un juré demande la parole : « Avec tout le respect que m'inspire le général pour ses blessures, je lui demanderai ce qu'il pense du maquis, de la répression contre les maquisards. »

Le général de Lannurien : « Je sais de quoi vous parlez, il s'agit des lettres que j'ai écrites au Maréchal. Je n'ai jamais rien fait contre la Résistance, mais j'ai toujours condamné le terrorisme. »

Le juré reprend : « Permettez que je lise deux phrases : "Il faut que l'on sache bien que c'est le chef de l'État lui-même, et non le chef du gouvernement, qui a voulu, conçu et précipité la répression dont l'effet bienfaisant a été immédiat, que l'on sache bien que ces deux actions bienfaisantes, celle de Darnand et de Philippe Henriot, doivent être votre œuvre personnelle." »

« – Vous ne reniez pas ce que vous écriviez le 15 mars 1944 ?

« Le général de Lannurien : "Je ne renie rien, je reprends comme conclusion la phrase du Maréchal : Je n'ai jamais combattu la Résistance, j'ai combattu le terrorisme." »

Alors, subitement, Pétain se lève pour la première fois, et demande la parole : « Je prends la parole pour une fois, pour dire que je ne suis pour rien dans la présence du général de Lannurien ici. Je ne savais même pas qu'il devait se présenter devant la cour. Tout cela s'est passé hors de moi. »

L'émoi est considérable. On s'est rendu compte que Pétain écoutait, alors qu'il avait l'air perdu, et puis ce désaveu de l'un de ses plus fidèles soutiens, cette ingratitude prouvent que Lannurien disait la vérité.

Il y eut également un incident externe au procès, à l'occasion d'un article paru dans le journal *Franc-Tireur* sur Jean-Richard Bloch, un avocat et écrivain assez connu. Le 30 juillet 1945, voici ce qui est écrit : « Notre confrère

251

Jean-Richard Bloch est arrivé bouleversé au Palais. Ce soir il a appris que sa fille a été fusillée à Hambourg le 12 février 1943, sa mère étouffée dans la chambre à gaz le 3 juin 44, son gendre massacré par la milice de Darnand le 15 juin 1944. Quand enfin parlera-t-on du sang des morts ? »

C'est en effet la conclusion incroyable qui fut tirée de ce procès : on n'y a parlé ni des victimes, ni de Vichy, ni de la Résistance. À l'exception d'Isorni, le propre avocat de Pétain...

Ce procès avait ses raisons, mais il y avait imposture, comme le jugeait Claude Mauriac, à fonder le procès sur une trahison délibérée, à développer la thèse du complot : ce qui permettait d'innocenter tous ceux qui avaient acclamé Pétain ; un Maréchal dont on découvrait qu'il se déchargeait de ses responsabilités sur les autres.

Le 15 août 1945, Pétain est condamné à mort par 14 voix contre 13, notamment pour intelligence avec l'ennemi et haute trahison. Mais la Haute Cour émet le vœu que la sentence ne soit pas appliquée, arguant de l'âge de l'accusé. La grâce est votée par 17 voix contre 13.

Pétain est certain que c'est à de Gaulle qu'il doit cette grâce et demande à Isorni de remercier le Général. C'est pourtant bien la cour qui en est responsable. Estimant que de Gaulle aurait accordé la grâce, il s'agissait de le devancer pour montrer que la justice était indépendante.

En réalité, de Gaulle a tout fait pour qu'il n'y ait qu'un procès par contumace. Mais il n'a ensuite rien accompli pour le sauver, contrairement à ce qu'a voulu croire Pétain le reste de sa vie.

Comment la population a-t-elle réagi au verdict de 1945 ?

Les Français ont été favorables au verdict. Mais sans excès. 75 % des Français étaient pour la peine de mort, 18 % contre. À gauche, 62 % ; à droite, 12 %. Mais le procès n'a plus fait la une des conversations au moins quelque temps. On parlait davantage du procès de Sacha Guitry ou de l'emprisonnement de Georges Guingouin, le premier résistant communiste.

Après le procès, Pétain est envoyé dans les Pyrénées au fort du Portalet puis à l'île d'Yeu dans la citadelle de Pierre-Levée, où il va passer plus de cinq ans jusqu'à sa mort en juillet 1951. Cette situation m'évoque Nicolas II, le dernier tsar de Russie, au moment de sa captivité en 1917-1918. Pétain se comporte un peu comme s'il était à la retraite : il jardine, il se plaint volontiers de la nourriture.

Son gardien Joseph Simon a laissé des témoignages qui nous renseignent sur son état d'esprit durant ces années de captivité[2]. Le 4 août 1945, pendant le procès, Pétain, à la lecture d'un article du journal *Le Monde* sur « sa déchéance », fut très vexé : « Je crois que ceci l'a plus vexé que tout ce s'est dit tous les jours contre lui par les uns et les autres », observe le gardien. Le 21 août 1945, Pétain qui veut quitter le fort du Portalet pour une autre prison se voit refuser sa demande. Il aurait « pleuré et jeté à terre tout ce qui lui tombait sous la main. C'est la première fois qu'on le voyait pleurer », ajoute Joseph Simon.

---

2. Joseph Simon, *Pétain mon prisonnier*, Plon, 1978.

Le 18 octobre 1945 : « Aujourd'hui, il m'a demandé si le général de Gaulle allait obtenir la majorité aux élections. Dans l'affirmative, il se propose de lui adresser une lettre de félicitations […]. Il pense que le général de Gaulle un jour le libérera. »

Le 20 septembre : « Ce soir le Maréchal avait à manger : potage, céleris et confiture, le menu de tout le monde. Il a été très mécontent de ce menu et l'a trouvé nettement insuffisant. Le premier surveillant lui a répondu :

« – Voilà ce que les Parisiens ont mangé pendant quatre ans.

« – Ça je m'en f… Moi j'ai besoin de manger. »

Il écrit à sa femme : « Ce qui me trouble, c'est de terminer ma vie avec l'idée que je suis en prison et de partir avec l'étiquette de mauvais Français ». Lui qui n'a cessé de dénoncer les « mauvais Français »… Réalise-t-il ce qui s'est passé ?

À l'île d'Yeu, sa déposition devant la commission d'enquête de l'Assemblée en 1947 témoigne que, désormais, il n'a plus une conscience exacte de ce qu'il a dit, de ce qu'il a fait et de ce qui s'est passé. Il a perdu une vision claire de son passé.

***

Et les Français, en vérité, que pensent-ils de Pétain depuis 1940 ?

À l'heure du procès de Pétain, nous l'avons vu, 75 % des Français étaient favorables à la peine de mort ; 18 % y étaient hostiles. Ce procès s'était déroulé en juillet 1945 et depuis un an le pays avait connu Oradour, Tulle, Ascq, le Vercors et les Glières. Pendant qu'il avait lieu, on découvrait l'étendue des massacres commis dans les camps d'extermination d'où revenaient quelques morts-vivants, et autres déportés, ainsi que les prisonniers.

L'émotion et la colère étaient à leur comble.

Cinquante ans plus tard, en 1996, un autre sondage énumère les principaux traits attribués au Maréchal : son dévouement, son conservatisme, son anticommunisme. On juge également qu'il ne fut ni martyr, ni pro-allemand, ni faible de caractère. Il n'aurait pas été non plus anti-sémite, ni réactionnaire, mais réaliste, sage et patriote (cf. p. 292).

Voilà un contraste qui interpelle.

Nul doute : le choc fantastique de la débâcle, que l'exode avait accompagnée, rendent compte de l'état de coma dans lequel le pays était plongé en 1940. Cette issue fatale était pourtant annoncée. Indépendamment de la discorde intérieure virulente depuis les années 1930, l'enchaînement des échecs et des humiliations avait démoralisé le pays avant la bataille : réarmement allemand, réoccupation de la Ruhr, Anschluss de l'Autriche, Munich, occupation de Prague, sans parler de la guerre d'Espagne et du dilemme de la gauche divisée entre son pacifisme et sa lutte contre le fascisme.

Face à ces événements dramatiques, les hommes au pouvoir, Flandin, Daladier, Blum ou Bonnet ont été accusés d'avoir trop cédé ou pas assez... Et puis pendant la drôle de guerre, Gamelin n'avait pas bougé pour secourir la Pologne écrasée.

Les Français, après cette avalanche de débandades, suite à une politique de poltrons, étaient convaincus que la victoire allemande signait la fin de la guerre. Ce n'était pas l'Angleterre qui allait pouvoir changer le cours de l'histoire ! C'est dire que l'abattement de tous était tel, à cette heure, que l'appel du général de Gaulle, au reste peu entendu, parut irréaliste.

Alors que celui du Maréchal, dont la gloire passée était intacte, émanait d'un militaire expérimenté, dont on enfilerait les pantoufles. L'auguste vieillard n'avait-il pas, pour beaucoup, arrêté la marche en avant des barbares ?

Le débat moral sur la forme à donner à la fin des combats demeura étranger à la masse des Français, à la différence de quelques-uns qui voulaient sauver l'honneur de la nation. Le pays rendait grâce à celui qui le désengageait de la guerre et avait réussi à préserver une zone non occupée.

À son procès, on a jugé au contraire que Pétain avait projeté d'assassiner la République, à charge pour Laval de l'exécuter. Lors du vote par le Parlement sur le changement de régime, il y eut 80 opposants sur 569, et 17 abstentions. Mais aucun des opposants ne contesta le transfert du pouvoir à Pétain. Pour les Français, tout juste revenus de l'exode, ce qui s'était déroulé à Bordeaux puis à Vichy était un *non-événement*. En juillet 1940, ce qui les a marqués, c'est bien davantage l'attaque des Anglais contre la flotte française ancrée à Mers el-Kebir.

Quant à la collaboration, il nous faut rappeler une nouvelle fois que les « noces du Maréchal avec les Français » (ses voyages à Marseille, Lyon, etc.) eurent lieu dans l'enthousiasme juste *après* la rencontre de Montoire avec Hitler.

Le renvoi de Laval en décembre 1940 n'eut pas pour origine la remise en cause de la collaboration de la part de Pétain, mais bien la haine de ce dernier envers son ministre qui n'hésitait pas à se substituer à lui pour mener les négociations avec les Allemands. Mais, à l'exception de quelques ministres, personne ne l'a su ou n'a voulu le croire, Hitler pas plus que les autres.

Ainsi est né le mythe du double jeu dont on a vu aussi qu'il n'était pas totalement dénué de réalité puisque Pétain a manifesté une amitié ostentatoire envers l'ambassadeur des États-Unis, neutres à cette époque, et n'a pas hésité à « tirer son képi aux Anglais qui tiennent ».

L'équivoque du double jeu eut la vie longue. Lorsque la collaboration s'intensifie sous Darlan, c'est bien à l'Amiral qu'on l'attribue. Lorsqu'une légion anti-bolchevique se constitue à la suite de l'entrée en guerre de l'Allemagne contre l'URSS, ce sont les ultras de Paris comme Déat et Doriot qui en sont rendus responsables. Pourtant c'est bien Pétain qui a jugé opportun de participer aux succès vertigineux remportés par la Wehrmacht sur le front de l'Est à l'été 1941.

La presse collaborationniste de Paris a contribué à perpétuer l'ambiguïté en pressant Vichy d'entrer en guerre aux côtés des Allemands. La presse anglophobe et antisémite, quelque peu sous surveillance à l'époque de Daladier et de Reynaud, avait retrouvé toute sa liberté. Chaque semaine, quatre hebdomadaires – *Gringoire, Candide, Je suis Partout, Le Pilori* – et chaque jour cinq ou six quotidiens martelaient leur ignominie. Il n'y avait plus de presse de gauche, sinon clandestine.

Seule la radio pouvait faire contrepoids mais tout le monde n'en possédait pas et toutes les radios ne captaient pas Londres et « Les Français parlent aux Français ». Au reste, en zone occupée, il fallait se cacher pour l'écouter. Il était plus simple d'écouter Jean Hérold Paquis de Radio Paris. « Radio Paris ment, Radio Paris est allemand », répète la BBC. Mais elle ne parle pas de « Radio Pétain », même si Londres ne cesse de critiquer le comportement de Vichy.

L'équivoque se perpétue avec le retour de Laval qui, avec Pétain, félicite les Allemands de leurs succès à l'Est et de leur victoire sur les Anglais à Dieppe. Mais Pétain se tait, lui, lorsque Laval souhaite la victoire de l'Allemagne. L'imbroglio qui accompagne le débarquement allié en Afrique du Nord avec le retournement de Darlan, Pétain qui fait tirer sur les Américains puis qui à Noël déclare « qu'il attend que des étoiles se lèvent dans le ciel », voilà qui semble incompréhensible à une partie de l'opinion. À l'époque, on n'avait pas perçu l'aspect contradictoire de ses positions.

Ni la politique antisémite, ni la politique de répression de Vichy ne furent vraiment abordées au procès de 1945. De fait, ce sont bien les historiens qui ont montré que Pétain en fut à l'initiative (et pas les Allemands). Avec

Laval, il ne résista pas aux exigences allemandes sauf sur deux points : le port de l'étoile jaune en zone libre et la déclaration de guerre aux Alliés.

Mais Pétain a eu l'intelligence politique de ne jamais manifesté publiquement ses sentiments antisémites, sensible sans doute à la réprobation qui émanaient des milieux protestants puis de l'Église catholique. C'est ainsi que 35 % des Français ont pu juger que Pétain n'avait pas été antisémite.

Le dispositif est un peu le même avec le STO. Pétain laisse Laval annoncer le Service du travail obligatoire, le gérer, alors que quelques mois plus tôt, à l'heure de la Relève, il se rendait dans les gares pour saluer les ouvriers qui revenaient d'Allemagne.

Quant à sa xénophobie, elle était partagée par une grande partie de ses concitoyens. Personne n'avait protesté lorsque sous la IIIe République des républicains espagnols ont été internés, tout comme des réfugiés juifs ou allemands.

Curieusement, le sondage de 1996 ne pose pas la question « Pétain fut-il un résistant ? ».

Au maquis du Vercors, et plus précisément au sein du 6e Bataillon, on honnissait la milice de Darnand et Laval, mais on ne disait rien de Pétain. Je pense que c'est parce que cela aurait pu nous diviser. On savait qu'officiellement il avait dit que le pays n'était plus en guerre et qu'il avait condamné les actions « terroristes » à cause des représailles. On savait aussi plus ou moins que De Gaulle avait tenu la même position.

Mais pour dire vrai, on n'entendait déjà plus la voix du Maréchal. C'est celle de Philippe Henriot qui submergeait tout, et ralliait tous ceux qui avaient peur du bolchevisme ou ceux que les bombardements alliés avaient conduit au désespoir. À l'époque, on ignorait que Pétain appréciait les interventions furibondes de Henriot à la radio. On ne savait pas non plus qu'il avait refusé d'assister à ses obsèques, après son exécution par des Résistants. Tout comme on ignorait qu'à cette date il condamnait les excès de la milice de Darnand et qu'ensuite à Sigmaringen, il refusa que sa garde assure sa sécurité.

L'image du bouclier (Pétain) et de l'épée (De Gaulle) ne fut connue qu'un peu plus tard. Elle rend compte de bien des accommodements noués par les Français avec l'Occupation, de leur vœu d'être libérés par les Alliés, mais aussi de leur désir de ne pas trop avoir à s'en mêler. Il n'est pas simple d'être des héros quand on est désarmé.

N'oublions jamais non plus que la propagande de Vichy a réussi à empoisonner l'opinion.

Au lendemain de la libération de Lyon, je suis parti embrasser mon oncle et ma tante, alors à La Louvesc. Me voyant arriver avec mon béret et mon brassard marqué Vercors, ma tante Rosy qui m'aimait bien me dit « Alors Marco, te voilà devenu un terroriste ? »

Pétain et Vichy avaient agi de telle sorte qu'on traitait de voyous ceux qui, tout simplement, avaient fait leur devoir.

Chapitre 8

Y A-T-IL EU UN « PÉTAINISME » ?

L'idéologie de Pétain et de Vichy était fortement inspirée par l'extrême droite. Mais était-elle pour autant fasciste ?

En vérité, à l'époque, cette question ne se posait pas, ni même au lendemain de la Libération d'ailleurs, car ce n'était pas au fascisme que l'on faisait référence mais à l'Action française. De fait, il est certain que l'entourage de Pétain appartenait à ces milieux et que Pétain lui-même considérait Charles Maurras comme son maître à penser.

René Benjamin, de l'Académie française, a assisté à leur rencontre le 27 juillet 1940 : « Dès qu'il vit Maurras, le Maréchal se leva. Maurras s'élança, mit sa main dans celle du Maréchal et se releva radieux. Et les yeux de ces deux hommes croisèrent leurs feux. Ce furent deux éclairs ; je crois les voir encore ; la lumière du respect, la flamme de l'admiration. »

Les deux hommes partageaient un fonds commun d'idées empruntées à leurs auteurs préférés, au premier rang desquels Maurice Barrès : restauration des traditions, promotion de la profession comme instance représentative ; autonomie des provinces et décentralisation ; hostilité aux francs-maçons et aux « métèques », etc.

Mais pour les historiens communistes, comme Roger Bourderon et Germaine Willard, « derrière un fonctionnement de routine, Pétain institue un vrai régime fasciste, dans les moyens comme dans les finalités ». Les moyens sont connus, notamment la Milice, comme les mesures prises contre les « parias » du régime, ses exclus, sous oublier la symbolique des manifestations et de la propagande.

En outre, la collusion des dirigeants avec la technocratie du grand capital, surtout à l'époque de Darlan, Lehideux puis Bichelonne, constitue pour ces historiens le second aspect de similitude avec les régimes fascistes et hitlérien.

Le régime de Vichy est-il fasciste pour autant[1] ?

René Rémond a noté avec justesse que « Vichy n'est pas la collaboration, et que la collaboration n'est pas la droite ». S'il n'est pas la gauche non plus, mais bien ces rancis d'avant-guerre, les différences avec le fascisme sont nombreuses. Pétain se prononce contre le parti unique, même s'il laisse une légion en remplir en partie les attributions.

Le deuxième trait qui différencie l'idéologie de Pétain de celle des régimes fascistes, et qui peut expliquer la pérennité de l'idéal pétainiste dans la France d'après-guerre, c'est l'hostilité déclarée envers un État fort et donc envers ceux qui lui sont institutionnellement attachés : les fonctionnaires. Dans un article où il définit « la doctrine de l'État français », publié par la *Revue universelle* de juillet 1941, le maurassien René Gillouin écrit en effet : « Sous le régime démocratique et libéral de la IIIᵉ République, le pouvoir était relatif et limité ; sous les régimes

---

1. Sur l'« imprégnation » fasciste, lire Z. Sternhell et R. Girardet, cf. bibliographie.

totalitaires, il est absolu et illimité ; sous le nouveau régime français, comme aux meilleurs moments de notre histoire, il est à la fois absolu et limité. »

Sur un troisième point, les rapports avec l'Église catholique, le régime du Maréchal est également très différent de la plupart des régimes dits fascistes, Espagne et Portugal exceptés. Alors que les rapports du Duce et de l'Église catholique ne sont pas bons et que ceux de l'Allemagne hitlérienne avec le clergé catholique et les Églises réformées sont mauvais, Pétain s'appuie au contraire essentiellement sur l'Église catholique en France. C'est elle qui jouera le rôle de chambre d'écho pour glorifier son action. Cet écho porte loin, du reste, puisque au lointain Québec la glorification du Maréchal est le fait de l'Église catholique.

Mais c'est sur un quatrième point que le pétainisme se différencie nettement du fascisme, et plus encore de l'hitlérisme. Considérant avec Charles Maurras que le totalitarisme est en quelque sorte une dérive, une extension de la démocratie, il juge *que le pouvoir doit venir d'en haut*. Il fait appel aux notables, ou encore à ceux qui ont le savoir, les compétences : les ministres techniciens.

Ainsi, c'est par la structure sociale du pouvoir que le pétainisme se différencie du fascisme : notables et technocrates n'ont rien à voir avec les dirigeants fascistes ou nazis, ces militants plébéiens, alors que Pétain veut marier le savoir et la tradition. En ce sens, il n'y a, sous couvert de Révolution nationale, aucune révolution sociale comme l'Allemagne hitlérienne en connut. Les historiens ont en effet mis en évidence à des degrés divers les tentatives de fusion des élites du parti et des élites traditionnelles qui sont intervenues sous le régime nazi.

C'est ce que Raymond Aron a compris dès 1941. Il l'a écrit dans un article remarquable, « Le gouvernement des notables » (*Chroniques de guerre*)[2] :

> Le régime qui s'est institué en France depuis l'armistice est donc un régime autoritaire. Mais une telle expression ne suffit pas à définir le statut actuel de la France. Car il y a plusieurs formes de régimes autoritaires ; le fascisme, le national-socialisme, le gouvernement du général Franco, celui de Salazar sont tous autoritaires, encore qu'ils présentent de multiples différences. Les luttes politiques qui se déroulent en France, autour de la personne du maréchal Pétain et entre Paris et Vichy, ont pour enjeu le contenu social, économique, moral qui sera donné à la forme autoritaire, que tous, hommes et factions en conflit, veulent également inconditionnée. […]
> Dans les équipes qui se sont formées à Vichy, les parlementaires ont peu à peu disparu. Les hauts fonctionnaires, civils et militaires, les chefs d'industrie, les grands bourgeois ont progressivement pris la haute main. En dépit de multiples emprunts au vocabulaire et à la technique du national-socialisme, ils semblent plus proches des doctrines conservatrices et traditionalistes que de la démagogie nazie. Ils rejettent l'idée d'un parti unique, soutien et représentant de l'État à travers le pays, parce qu'ils craignent le retour, à la faveur d'une telle organisation, des hommes et des idées révolutionnaires. Leur idéal est que les masses se désintéressent peu à peu des affaires publiques.
> La Révolution nationale, que l'on a proclamée au lendemain de la défaite, est une révolution par en haut. Elle a

---

2. Cité par P. Yonnet, *Voyage au centre du malaise français*, Gallimard, 1993, p. 297.

été exécutée, à l'origine, par une minorité agissante, sans participation du peuple. Elle se développe aujourd'hui avec la collaboration de la bourgeoisie. […]

***

Mais alors comment définir le pétainisme ? S'agit-il d'une parenthèse dans l'histoire politique française ou bien se rattache-t-il à un courant ?

Les idées de Pétain sont enracinées dans la droite réactionnaire. Il est une figure d'incarnation. Ce n'est pas un théoricien, ce n'est pas un doctrinaire.

Dans les années 1980, la querelle des historiens allemands portait sur la question de savoir si Hitler avait été une parenthèse, ou bien si le nazisme s'inscrivait dans le passé allemand. Ceux qui ont soutenu la thèse de la parenthèse, comme Nolte, étaient avant tout anticommunistes : Hitler n'avait fait que prendre exemple sur les crimes communistes qui avaient précédé.

Je pense au contraire que le nazisme s'enracine dans l'histoire allemande. Hitler s'inscrit par exemple dans la criminologie colonialiste des Allemands, comme lors de l'extermination des Hereros en Afrique du Sud-Ouest entre 1904 et 1911. Et sur le plus long terme, le nazisme s'inscrit dans la lignée du romantisme allemand, une sorte d'héritage pervers.

Alors que l'histoire de la gauche se réfère à la marche de l'Histoire et au progrès depuis la Révolution française, on a toujours omis de se demander s'il n'y avait pas un parallèle opposé du côté de la droite antirévolutionnaire.

Georg Lukács a écrit en 1954 un livre qui s'intitulait *De Schelling à Hitler*. Mais ce titre abrupt n'est devenu que le sous-titre de « La Destruction de la raison » parce qu'il enracinait le nazisme dans la culture allemande. On rechigne à inscrire le fascisme dans l'histoire. On préfère en faire une parenthèse.

Pétain hérite lui aussi d'une tradition, celle de la droite ultratraditionaliste. Il ne s'agit pas seulement de la tradition militaire. Pétain avait une conception militaire de l'ordre et de l'autorité, certes, mais il n'était pas militariste. Par contre il a hérité de cette réaction à l'idée de progrès.

En réalité, le pétainisme en soi n'existe pas. Il est une des figures d'un courant plus large et sans cesse réactualisé.

Avant tout, ce courant est anti-démocratique et, dans le cadre du XXᵉ siècle, il est anti-parlementaire parce que c'est par cette voie, juge-t-on, que la démocratie s'élargira. Mais l'instabilité ministérielle la fragilise – 12 gouvernements sous la présidence de Jules Grévy, et plus au milieu des années 1930, l'un d'entre eux ne durant qu'une seule journée. Le règne des partis la handicape. On exige donc un exécutif fort.

L'antisémitisme, la xénophobie définissent également ce courant qui s'exaspère à l'époque des crises économiques – comme au temps de Dreyfus et, après guerre, celui des « Affaires ».

En France, avant la politique d'exclusion menée par Vichy, Maurras avait demandé un « bon couteau de cuisine » pour frapper Léon Blum. L'un des mots d'ordre de la fin des années 1930 était « plutôt Hitler que Blum ».

Dans le même élan, avant Vichy, ce courant attend de l'Allemagne nazie qu'elle soit une forteresse contre l'Union soviétique. Avant de souhaiter que la France vaincue puisse se blottir dans une Europe allemande, ces idées avaient déjà imprégné une partie du monde des dirigeants. A-t-on oublié que deux mois après Munich, en 1938, on fêtait à Paris un accord économique franco-allemand que chaperonnaient Pierre-Étienne Flandin, qui avait été président du conseil en 1934-1935, Georges Bonnet, ministre des Affaires étrangères et... Otto Abetz. Il y avait là une sorte d'ombre anticipatrice de la collaboration, avant Vichy, avant Pétain.

Ce que François Garçon et Jean-Pierre Bertin-Maghit ont bien montré, grâce au cinéma, c'est que sur d'autres terrains, Vichy existait avant Vichy[3]. Alors que de 1940 à 1945, on ne compte pas un seul film antisémite, anglophobe, ou antiparlementaire, les voici tous en bataillon serrés de 1936 à 1939 *(Derrière la façade, La Grande illusion, Café de Paris, Pépé le Moko...)*.

Ces deux constatations jumelées permettent de constater qu'à la différence de la politique et de la littérature, le cinéma n'a pas eu ses Brasillach, ses Drieu la Rochelle, ses Rebatet ou ses Céline[4]. Bref, ses collabos. Ce qui veut dire aussi que la société en 1940 avait été prédisposée, préparée à adopter les valeurs dites de Vichy.

Or ce que Robert Paxton a montré avec force, c'est que le fruit paradoxal de la vision du pouvoir qui a régné à Vichy fut l'émergence de l'omnipotence des technocrates,

---

3. Cf. F. Garçon, *De Blum à Pétain. Cinéma et société française*, Le Cerf, rééd. 2008 ; J.-P. Bertin-Maghit, *Le Cinéma sous l'Occupation*, Perrin, 2002.

4. Cf. le film de J.-P. Bertin-Maghit, *On tournait pendant l'Occupation*, AMIP/ARTE, 1995.

dont le signe avant coureur avait été, sous la IIIe République, la nomination au ministère de l'Air, non plus d'un parlementaire mais d'un technicien, Guy La Chambre.

Sous Vichy ont été éliminés des hautes responsabilités, la plupart de ceux qui avaient appartenu à l'ordre politique, pour leur substituer les élites de nos grands corps, de nos concours, bientôt dénommés technocrates et qui avaient été peu visibles sous Vichy – à l'exception de ceux qui avaient participé au gouvernement comme Baudouin. Ils ont ainsi survécu et se sont retrouvés aux postes de commande de l'économie sous la IVe et la Ve République.

Ainsi, continue à se vider de sa substance le pouvoir parlementaire tandis que les réformes de Debré, sous De Gaulle, avec la création de l'ENA, consolident et accélèrent ce processus. Et la figure extrême du courant qui y avait contribué survivait. On avait retrouvé les hommes du 6 février 1934 à Vichy, le témoin est passé, après Vichy, de Tixier-Vignancourt à Le Pen[5].

Après Vichy, on ne peut pas oublier qu'un des volets du programme européen de Jean Monnet était d'insérer cet ensemble dans le cadre Atlantique pour que l'Occident ne devienne pas une satrapie de l'Empire soviétique.

N'a-t-on pas risqué alors, s'est demandé Charles de Gaulle, de voir la France « sans qu'elle s'en aperçoive, devenir un protectorat américain » ?

La parenthèse du « pétainisme » ? À l'entrée, elle était déjà ouverte, à la sortie, elle ne fut pas fermée.

---

5. Aux obsèques de Philippe Henriot, en juillet 1944, il y avait une foule impressionnante. Comme pour faire écho à celle qu'il y avait eu aux obsèques de Jaurès.

CHRONOLOGIE

24 avril 1856 : Naissance d'Henri, Philippe, Benomi, Omer Pétain, à Cauchy-à-la-Tour, près de Béthune. Sa mère meurt après avoir donné naissance à son cinquième enfant. Son père se remarie. Enfance : sous l'influence de l'oncle de sa mère, l'abbé J.-B. Legrand.

1867-1875 : Pensionnaire au collège Saint-Bertin de Saint-Omer où enseigne l'abbé Legrand. Atmosphère hostile à Napoléon III ; puis traumatisme de la défaite de 1871.

1875-1876 : Il entre au collège dominicain d'Arcueil.

1876 : Reçu à Saint-Cyr ; 403e sur 412 admis.

1878 : Sort 229e, promotion Plevna, en hommage au siège de la cité bulgare, défendue par les Turcs, prise par les Russes.

1883 : Sous-lieutenant au 24e de chasseurs de Besançon.

1888 : Entre à l'École de guerre, en sort avec la mention « bien ».

1901-1907 : Professeur à l'École de guerre. Surnommé Pince-sans-rire, Précis-le-sec.

1908 : Il est nommé colonel, à 52 ans.

1914 : Commandant de la 4e brigade ; Franchet d'Esperey insiste pour que Pétain soit nommé général. En octobre, il participe à la bataille de Guise, prélude à la Marne.

1915 : Échec des offensives en Champagne. « Attaquons, attaquerons... cors comme la lune » (contre les volontés offensives de Foch). En août, il défend avec succès Reims et Arras.

1916 : Le 25 février, il est nommé à Verdun. En juin, Nivelle le remplace. Pétain nommé au commandement des groupes d'armées du centre.

1917 : Pétain opposé au principe de l'offensive Nivelle au Chemin des Dames. Le 19 mai, il devient commandant en chef des armées françaises.

Été : Il met fin aux mutineries.

1918 : Novembre, il devient maréchal de France.

1920 : Il épouse Eugénie Hardon, divorcée. Vice-président du Conseil supérieur de la guerre.

1922 : Inspecteur général des armées.

1924-1925 : De Gaulle entre chez Pétain.

1925 : Substitué à Lyautey pendant la guerre du Rif.

1931 : Il est reçu par Paul Valéry à l'Académie française, où il succède à Foch.

1934 : Ministre de la Guerre du cabinet Doumergue.

1935 : Hervé : « C'est Pétain qu'il nous faut. » Sondage en faveur de Pétain.

1937-1938 : De Gaulle publie *La France et son armée* ; rupture avec Pétain.

1939 : Daladier le nomme ambassadeur auprès du général Franco.

1940

18 mai : Pétain nommé vice-président du Conseil par Paul Reynaud.

14 juin : Les Allemands entrent à Paris.

17 juin : Cabinet Pétain ; il demande les conditions de l'armistice.

18 juin : Appel de De Gaulle à la résistance.

3 juillet : Mers el-Kébir.

10 juillet : L'Assemblée nationale vote les pleins pouvoirs à Pétain.

11 juillet : Actes constitutionnels, fondation de l'État français ; Laval est nommé dauphin.

24 octobre : Entrevue Pétain-Hitler à Montoire ; entrée dans la collaboration.

Novembre : L'Afrique équatoriale se rallie à de Gaulle.
13 décembre : Chute de Laval ; Flandin lui succède.
25 décembre : Entrevue Hitler-Darlan.

1941
10 février : Darlan remplace Laval.
Mai : Deuxième entrevue Hitler-Darlan ; les protocoles de Paris.
Juin : Refus du Conseil de ministres de signer les protocoles de Paris ; guerre en Syrie.
22 juin : Invasion de l'URSS.
Juillet : Création de la Légion des volontaires contre le bolchevisme.
12 août : Discours de Pétain : « le vent mauvais ».
22 août : Premier attentat contre un Allemand. Ordonnance des otages.
4 octobre : Charte du travail.
23 octobre : Exécution des otages de Châteaubriant.
Décembre : Arrestation de Juifs français. Entretien Pétain-Goering ; entrée en guerre des États-Unis et du Japon.

1942
Février : Ouverture du procès de Riom.
Avril : Retour de Laval, évasion de Giraud ; nomination de Sauckel.
Juin : Laval, « Je souhaite la victoire de l'Allemagne ». La Relève.
Septembre : Loi du STO (Service du travail obligatoire).
8 novembre : Opération « Torch », débarquement allié en Afrique du Nord.
11 novembre : Les Allemands franchissent la ligne de démarcation et occupent la zone libre.
27 novembre : Sabordage de la flotte à Toulon.
24 décembre : Assassinat de Darlan à Alger.

1943
30 janvier : Création de la Milice.

2 février : Capitulation de Paulus à Stalingrad.

Septembre : Capitulation de l'Italie. La Wehrmacht occupe la zone italienne en France.

13 novembre : Pétain ne peut pas parler à la radio.

Décembre : Pétain accepte de soumettre tous ses actes aux Allemands. Renthe-Fink lui est attaché.

1944

Janvier : Darnand nommé au Maintien de l'ordre. Philippe Henriot à l'Information.

Mars : Déat, ministre « illégal » ; la Milice participe avec les Allemands à la répression du plateau des Glières.

Avril : Bombardements alliés sur la France.

28 avril : Discours de Pétain contre les terroristes.

6 juin : Débarquement allié en Normandie.

10 juin : Massacre d'Oradour.

12 juillet : Dernier Conseil des ministres de Vichy.

14 juillet-août : Bataille du Vercors.

20 août : Les Allemands forcent Pétain à quitter Vichy pour Belfort.

25 août : Entrée de De Gaulle à Paris.

Septembre : Les Allemands emmènent Pétain à Sigmaringen.

1944-avril 1945 : Interné à Sigmaringen.

1945

24 avril : arrivée en Suisse. Pétain se livre aux autorités françaises.

23 juillet : Début du procès de Pétain.

15 août : Condamnation à mort.

17 août : Peine commuée en détention à perpétuité.

Août-novembre : Pétain au fort du Portalet.

Novembre : Internement à l'île d'Yeu.

1950 : Première requête en révision.

1951 : 23 juillet, mort de Pétain, à 95 ans. Constitution de l'Association pour la défense et la mémoire du maréchal Pétain.

1954 : Robert Aron, *Histoire de Vichy.*

1966 : De Gaulle à Verdun – « Oui à la gloire du Maréchal, non au transfert de sa dépouille. »

1968 : Henri Michel, *Vichy, année quarante.* Eberhard Jaeckel, *La France dans l'Europe de Hitler.*

1969 : Marcel Ophuls, *Le Chagrin et la Pitié.*

1973 : Robert Paxton, *La France de Vichy.*

En février, un commando subtilise le corps de Pétain à l'île d'Yeu pour aller l'enterrer à Douaumont.

1979 : Loi réglementant de manière libérale la consultation des archives publiques.

1984 : Herbert Lottman, *Pétain.*

1987 : Klaus Barbie est condamné à la réclusion perpétuelle.

1993 : Paul Touvier, condamné à la réclusion perpétuelle pour crime contre l'humanité.

En mai, sortie du film de Jean Marboeuf *Pétain* adapté de sa biographie par Marc Ferro, avec Jacques Dufilho et Jean Yanne.

Le 8 novembre, l'Élysée annonce la fin de la pratique du dépôt de gerbes présidentielles sur la tombe de Pétain. La commémoration de la Première Guerre mondiale se déroulera désormais dans certains lieux symboliques et non plus sur les tombes des grands chefs militaires.

1995 : Lors de son discours pour commémorer la rafle des Juifs du Vél'd'Hiv, Jacques Chirac reconnaît la responsabilité de l'État.

1998 : Maurice Papon, condamné à dix ans de réclusion criminelle pour complicité de crime contre l'humanité.

ANNEXES

Conditions dans lesquelles est intervenue la demande d'armistice de juin 1940

Notes de Sigmaringen. Archives nationales 3W300, VI, A. Dix-sept feuillets dactylographiés saisis à Montrouge dans les bagages du Maréchal. Ses corrections manuscrites sont en italique.

Dès le 10 juin (1940), l'ennemi a abordé à l'est la région du camp de Châlons ; au centre, il pointe vers la Marne et Château-Thierry ; à l'ouest, il atteint la Basse-Seine à Vernon. Sur tous ces points, des masses de chars sont signalées, prêtes à une exploitation de grand style. La situation de nos forces est critique, et l'entrée en guerre de l'Italie ajoute une menace nouvelle sur notre frontière du sud-est et nos communications avec l'Afrique du Nord.

Dès ce moment, le général Weygand signale au gouvernement qu'il se trouve placé devant une situation sans issue et qu'un armistice s'impose *devient nécessaire*. Le Maréchal appuie ce point de vue. Le gouvernement ne peut se décider à ~~en tirer les conclusions nécessaires~~ *prendre ses responsabilités* : il quitte Paris et se porte dans la région de Tours. M. Paul Reynaud, qui a remanié une fois encore la composition de son gouvernement en « débarquant » M. Daladier et en appelant auprès de lui le général de Gaulle, estime qu'un nouvel appel doit être adressé à l'Angleterre et à l'Amérique avant qu'une décision radicale soit prise.

Mais dès ce moment, l'exode des réfugiés atteint des proportions catastrophiques. Les routes sont embouteillées, les mouvements de troupe deviennent très difficiles. Le déplacement même du gouvernement s'effectue dans le plus grand désordre.

Le Maréchal, qui a quitté Paris le 10 au soir, passe la nuit du 10 au 11 août à Briare. Puis il se rend à Nevers, à Saint-Amand et enfin dans la région de Vierzon sans pouvoir prendre de liaison ~~avec les personnalités responsables~~ *le commandement.* Ce n'est que le 14 qu'il reprend contact avec le gouvernement dans la région de Cangé (près de Tours) où une réunion doit avoir lieu.

Les événements militaires ont évolué avec rapidité ; à cette date (14 juin) l'ennemi exploite rapidement ses succès : il atteint la région de Troyes et poursuit sur Chaumont – Belfort pour prendre à revers ~~la ligne Maginot~~ le Groupe des armées de l'Est qui occupe toujours des positions de la ligne Maginot ; il pousse au centre sur Sens – Dijon en vue de donner la main, dans la région de Lyon, aux attaques italiennes en Maurienne et Tarentaise ; enfin il progresse à l'ouest de la Basse-Seine en direction de Nantes pour isoler la Bretagne et couper les dernières communications avec la Grande-Bretagne. Du fait de ces poussées divergentes, ce qui subsiste du dispositif de nos armées se voit séparé en quatre tronçons, sans liaison entre eux.

L'amplitude et la rapidité du mouvement de retraite augmentent les pertes, et l'aviation allemande, maîtresse incontestée du ciel, harcèle dans les airs nos colonnes désagrégée par les incursions des chars.

Le gouvernement qui s'est transporté le 15 dans la région de Bordeaux y parvient pour prendre connaissance de cette situation de plus en plus critique, et pour apprendre aussi que les appels adressés à la Grande-Bretagne et aux États-Unis sont restés sans réponse.

Le Maréchal déclare alors (16 juin) que la situation militaire impose une décision immédiate, ~~qu'il juge criminel~~ *de qu'on ne saurait* tarder davantage, ~~et qu'il compte se retirer s'il n'est pas fait droit à sa demande~~. M. Paul Reynaud persiste à refuser ; il préconise le départ du gouvernement pour l'Afrique du Nord où la lutte pourrait être reprise. Le Maréchal fait ressortir l'impossibilité matérielle où se trouve la marine d'assurer le transport de l'armée ; il rappelle qu'en Afrique du Nord rien ne permet de monter des fabrications de guerre, puisqu'il ne s'y trouve ni de stocks de matières premières, ni usines, ni main-d'œuvre.

Le Conseil se prononce et se range derrière l'avis du Maréchal.

M. Paul Reynaud donne alors sa démission, et Monsieur Lebrun confie au maréchal Pétain les fonctions de chef du gouvernement.

Le Maréchal forme immédiatement ~~son~~ *un* cabinet, et adresse dans la nuit du 16 au 17 juin une demande d'armistice transmise aux Allemands par l'intermédiaire de Monsieur de Lequerica, ambassadeur d'Espagne.

Puis, le 17, au matin, il ~~s'adresse~~ *lance* un appel au pays par la radio et annonce « qu'il s'est adressé à l'adversaire pour rechercher dans l'honneur les moyens de mettre fin à une lutte inégale ».

À cette date, la situation militaire a encore empiré. L'ennemi atteint le plateau de Langres ; ses éléments avancés sont devant Belfort, encerclant le Groupe de l'Est. Il approche de Lyon. Dans la région d'Orléans, Nevers, il franchit la Loire ; enfin, à l'ouest, il atteint Rennes. Le tronçonnement de ce qui reste de nos forces militaires est irrémédiablement réalisé ; les unités qui se battent encore luttent uniquement « pour l'honneur », notre dispositif militaire n'a plus aucune valeur.

À partir du moment où est lancée la demande d'armistice, les événements militaires passent au second plan.

L'effort du Maréchal va se porter sur la négociation d'armistice ; il s'agit d'obtenir que les conditions qui vont nous être imposées par le vainqueur ne présentent rien de contraire à l'honneur.

Le gouvernement britannique, quand il a été avisé, le 14 juin, de l'obligation où nous nous trouvions de demander l'armistice, avait répondu, par la bouche de Monsieur Churchill, qu'il comprenait notre situation et n'entendait pas « accabler un allié malheureux ». Par la suite, il n'a pas entièrement confirmé ce point de vue, mais il a demandé qu'en tout état de cause la flotte ne tombe pas entre les mains de l'ennemi.

Le Maréchal s'y est employé activement et il eut la satisfaction d'aboutir ; les Allemands, en effet, limitent leurs exigences en matière maritime, au désarmement de la flotte dont les navires durent être groupés dans des ports déterminés, et donnent l'assurance qu'ils ne revendiqueraient à la paix, aucun élément de ladite flotte.

Discours de Pétain du 30 octobre 1940 :
« C'est moi seul que l'Histoire jugera »

« Français !

J'ai rencontré, jeudi dernier, le Chancelier du Reich. Cette rencontre a suscité des espérances et provoqué des inquiétudes, je vous dois à ce sujet quelques explications. Une telle entrevue n'a été possible, quatre mois après la défaite de nos armées, que grâce à la dignité des Français devant l'épreuve, grâce à l'immense effort de régénération auquel ils se sont prêtés, grâce aussi à l'héroïsme de nos marins, à l'énergie de nos chefs coloniaux, au loyalisme de nos populations indigènes. La France s'est ressaisie. Cette première rencontre entre le vainqueur et le vaincu marque le premier redressement de notre pays.

C'est librement que je me suis rendu à l'invitation du Führer. Je n'ai subi, de sa part, aucun « diktat », aucune pression. Une collaboration a été envisagée entre nos deux pays. J'en ai accepté le principe. Les modalités en seront discutées ultérieurement.

À tous ceux qui attendent aujourd'hui le salut de la France, je tiens à dire que le premier devoir de tout Français est d'avoir confiance. À ceux qui doutent comme à ceux qui s'obstinent, je rappellerai qu'on se raidissant à l'excès, les plus belles attitudes de réserve et de fierté risquent de perdre leur force.

Celui qui a pris en main les destinées de la France a le devoir de créer l'atmosphère la plus favorable à la sauvegarde des intérêts du pays. C'est dans l'honneur et pour maintenir l'unité française, une unité de dix siècles, dans le cadre d'une activité constructrice du nouvel ordre européen, que j'entre aujourd'hui dans la voie de la collaboration. Ainsi, dans un avenir proche, pourrait être allégé le poids des souffrances de notre pays, amélioré le sort de nos prisonniers, atténuée la charge des frais d'occupation. Ainsi pourrait être assouplie la ligne de démarcation et facilités l'administration et le ravitaillement du territoire.

Cette collaboration doit être sincère. Elle doit être exclusive de toute pensée d'agression, elle doit comporter un effort patient et confiant.

L'armistice, au demeurant, n'est pas la paix. La France est tenue par des obligations nombreuses vis-à-vis du vainqueur. Du moins reste-t-elle souveraine. Cette souveraineté lui impose de défendre son sol, d'éteindre les divergences de l'opinion, de réduire les dissidences de ses colonies.

Cette politique est la mienne. Les ministres ne sont responsables que devant moi. C'est moi seul que l'Histoire jugera. Je vous ai tenu jusqu'ici le langage d'un père ; je vous tiens aujourd'hui le langage du chef. Suivez-moi ! Gardez votre confiance en la France éternelle ! »

Les protocoles de Paris, signé le 28 mai 1941 par l'amiral Darlan et l'ambassadeur d'Allemagne Abetz

I. a) Accord de principe sur la cession à l'Irak, contre paiement, de matériel de guerre stocké en Syrie.

b) Pendant la durée de l'état des choses actuel en Irak, escale et ravitaillement, dans la mesure du possible, des avions allemands et italiens, avec octroi à l'armée de l'air allemande d'un point d'appui dans le nord de la Syrie (Alep).

c) Transmission du Haut Commandement allemand (à charge de réciprocité) de tous renseignements recueillis par le Commandement français sur les forces et les mesures de guerre anglaises dans le Proche-Orient...

II. a) Utilisation du port de guerre de Bizerte comme port de déchargement des ravitaillements et des renforts en matériel pour les troupes allemandes en Afrique. Comme ports de chargement dans le cas d'emploi de tonnage français (on utilisera) autant que possible Toulon. La marine de guerre française assurera la protection des transports effectués par bateaux français de Toulon à Bizerte.

b) Utilisation de la voie ferrée Bizerte-Gabès pour le transport en transit vers la Libye des ravitaillements allemands.

III. Le Gouvernement français se déclare prêt, en principe, à permettre aux navires de guerre et de commerce allemands d'utiliser comme point d'appui le port et les installations de Dakar et à accorder dans cette zone un point d'appui pour l'armée de l'air allemande. Les grands dangers que comporte l'octroi par les Français de facilités prévues dans le projet d'accord sur l'Afrique occidentale française et l'Afrique équatoriale française, exigent toutefois de subordonner l'exécution pratique de ces mesures, convenues en principes, aux conditions suivantes : I. Le Gouvernement allemand accordera préalablement les renforts nécessaires en vue d'augmenter l'état défensif de l'Afrique occidentale française. II. Le Gouvernement allemand fournira au Gouvernement français, par la voie de concessions politiques et économiques, les moyens de justifier devant l'opinion publique de son pays l'éventualité d'un conflit armé avec l'Angleterre et les États-Unis.

Pétain et les Juifs
Extraits de Raymond Tournoux,
Pétain et la France, Plon, 1980, p. 302

Le directeur du cabinet de Pétain, M. Du Moulin de Labarthète, écrit : « Le Maréchal n'avait signé les décrets qu'à contrecœur. » Les faits contredisent cette affirmation. En revanche, M. Du Moulin de Labarthète rejoint la vérité lorsqu'il dit : « Le Maréchal [...] fit l'impossible pour atténuer la rigueur du sort de ses nombreux amis juifs, M. Heilbronner, le colonel Stern, la baronne de L..., la marquise de V... notamment. Une douzaine de hauts fonctionnaires dont les services de guerre ou les titres scientifiques étaient connus de la France entière, furent, à sa demande, relevés immédiatement des interdictions visées par la loi du 3 octobre. »

C'est l'histoire des « bons » Juifs. Ces quelques bouées de sauvetage se perdent dans une mer de naufragés.

Et les arrestations continuent jusqu'au point d'atteindre les grandes rafles de juillet 1942 : des dizaines de milliers d'hommes et de femmes arrêtés et déportés. 4 000 enfants dont les parents sont déjà en route vers les chambres à gaz d'Auschwitz, arrivent à Drancy.

Discours de Laval du 22 juin 1942[1] :
« Je souhaite la victoire de l'Allemagne »

« Nous avons eu tort, en 1939, de faire la guerre. Nous avons eu tort, en 1918, au lendemain de la victoire, de ne pas organiser une paix d'entente avec l'Allemagne. Aujourd'hui, nous devons essayer de le faire. Nous devons épuiser tous les moyens pour trouver la base d'une réconciliation définitive. Je ne me résous pas, pour ma part, à voir tous les vingt-cinq ou trente ans, la jeunesse de notre pays fauchée sur les champs de bataille. Pour qui et pourquoi ?

Ma présence au gouvernement a une signification qui n'échappe à personne, ni en France, ni à l'étranger. J'ai la volonté de rétablir avec l'Allemagne et avec l'Italie des relations normales et confiantes.

De cette guerre surgira inévitablement une nouvelle Europe. On parle souvent d'Europe, c'est un mot auquel, en France, on n'est pas encore très habitué. On aime son pays parce qu'on aime son village. Pour moi, Français, je voudrais que demain nous puissions aimer une Europe dans laquelle la France aura une place qui sera digne d'elle. Pour construire cette Europe, l'Allemagne est en train de livrer des combats gigantesques. Elle doit, avec d'autres, consentir d'immenses sacrifices. Et elle ne ménage pas le sang de sa jeunesse. Pour la jeter dans la bataille, elle va la chercher dans les usines et aux champs. Je souhaite la victoire de l'Allemagne, parce que, sans elle, le bolchevisme, demain, s'installerait partout.

---

1. Voir discussions p. 233.

Ainsi donc, comme je vous le disais le 20 avril dernier, nous voilà placés devant cette alternative : ou bien nous intégrer, notre honneur et nos intérêts étant respectés, dans une Europe nouvelle et pacifiée, ou bien nous résigner à voir disparaître notre civilisation.

Je veux être toujours vrai. Je ne peux rien faire pour vous sans vous. Nul ne saurait sauver une nation inerte ou rétive. Seule, l'adhésion du pays peut faire d'une politique sensée une politique féconde. Je sais l'effort que certains d'entre vous doivent faire pour admettre cette politique. L'éducation que nous avons généralement reçue dans le passé ne nous préparait guère à cette entente indispensable.

J'ai toujours trop aimé mon pays pour me soucier d'être populaire. J'ai à remplir mon rôle de chef. Quand je vous dis que cette politique est la seule qui puisse assurer le salut de la France et garantir son développement dans la paix futur, vous devez me croire et me suivre [...]. »

Doriot harangue ses militants,
le 8 novembre 1942

« On a maintenu la France, désarmée politiquement et moralement, dans l'impuissance. On paie cher, à présent, les bévues de la politique appliquée à l'Ouest européen. Nous avons multiplié les avertissements et, encore une fois, nous n'avons pas été écoutés. À la décision franche, on a préféré l'attentisme et le double jeu, tout en essayant de nous bâillonner. Voilà le résultat... La situation est aussi grave qu'en mai 1940.

On parle toujours de collaboration, on en parle même plus que jamais. On a fait tuer au Gabon, en Syrie, à Madagascar de braves marins, de braves soldats, de braves aviateurs pour l'honneur. Mais le Gabon, la Syrie, et Madagascar sont perdus. Va-t-on perdre, de même, au nom de l'honneur, notre belle Afrique du Nord ? Le moment est venu de se décider, enfin !

Notre Afrique du Nord ne peut être sauvée que si nous acceptons que l'armée, la flotte, l'aviation allemandes interviennent, et vite. Il se peut que cela ne plaise pas. Alors, qu'on le dise franchement. Qu'on dise, une fois pour toutes, qu'on refuse la collaboration, mais alors que l'on n'envoie pas nos troupes à une mort inutile. Voilà ce que nous demandons ! De la franchise. Et la fin de la politique de l'autruche !...

C'est dans la franchise et non dans le double jeu lâche et imbécile que se trouvent non seulement les véritables intérêts du pays, mais aussi son honneur. Tout le reste est mensonge, bêtise. Ce que les

285

Allemands n'ont pas fait en 1940, les Anglo-Saxons, eux, n'hésitent pas à le faire. Et des Français s'en réjouissent. Les malheureux ! Ils ne savent pas... Si, par malheur, nous perdions à présent l'Afrique du Nord, elle resterait perdue pour nous et pour l'Europe à jamais !

Que voulons-nous ? Qu'on fasse une politique claire et non pas deux ou trois ! Nous exigeons qu'on nous dise si oui ou non la France et son Empire basculent dans le clan du bolchevisme et de ses alliés ! Nous exigeons de savoir si la France est encore en Europe ! Nous exigeons que tout soit mis en œuvre pour que le sacrifice de nos soldats, après ceux de nos populations musulmanes et de nos colons, ne soit pas vain ! Nous exigeons enfin qu'une terre française, et qu'une population française demeurent françaises ! Assez de mensonges au nom du patriotisme ! Assez d'hypocrisie au nom de l'honneur ! Assez de finasseries au nom de la politique ! Le sang français coule à flots là-bas ! Ah ! oui, cette fois, en voilà assez ! »

Lettre de Pétain à Hitler
le 11 décembre 1943

« En 1940, dans les dures épreuves de la France, j'ai assumé la responsabilité de demander l'armistice, que vous, Monsieur le Chancelier, en tant que chef suprême de l'armée allemande, m'avez accordée dans l'honneur.

Après, comme avant la guerre, j'ai continué d'espérer dans la compréhension franco-allemande.

M. de Ribbentrop me demande, en votre nom, "de charger M. Pierre Laval de remanier sans délai le cabinet français dans un sens acceptable pour le gouvernement allemand et garantissant la collaboration".

J'ai rappelé au pouvoir M. Laval en 1942, parce que je pensais qu'il était en mesure de faire comprendre et admettre aux Français le bien-fondé d'une politique pour laquelle j'avais demandé l'armistice. Je lui ai donné, en 1942, des pouvoirs très étendus pour opérer le redressement indispensable ; je l'ai constamment engagé, depuis lors, à marquer et à accentuer son autorité sur les affaires de l'administration de l'État. C'est assez dire que le gouvernement qui pourra reprendre en main le pays aura mon appui total.

Je demande seulement, vous le comprendrez, Monsieur le Chancelier, que les hommes qui composeront ce gouvernement et ceux qui le serviront soient de bons Français et qu'ils ne m'aient pas manifesté d'hostilité dans le passé.

Pour que cette politique d'autorité soit possible, il faut que l'ordre règne en France et que son gouvernement reste souverain.

Or, Monsieur le Chancelier, la prolongation de la guerre et ses conséquences ont placé la France dans une situation tragique.

Sur le plan de l'opinion, la dissidence africaine a augmenté le trouble des esprits. C'est pourquoi, en toutes occasions, j'ai proclamé la légitimité d'un pouvoir que je suis seul à tenir légalement du peuple français. Mes avertissements, les événements d'Afrique du Nord portent aujourd'hui leurs fruits ; beaucoup de Français égarés se tournent à nouveau vers l'autorité légitime.

La défaite, l'occupation sont toujours, pour un pays et pour son gouvernement, une cause de désarroi moral et matériel. Je me réserve de traiter éventuellement les difficultés que crée cet état de faits par des Notes qui vous seraient adressées ultérieurement.

La décision que Son Excellence monsieur le ministre des Affaires étrangères du Reich a prise d'envoyer en mission auprès de moi un de ses collaborateurs de confiance facilitera ma tâche. Je veux voir dans cette proposition, à laquelle j'ai été sensible, le désir d'éviter, plus aisément, par le contact direct, les malentendus et les incompréhensions.

Placé à la tête d'un pays malheureux, occupé par une armée soumise elle-même aux exigences de la guerre, dans un monde déchiré, je ne puis avoir, Monsieur le Chancelier, d'autre politique que celle que je viens de définir.

Par la lutte contre le terrorisme et le communisme, elle contribue à la défense de la civilisation occidentale ; elle est seule de nature à sauvegarder les chances de cette réconciliation de nos deux peuples, qui est la condition de la paix en Europe et dans le monde.

Veuillez agréer, Monsieur le Chancelier, les assurances de ma très haute considération. »

La plaidoirie de Maître Isorni,
lors du procès de Pétain en 1945

« Messieurs de la Haute Cour, depuis de longues journées, j'entends les mots "armistice", "Montoire", "Syrie", "Assemblée nationale".

Et j'ai quelquefois le sentiment que me reviennent comme un écho d'autres mots : Légion des volontaires français, loi raciale, lutte contre la Résistance [...]. C'est de tout cela qu'il m'appartient de vous entretenir [...].

Messieurs, je vous parlerai des problèmes qui sont les plus délicats, qui sont aussi les plus douloureux. Je vous demande de penser que je le ferai avec une grande sérénité, que je ne chercherai aucune polémique et que je ressens trop la gravité et la solennité de cette heure pour être autre chose, devant vous, qu'un homme de bonne volonté qui vous parle.

Au seuil de mes explications je voudrais vous livrer, non pas une conception, mais l'idée qui sans doute a présidé à la politique du Maréchal pendant quatre années.

La politique du Maréchal est la suivante : sauvegarder, défendre, acquérir des avantages matériels, mais souvent au profit de concessions morales.

La Résistance a eu une conception contraire : elle ne cherchait point à éviter les sacrifices immédiats. Dans la continuation du combat elle voyait d'abord des avantages moraux. Peut-être, messieurs, trouvez-vous dans l'antinomie de ces deux thèses une raison du drame français auquel je reviendrai tout à l'heure [...].

Mais la vie des États n'est pas la vie des individus. S'il est grave qu'un individu acquière des avantages matériels au prix de concessions morales, dans la vie de l'État il en va autrement. Les concessions morales qui étaient susceptibles de porter atteinte à l'honneur du chef, c'était le chef seul qui les supportait. Mais les avantages matériels, ils étaient pour qui ? Ils étaient pour le peuple français.

On nous a dit : Peut-être aurait-il mieux valu que ce ne fût pas un maréchal de France. Messieurs, il fallait justement un maréchal de France, qui seul pouvait supporter de telles concessions, les offrir en sacrifice alors que les avantages étaient pour les Français, qu'eux seuls en bénéficiaient.

Et puis, messieurs, la deuxième notion, je vais l'emprunter à un dialogue qui s'est institué entre le procureur général et monsieur Léon Blum. Monsieur Léon Blum, invoquant le serment, pensait que la magistrature aurait dû le refuser et le procureur général s'écriait : Mais que serait-il arrivé si les magistrats français avaient refusé de prêter serment ? […]

Mais, messieurs, si malgré tout ce que je viens de dire, si malgré le sentiment de la vérité qui est en moi, vous deviez suivre le procureur général dans ses réquisitions impitoyables, si c'est la mort que vous prononcez contre le maréchal Pétain, eh bien messieurs, nous l'y conduirons.

Mais je vous le dis, où que vous vous trouviez à cet instant, que vous soyez à l'autre bout du monde, vous serez tous présents. Vous serez présents, messieurs les Magistrats, vêtus de vos toges rouges, de vos hermines et de vos serments. Vous serez présents, messieurs les Parlementaires, au moment où la délégation que le peuple vous a donnée de sa souveraineté s'achèvera. Vous serez présents, messieurs les Délégués de la Résistance, au moment où ce peuple n'aura pas encore consacré vos titres à être ses juges.

Vous serez tous présents et vous verrez, au fond de vos âmes bouleversées, comment meurt ce maréchal de France que vous aurez condamné. Et le grand visage blême ne vous quittera plus.

Car j'imagine qu'il ne s'agit pas de vous abriter derrières d'autres responsabilités que les vôtres.

Et je n'évoque ce tragique, cet inhumain spectacle du plus illustre des vieillards lié à la colonne du martyre, je ne l'évoque que pour vous faire peser tout le poids de votre sentence.

Non, non, il ne faut pas espérer la clémence d'un autre. Si la clémence est dans la justice elle doit être d'abord dans vos consciences.

Songez seulement au visage que donnerait la France à travers le monde une telle horreur et songez que le peuple atterré se frapperait la poitrine.

Mais je le sais, de telles paroles sont vaines, superflues. Les cris de haine, le débordement des passions, les outrages sans mesure, ont expiré au seuil de votre prétoire et elle est enfin rendue, l'heure de la souveraine justice.

Nous l'attendons, sûrs de tous les sacrifices consentis. Nous l'attendons avec la sérénité des Justes. Nous l'attendons comme le signe de la réparation. Nous l'attendons aussi avec tous les souvenirs de notre longue Histoire, de ses fastes, de ses misères, de ses agonies et de ses résurrections.

Depuis quand notre peuple a-t-il opposé Geneviève, protectrice de la ville, à Jeanne qui libéra le sol ? Depuis quand dans notre mémoire s'entr'égorgent-elles, à jamais irréconciliable ? Depuis quand, à des mains françaises qui se tendent, d'autres mains françaises se sont-elles obstinément refusées ?

Ô ma Patrie, victorieuse et au bord des abîmes ! Quand cessera-t-elle, la discorde de la nation ?

Messieurs, au moment même où la paix s'étend enfin au monde entier, que le bruit des armes s'est tu et que les hommes commencent à respirer, ah ! que la paix, la nôtre, la paix civile, évite à notre terre sacrée de se meurtrir encore !

Magistrats de la Haute Cour, écoutez-moi, entendez mon appel. Vous n'êtes que des juges ; vous ne jugez qu'un homme. Mais vous portez dans vos mains le destin de la France. »

Sondage Ipsos de 1996 sur les grands hommes français au XXe siècle. Pétain arrive septième, derrière de Gaulle, Mitterrand, Moulin, Jaurès, Leclerc, Clemenceau. Publié par Cointet (2002).

Pour chacune de ces expressions, pouvez-vous dire si elle s'applique bien ou mal à l'image que vous avez du maréchal Pétain ?

	OUI	NON
Dévoué	56 %	12 %
Conservateur	51 %	8 %
Anticommuniste	50 %	8 %
Réaliste	43 %	22 %
Sage	42 %	21 %
Patriote	36 %	24 %
Courageux	32 %	30 %
Attentiste	29 %	17 %
Naïf	29 %	36 %
Martyr	25 %	45 %
Antianglais	24 %	25 %
Défaitiste	24 %	37 %
Proallemand	22 %	42 %
Faible de caractère	22 %	42 %
Réactionnaire	19 %	36 %
Antisémite	15 %	35 %

SOURCES ET BIBLIOGRAPHIE

O. Abetz, *Pétain et les Allemands*, éd. Gaucher, 1948.

J. Aboulker, *La Victoire de 1942. Le débarquement des Alliés à Alger*, Le Félin, 2012.

E. Alary, *La Ligne de démarcation, 1940-1944*, Perrin, rééd. 2010 ; *L'Exode*, Perrin, 2010.

H. Alphand, *L'Étonnement d'être. Journal, 1939-1973*, Fayard, 1977.

H. Amouroux, *Pétain avant Vichy*, Fayard, 1967 ; *La Grande histoire des Français sous l'Occupation*, 10 vol., Robert Laffont, 1976-1993.

P. Arnaud, *Les STO*, CNRS éditions, 2010.

Raymond Aron, *Mémoires*, Julliard, 1983.

Robert Aron, *Histoire de Vichy*, Fayard, 1954.

S. Audoin-Rouzeau et A. Becker, *Retrouver la guerre 14-18*, Gallimard, 2000.

G. Auphan, amiral, *Histoire élémentaire de Vichy*, France-Empire, 1971.

V. Auriol, *Hier... Demain*, Charlot, 1945.

J.-P. Azéma, *La Collaboration*, PUF, 1975 ; *De Munich à la Libération,* Seuil, rééd. *2002* ; *1940. L'Année terrible,* Seuil, 1990 ; *Vichy-Paris. Les Collaborations*, André Versaille, 2012.

J.-P. Azéma, F. Bedarida (dir.)., *La France des années noires* ; rééd. Seuil, 2000.

J.-P. Azéma, O. Wieviorka, *Vichy. 1940-1944,* Perrin, 2009.

F. Azouvi, *Le Mythe du grand silence. Auschwitz, les Français, la mémoire*, Fayard, 2012.

A. Bach, *Fusillés pour l'exemple*, Tallandier, 2003.

P.C.F. Bankwitz, *Maxime Weygand,* Princeton, 1968.

E. Baker, *Churchill and Eden at War*, MacMillan, 1978.

J.-M. Barreau, *Vichy contre l'école de la République*, Flammarion, 2001.

V. Barthélemy, *Du communisme au fascisme*, Albin Michel, 1978.

P. Baudouin, *Neuf mois au gouvernement*, 1948.

F. Bédarida (dir.), *Touvier*, Seuil, 1998 ; *Normandie 44. Du Débarquement à la Libération, Albin Michel*, 2004.

R. Belin, *Du secrétariat de la CGT au gouvernement de Vichy*, Albatros, 1978.

R. Belot, *La Résistance sans De Gaulle*, Fayard, 2006.

J. Benoist-Méchin, *De la défaite au désastre*, 2 vol., Albin Michel, 1984.

E. Berl, *La Fin de la IIIe République*, Gallimard, 1968, rééd. 2007.

J.-M. Berlière, *Policiers français sous l'Occupation*, Perrin, 2009.

J.-P. Bertin-Maghit, *Le Cinéma sous l'Occupation*, Orban, 2002 ; *Les Documenteurs des années noires*, Nouveau Monde, 2004.

F. Bloch-Lainé, C. Gruson, *Hauts fonctionnaires sous l'Occupation*, Odile Jacob, 1996.

M. Boisbouvier, *Pétain. Trahison ou sacrifice ?, Godefroy de Bouillon*, 2008, préface de F.-G. Dreyfus.

G. Boulanger, *À mort la Gueuse !*, Calmann-Lévy, 2006.

R. Bouscat, *De Gaulle-Giraud. Dossier d'une mission,* Flammarion, 1967.

J. Bracher, *Riom 1942*, Omnibus, 2012.

J.-P. Brunet, *Doriot*, Éd. Balland, 1986.

P. Burrin, *La France à l'heure allemande*, Seuil, 1997 ; *La Dérive fasciste. Bergery, Doriot, Déat*, Seuil, 2003.

J. Cantier, *L'Algérie sous le régime de Vichy*, Odile Jacob, 2002.

J. Carcopino, *Souvenirs de sept ans, 1937-1944*, Flammarion, 1953.

M. Carrier, *Maréchal, nous voilà…, Souvenirs d'enfances sous l'Occupation*, Autrement, 2004.

F. Charles-Roux, *Cinq mois tragiques aux Affaires étrangères,* Plon, 1949.

C. Chautemps, *Carnets secrets de l'armistice*, Plon, 1963.

W. Churchill, *Mémoires de guerre*, Tallandier, 2009.

J.-P. Cointet, *Laval*, Fayard, 1993.

M. Cointet, *Le Conseil national de Vichy*, Aux amateurs de livres, 1989 ; *Pétain et les Français*, Perrin, 2002 ; *De Gaulle et Giraud*, Perrin, 2005, *La Milice française*, Fayard, 2013.

E. Conan, H. Rousso, *Vichy, un passé qui ne passe pas*, Gallimard, 1996, rééd. Fayard, 2013.

M. Cotta, *La Collaboration,* Armand Colin, 1964.

H. Coutau-Bégarie, C. Huan, *Darlan,* Fayard, 1989.

J.-L. Crémieux-Brilhac, *Les Français de l'an 40*, Gallimard, 1990 ; *La France libre*, Gallimard, 1996.

M. Daeffer, J.-L. Leleu, F. Passera, J. Quellien, *La France pendant la Seconde Guerre mondiale*, Fayard, 2010.

J. Delarue, *Histoire de la Gestapo*, Fayard, 1970.

C. Desprairies, *L'Héritage de Vichy*, Armand Colin, 2012.

H. Du Moulin de Labarthète, *Le Temps des illusions*, Genève, Les éditions du cheval ailé, 1946.

Y. Durand, *Vichy, 1940-1944*, Bordas, 1972.

J.-B. Duroselle, *La Décadence*, Imprimerie nationale, 1981 ; *L'Abîme, 1939-1945*, Imprimerie nationale, 1982.

O. Faron, *Les Chantiers de jeunesse. Avoir 20 ans sous Pétain*, Grasset, 2011.

M. Ferro, *La Grande Guerre*, Folio, rééd. 1990 ; *11 novembre 1918*, Perrin, 2008 ; *Pétain*, Fayard, 1987, rééd. « Pluriel », 2012 ; *De Gaulle expliqué aujourd'hui*, Seuil, 2010.

D. Fischer, *Le Mythe Pétain*, Flammarion, 2002.

Gamelin, général, *Servir*, 3 vol., Plon, 1947.

F. Garçon, *De Blum à Pétain*, Le Cerf, 1984.

C. de Gaulle, *Mémoires de guerre*, Plon, 3 vol., 1954-1958.

R. Gillouin, *J'étais l'ami du maréchal Pétain*, Plon, 1966.

P. Giolitto, *Histoire de la Milice*, Perrin, 2002 ; *Volontaires français sous l'uniforme allemand*, Perrin, 2007.

R. Girardet, *Mythes et mythologies politiques*, Seuil, 1986.

F. Grenard, *La France du marché noir*, Payot, 2012.

R. Griffiths, *Pétain et les Français*, Calman-Lévy, 1974.

N.E. Gun, *Les Secrets des archives U.S. : Pétain, Laval, de Gaulle*, Albin Michel, 1980.

A. Hitler, *Les Entretiens de Hitler, recueillis par Martin Bormann*, Flammarion, 2 vol., 1952-1954.

S. Hoffmann, *Essais sur la France*, Seuil, 1974.

J. Isorni, *Philippe Pétain*, 2 vol., La Table ronde, 1973 ; *Le Condamné de la citadelle*, Flammarion, 1982.

J. Jackson, *La France sous l'Occupation*, Flammarion, 2004.

E. Jaeckel, *La France dans l'Europe de Hitler*, Fayard, 1968.

L. Joly, *Vichy dans la « Solution finale »*, Grasset, 2006 ; *Les Collabos*, Les Échappés, 2011.

A. Kaspi, *Les Juifs pendant l'Occupation*, Seuil, 1997.

F. Kersaudy, *De Gaulle et Roosevelt*, Perrin, 2014.

S. Klarsfeld, *Vichy, Auschwitz*, Fayard, 2001.

F. Kupferman, *1944-1945. Le procès de Vichy* ; *Pucheu, Laval, Pétain*, Bruxelles, Complexe, 1980 ; *Laval*, Tallandier, 2006.

Le Procès du Maréchal Pétain, Albin Michel, 1945, 2 vol.

P. Laborie, *L'Opinion française sous Vichy*, Seuil, 1990 ; *Les Français des années troubles*, Seuil, 2003 ; *Le Chagrin et le venin*, Bayard, 2011.

J. de Launey, *Le Dossier de Vichy*, « Archives », Gallimard, 1967.

A. Loez, *14-18. Les Refus de la guerre. Une histoire des mutins*, Gallimard, 2010.

H. Lottman, *Pétain*, Seuil, 1984.

J. Loustaneau-Lacau, *Mémoires d'un français rebelle*, Robert Laffont, 1948.

A. Mallet, *Pierre Laval*, Amiot, 1954.

G^l. Mangin, *Lettres de guerre*, Fayard, 1950.

M. Marrus, R.O. Paxton, *Vichy et les Juifs*, Calmann-Lévy, 1981.

R. Martin du Gard, *Chronique de Vichy*, Flammarion, 1948.

H. Michel, *Vichy, année quarante*, Robert Laffont, 1966 ; *Pétain, Laval, Darlan, trois politiques*, Flammarion, 1972 ; *Le Procès de Riom,* Albin Michel 1979.

P. Milza, *Fascisme français*, Flammarion, 1987.

P. Miquel, *Mourir à Verdun*, Tallandier, 2011.

F. Mitterand, *Les Prisonniers de guerre devant la politique*, éditions du Rond-Point, 1945.

J. Muracciole, *La France pendant la Seconde Guerre mondiale*, Le Livre de Poche, 2002 ; *Les Français libres. L'autre résistance*, Tallandier, 2009.

J.-Y. Le Naour, *On a volé le Maréchal !*, Larousse, 2009.

L. Noguères, *La Dernière Étape, Sigmaringen,* Fayard, 1956.

H. Noguères, *Histoire de la Résistance en France*, 5 vol., Robert Laffont, 1967-1982.

P. Novick, *L'Épuration française, 1945-1949*, Balland, 1985.

N. Offenstadt, *Les Fusillés de la Grande Guerre,* Odile Jacob, 2002 ; (dir.), *Le Chemin des Dames. De l'événement à la mémoire*, Perrin, 2012.

P. Ory, *Les Collaborateurs*, Seuil, 1977 ; *Le Petit nazi illustré*, Nautilus, 2002.

R.O. Paxton, *La France de Vichy*, Seuil, 1973.

P. Péan, *Une jeunesse française*, Fayard, 1994.

G. Pedroncini, *1917. Les Mutineries de l'armée française,* Gallimard, 1967 ; *Pétain, général en chef*, PUF, 1974 ; *Pétain. La Victoire perdue, 1919-1949*, Perrin, 1995.

D. Peschanski, *Les Années noires*, Hermann, 2012.

P. Pétain, *Discours aux Français*, édition établie par J.-C. Barbas, Albin Michel, 1989 ; *J'accepte de répondre. Les interrogatoires avant le procès*, édition présentée par Benoit Klein, André Versaille, 2011, préface de Marc Ferro.

A. Prost, J. Winke, *Penser la Grande Guerre*, Seuil, 2004.

R. Rémond, *Les Droites en France*, Aubier, 1982.

Riom 1942. Le Procès, présenté par Julia Bracher, Omnibus, 2012.

J.-P. Rioux, *L'Ardeur et la nécessité, 1944-1952*, Seuil, 1980.

D. Rolland, *Nivelle. L'inconnu du Chemin des Dames*, Imago, 2012.

L. Rougier, *Mission secrète à Londres*, Montréal, 1945.

E. Roussel, *Charles de Gaulle*, Gallimard, 2002 ; *Le Naufrage : 16 juin 1940*, Gallimard, 2009.

H. Rousso, *Le Syndrome de Vichy*, Seuil, 1990 ; *Le Régime de Vichy*, « Que sais-je ? », 2007 ; *Un château en Allemagne, Sigmaringen*, rééd. Fayard, 2012.

A. Schwob, *L'Affaire Pétain*, French & European Pubns, 1945.

J. Semelin, *Persécutions et entraides dans la France occupée. Comment 75 % des Juifs en France ont échappé à la mort*, Seuil, 2013.

C. Serre, *Rapport fait au nom de la commission chargée d'enquêter sur les événements survenus en France de 1933 à 1945*, Imprimerie nationale, 1951.

Serrigny, général, *Trente ans avec Pétain*, Plon, 1959.

P. Servent, *Le Mythe Pétain. Verdun ou les tranchées de la mémoire*, Payot, 1992.

J. Simon, *Pétain, mon prisonnier*, Plon, 1978.

P. Stehlin, *Témoignage pour l'histoire*, Robert Laffont, 1964.

Z. Sternhell, *Ni droite, ni gauche. L'idéologie fasciste en France*, Fayard, rééd. 2000.

W. Stucki, *La Fin du régime de Vichy*, Neuchâtel, La Baconnière, 1947.

R. Tournoux, *Pétain et la France*, Plon, 1980.

Traces de 1914-18, éd. Sylvie Caucanas et Rémy Cazals, Les Audois, 1997.

J. Tracou, *Le Maréchal aux liens*, Éd. André Bonne, 1948.

P. Valode, *Les Hommes de Pétain*, Nouveau Monde, 2013.

B. Vergez-Chaignon, *Le Docteur Ménétrel*, Perrin, 2002.

L. Wert, *Impressions d'audience. Le procès de Pétain*, Vivane Hamy, 2011.

M. Weygand, *Rappelé au service*, Flammarion, 1950.

A. Wievorka, *Déportation et génocide*, Plon, 1992 ; *L'Ère du témoin*, Plon, 1998.

O. Wievorka, *Les Orphelins de la République*, Seuil, 2001, *Histoire de la Résistance*, Perrin, 2013.

M. Winock, *Nationalisme, antisémitisme et fascisme en France*, Seuil, 1990 ; *La France et les Juifs*, Seuil, 2004 ; *Clemenceau*, Perrin, 2008.

REMERCIEMENTS

Je remercie Serge de Sampigny qui a été à l'initiative de ce livre. Il a su m'obliger à secouer mes souvenirs pour les faire parler au contrôle de la mémoire collective et de l'analyse historique.

Qu'il ait là toute ma reconnaissance…

Celle-ci s'adresse également à Géraldine Soudri qui a suivi le déroulé de ce projet avec la compétence et la vigilance qu'on lui connait.

INDEX DES NOMS DE PERSONNES

Abdelkrim : 58, 59

Abetz, Otto : 22, 152-153, 158-159, 165, 170-173, 181, 194, 200, 208, 210, 224, 282

Alibert, Raphaël : 98, 108, 117, 127, 157, 248

Anthoine, François, général : 48

Aron, Raymond : 264

Aron, Robert : 13

Auphan, Gabriel, amiral : 207, 224-225

Azéma, Jean-Pierre : 223

Badie, Vincent : 103

Bailby, Léon : 68

Barbie, Klaus : 14, 22

Barrès, Maurice : 109, 261

Barthélemy, Joseph : 182

Baudouin, Paul : 92-93, 95, 97, 104, 116, 150-151

Bazin, René : 118

Becker, Jacques : 152

Belin, René : 119

Benjamin, René : 118, 261

Benoist, Alain de : 15

Benoist-Méchin, Jacques : 193-194, 223

Bergeret, Jean, général : 114

Bergery, Gaston : 102, 147, 151, 161

Berl, Emmanuel : 110, 133

Bernstein, Henri : 11

Bichelonne, Jean : 128, 223, 262

Bloch, Jean-Richard : 251-252

Blum, Léon : 26, 63, 71, 103, 182-185, 292

Boegner, pasteur : 137

Bonald, Louis de : 108

Bonhomme, colonel : 16

Bonnet, Georges : 151, 185

Bordeaux, Henry : 35-36, 105, 112-113

Bordessoule, André : 142

Bormann, Martin : 186

Borotra, Jean : 124

Boulanger, Georges, général : 28, 59, 67, 80

Bourderon, Roger : 262

Bouthillier, Yves : 92, 95

Brasillach, Robert : 133, 139, 228, 241

Brécard, Charles, général : 94

Bresson, Robert : 152

Briand, Aristide : 146

Bridoux, Eugène, général : 200, 211

Brinon, Fernand de : 151, 210, 223, 230-231

Brossolette, Pierre : 179

Bullitt, William : 78, 146

Burrin, Philippe : 193

Carcopino, Jérôme : 124

Carletti, Louise : 121

Castelnau, Édouard de Curières : 29, 38
Caziot, Pierre : 118
Céline, Louis-Ferdinand : 133, 139, 152
Chamberlain, Neville : 151
Charles-Roux, François : 150
Charpentier, Jacques : 82, 191
Chasseloup-Laubat, François de : 134
Chautemps, Camille : 81, 93, 95
Chauvineau, Narcisse : 184
Chiappe, Jean : 67
Churchill, Winston : 79, 84-86, 93, 100, 147-148, 162-164, 166, 195-196, 238, 279
Clemenceau, Georges : 45-48, 50, 57, 85, 294
Clouzot, Henri-Georges : 152
Corap, André, général : 79
Cot, Pierre : 26, 71
Cousteau, Pierre-Antoine : 223
Cunningham, Andrew, amiral : 148

Daladier, Édouard : 72, 73, 115, 124, 151, 182-185, 248, 277
Darlan, François, amiral : 17, 89, 95, 97-98, 114, 127-128, 130, 145-147, 150, 158, 162, 164, 168, 170-173, 177, 187, 189-190, 195-196, 198-201, 204, 213, 262, 282
Darnand, Joseph : 22, 114, 167, 192, 207, 211, 229, 251-252
Darquier de Pellepoix, Louis : 136, 245
Darrieux, Danielle : 121
Daudet, Léon : 67-68, 109
Déat, Marcel : 102, 133, 147, 157, 174, 202, 205, 207, 209-210, 222-223, 230
Decoin, Henri : 122
Delage, Christian : 115
Delair, Suzy : 152

Delestraint, général : 179
Dietrich, docteur : 152
Doriot, Jacques : 59, 102-103, 133, 147, 162, 174, 177, 205, 207, 210, 222, 230, 287
Doumergue, Gaston : 56, 67
Dreyfus, Alfred : 28-30, 132-133
Drieu la Rochelle, Pierre : 152
Drumont, Édouard : 30, 132
Du Moulin de Labarthète, Henry : 104, 128, 153, 155, 157, 161, 284
Dumoulin, Georges : 119
Dupuy, Pierre : 160-161

Eden, Anthony : 84, 162, 163, 166
Eisenhower : 219
Esteva, Jean-Pierre, amiral : 201, 204
Estienne, Jean-Baptiste, général : 62

Fabien, colonel : 178
Falkenhayn, Erich von : 27, 32
Fayard, Jean : 149
Fayolle, Marie-Émile, général : 28, 64
Flandin, Pierre-Étienne : 151, 158-159, 168-170
Foch, Ferdinand, maréchal : 11, 15, 27, 29, 44-51, 55, 57, 75-76, 90
Franchet d'Esperey, Louis : 27, 29, 38-40, 42, 55, 64
Franco, Francisco : 59, 71-73, 154, 169, 264
Frank, Bernard : 13

Gallieni, Joseph-Simon : 12, 31
Gamelin, Maurice, général : 62, 72, 74, 79, 101, 182-183, 185
Gaulle, Charles de : 12-13, 17, 28, 31, 51, 53-56, 58, 62-64, 66, 71, 75-77, 80, 83, 92, 95, 100, 104, 106-107, 149, 157, 160, 164, 172, 174, 188-189, 192, 198, 201, 207, 210-211, 218, 224-225, 228, 231,

240-241, 243-244, 247-248, 252, 254, 277, 294
Gaulle, Philippe de : 54
Gensoul, Marcel, amiral : 148
George V d'Angleterre : 148
Georges, Alphonse, général : 74, 202
Gérard, Étienne, général : 57
Gerlier, Pierre, cardinal : 114
Gillouin, René : 109-110, 128-129, 136, 153, 250, 262
Giraud, Henri, général : 194-196, 200, 202, 207, 211
Goebbels, Joseph : 121, 189
Goering, Hermann : 22, 187
Gorostarzu, Bertrand de, colonel : 230
Gort, John, général : 75
Gough, Hubert, général : 47
Grimm, docteur : 186
Guérard, Jacques : 150, 199
Guillaumat, Adolphe, général : 27
Guingouin, Georges : 253
Guitry, Sacha : 253

Haig, Douglas, général : 27, 43, 46, 47, 49
Halifax, Edward lord : 160-161
Hanin : 66
Henriot, Philippe : 210, 215, 223, 236, 251, 268
Hérain, Pierre de : 123
Herr, Frédéric-Georges, général : 32
Herriot, Édouard : 64, 67, 96, 103, 224
Hervé, Gustave : 67-68
Heydrich, Reinhard : 22
Himmler, Heinrich : 22
Hindenburg, Paul : 32, 38, 49, 68
Hitler, Adolf : 19, 21, 66, 69, 88, 97, 99-100, 108, 115, 117, 130, 146-147, 150-155, 157-158, 165, 168-171, 173-174, 178, 181, 186-187, 189, 198, 200-201, 203-206, 208-

210, 218, 220, 222, 229-230, 235, 243, 245-246, 250, 265-266, 289
Huntziger, Charles, général : 97, 99, 156, 168

Ironside, William Edmund : 79
Isorni, Jacques : 9, 234, 246, 250, 252, 291

Jaeckel, Eberhard : 13
Jardel, Jean : 199, 203
Jaurès : 268
Jeanneney, Jules : 96, 103
Joffre, Joseph : 15, 25-26, 28-29, 31-32, 36, 45, 51, 55-56
Jospin, Lionel : 42
Juin, général : 198

Koestler, Arthur : 116
Krug von Nidda, Hans : 197

La Porte du Theil, Joseph de, général : 203
La Rocque, François de, colonel : 67
Lammerding, Heinz : 220
Langle de Cary, Fernand de : 32
Lannurien, François de, général : 203, 250-251
Lattre de Tassigny, Jean de, général : 200
Laure, Émile, général : 56, 77
Laval, Pierre : 15, 17-18, 21-22, 66-68, 72, 95, 101-104, 107-108, 116, 127, 130, 134-137, 140, 145-147, 150-153, 155-160, 162, 164-165, 167-169, 171, 180, 187-202, 204-205, 207-211, 213-214, 220, 222-225, 229-230, 233-234, 238, 244-245, 248-249, 285, 289
Leahy, William, amiral : 161
Lebrun, Albert : 68, 83, 94, 96, 98, 103, 279
Leca, Dominique : 79-80, 91

Leclerc, général : 294
Leclerc, Ginette : 121
Lefort,Claude : 126
Leguay, Jean : 14
Lehideux, François : 262
Lemaire, Jean : 246
Lémery, Henry : 72, 94, 104, 107
Lequerica, José Félix de : 279
Leroy Ladurie, Jacques : 118, 128
Liddell-Hart, sir Basil : 26, 62
Lloyd George, David : 44, 47, 50
Lorch-Christophe, Francine : 139
Lottman, Herbert : 234
Loustanau-Lacau, Georges : 72, 111, 237
Luchaire, Jean : 128
Ludendorff, Erich : 49
Lukács, Georg : 266
Lyautey, Louis : 29, 55, 58-59, 64-65, 111, 140

Maginot, André : 66
Mallet, Alfred : 211
Mandel, Georges : 90-92, 98, 182
Mangin, Charles, général : 25, 32, 34-38, 42, 45, 48-49, 51, 235
Marchais, Georges : 191
Marin, Louis : 26
Marquet, Adrien : 95, 151
Martin du Gard, Maurice : 229
Massis, Henri : 228
Mauriac, Claude : 252
Mauriac, François : 241
Maurin, Louis, général : 183
Maurois, André : 134
Mauroy, Pierre : 14
Maurras, Charles : 67-68, 109, 117, 166, 182, 261, 263
Mella : 9, 239
Ménétrel, Bernard : 109, 134, 199, 208-209, 225, 229, 239
Merleau-Ponty, Maurice : 126
Michel, Henri : 13

Micheler, Alfred, général : 38
Mitterrand, François : 14, 294
Molotov, Viatcheslav : 169
Monnet, Jean : 93
Montgomery, Bernard, maréchal : 204, 219
Montherlant, Henry de : 152
Morlay, Gaby : 121
Moser, Alphonse : 178
Moulin, Jean : 179
Murphy, Robert, général : 196
Mussolini, Benito : 66, 151, 165, 205, 238, 243

Napoléon : 78, 108, 113, 156
Neubronn, général, von : 206, 220, 225
Nivelle, Robert : 15, 25, 36-38, 40, 45
Nolte, Ernest : 265

Ophüls, Marcel : 13
Oustric, Albert : 66

Painlevé, Paul : 38, 45, 47, 61, 65
Paléologue, Maurice : 134
Papon, Maurice : 14
Pardee, Mme : 71
Paxton, Robert : 13, 128
Payen, maître : 246
Pedroncini, Guy : 39, 124
Péricard, Jacques : 114
Pershing, John, général : 49
Peschanski, Denis : 115
Pétain, Eugénie (née Hardon) : 9-10, 239
Peyrouton, Marcel : 157
Platon, Charles, amiral : 114, 200, 206, 222-223
Poincaré, Raymond : 28-31, 35-36, 56
Portes, Hélène de : 91-92
Préjean, Albert : 152
Primo de Rivera, Miguel : 59

INDEX DES NOMS DE PERSONNES

Pucheu, Pierre : 16, 127, 177-179, 182, 238, 240

Queuille, Henri : 224

Rahn, Rudolf : 192
Raimu : 121-122
Rémond, René : 262
Renthe-Fink, Carl : 22, 210-211, 214, 216-217, 220, 225
Revers, Georges, général : 202
Reynaud, Paul : 26, 73-81, 84, 86, 89, 91-95, 98, 101, 103, 116, 149-150, 182, 236, 248, 277-278
Ribbentrop, Joachim, von : 168, 171, 206, 289
Ribot, Alexandre : 32, 37, 44
Ripert, Georges : 107, 157
Rochat, Charles : 199
Romains, Jules : 151-152
Romance, Viviane : 121
Romier, Lucien Bianco : 182, 207
Roosevelt, Franklin : 195-197, 243
Rougier, Louis : 162, 229
Rousso, Henry : 22, 115

Sabiani, Simon : 115
Sainteny, Jean : 13
Saivre, Roger de : 12
Salazar, Antonio : 113, 264
Sanguinetti, Alexandre : 13
Sarrail, Maurice, général : 29
Sauckel, Fritz : 22, 191-192
Schumann, Maurice : 236
Schwob, André : 11
Serrano-Suner, Ramon : 71
Serrigny, Bernard, général : 9-10, 104, 195, 202-203, 239
Silvestre, Félix, général : 58

Simon, Joseph : 253
Sixte de Bourbon-Parme, prince : 202
Soupault, Ralph : 184
Spears, Edward, général : 74, 86-88, 96
Stavisky, Alexandre : 66
Stehlin, Paul, général : 170-171
Stelli, Jean : 121
Stockfeld, Betty : 121
Streiss, Charles : 139-140
Stresemann, Gustav : 146
Stucki, Walter : 16, 201, 214-215, 231
Suhard, Emmanuel, cardinal : 216

Tardieu, André : 67, 73
Thorez, Maurice : 91
Tixier, Adrien : 241
Touvier, Paul : 14
Tracou, Jean : 210-211, 225
Tuck, Pinkney : 197-198

Valeri, Mgr Valerio : 136
Vallat, Xavier : 72, 132, 136
Villelume, Paul de, général : 80
Viviani, René : 29
Vivien, Robert-André : 14

Walner, Woodruff : 198
Weygand, Maxime, général : 15-16, 57, 62, 64, 67, 74-75, 79-81, 88-93, 95, 97, 114, 123, 147, 149, 156, 165, 172, 180, 195, 199-200, 202, 248, 277
Willard, Germaine : 262
Wilson, Henry, général : 50

Ybarnégaray, Jean : 95

Composé par Nord Compo Multimédia
7, rue de Fives, 59650 Villeneuve-d'Ascq

Dépôt légal : octobre 2013
ISBN : 979-10-210-0130-5
Numéro d'éditeur : 3635
Imprimé en Italie